# 美術教育概論 （新訂版）

大橋　　功
新関伸也
松岡宏明
藤本陽三
佐藤賢司
鈴木光男
清田哲男

# はじめに

　2002年に教員養成用のテキストとして『美術教育概論』を世に送り出して早や16年が経ちました。最初は「幼児造形表現」と小学校「図画工作」の教職課程用でしたが、2009年には中学校「美術」の内容も加え『美術教育概論-改訂版-』として大幅に改訂しました。そして、新しい時代にふさわしい「美術教育」の実現を願い、この度『美術教育概論-新訂版-』として全面的にリニューアルしました。

　その契機は学習指導要領等の改訂ですが、常にそこに横たわる問題が存在してきました。それは、学校や保育所などで行われている造形表現活動や図画工作、美術の授業が正しく理解され実践されているのか、という疑問です。

　「自由に伸び伸びと……」と言いながら、単に放任放縦になっていないか。「個性尊重」と掲げながら、教師のイメージを子供を使って描かせたりしているのではないか。美術教育の目的は子供に作品をつくらせることとの勘違いから、いきおい作品の見栄え、出来映えにばかり目を向けていないか。こうした疑問は、残念ながら、未だに解消されたとは言えません。

　こうした美術教育に対する誤解や無理解は、さらにその誤解を拡大再生産してしまいます。そのような負の連鎖を断ち切るためにも、美術教育は、人間の人格形成に深くかかわり、また私たちが直面する様々な問題を解決していくために必要な資質・能力を育てていく教育であるとの認識の下、その基本的な理念の正しい理解と適切な実践力を身に付けていかねばならないでしょう。

　本書は、教師や保育士をめざす人が美術教育の基本的な理念を正しく理解し、適切な実践力を獲得することができるように編纂されています。また、幼児期から青年期にいたる過程を通観できるようになっています。ぜひ、個々の校園種についてしっかり学ぶと同時に、幼い子供が児童期、青年期と逞しく育っていくための美術教育がどのように展開されていくのか見通しながら学んでください。また、既に保育や教育の現場に立つ先生方にも、より良い美術教育実践のために本書が活用されることを願っています。

2018年10月<br>
大橋　功

# 美術教育概論（新訂版）

## 目次

## 第Ⅰ部 美術教育の理念

### 第1章 美術教育の目的 10
第1節 なぜ学校で美術を学ぶのか 10
第2節 人間形成としての美術教育 12
第3節 個性的表現の理解 14

### 第2章 見ることと描くこと 16
第1節 「美の技」としての「美術」 16
第2節 芸術は「発見」である 17
第3節 「芸術」の始まり 17
第4節 「自由画教育」から 18
第5節 「美術」を嫌いにする「美術教育」 19
第6節 「鑑賞教育」とは 20

### 第3章 子供理解と造形活動 22
第1節 子供理解と子供観 22
第2節 「時分の花」を咲かせること 23
第3節 「時分の花」の視点からの子供理解 24
第4節 自分の花の視点からの子供理解 25
第5節 造形活動とは何か 26
第6節 子供理解と造形活動 26

### 第4章 美術教育の変遷 ─その理念と思想 28
第1節 黎明・整備期の美術教育
（1850年代～1945年）28
第2節 民間美術教育運動と系統化への流れ
（1945年～1970年代）30
第3節 ポスト・モダン時代の美術教育
（1980年前後～現在）32

### 第5章 教育課程と美術教育 34
第1節 教育課程と学習指導要領 34
第2節 新しい学習指導要領の考え方 35
第3節 教育課程から見た美術教育の課題 38

### 第6章 美術教育の学習過程 40
第1節 教育がめざすべき学力 40
第2節 自己実現の過程と美術の学習 42
第3節 美術の学習過程の構造 44

## 第Ⅱ部 幼児造形表現

### 第1章 幼児造形教育の源流　48
- 第1節 西欧の保育思想と歴史　48
- 第2節 日本の保育の歴史と内容　49
- 第3節 大正期以降の保育改革　50
- 第4節 戦後の保育と造形表現　51

### 第2章 幼児造形教育の基盤　52
- 第1節 幼児造形教育の意義　52
- 第2節 幼児造形教育と感覚教育　53
- 第3節 人間の発達と造形活動　53
- 第4節 遊びと造形　54

### 第3章 幼児造形の理解　56
- 第1節 発達的側面からのアプローチ　56
- 第2節 特徴・特質的側面からのアプローチ　60
- 第3節 造形的・美的側面からのアプローチ　63
- 第4節 心理的側面からのアプローチ　65

### 第4章 幼児の造形活動の範囲と分類　68
- 第1節 造形遊びと造形表現　68
- 第2節 造形遊びの種類　69
- 第3節 造形表現の種類　70
- 第4節 幼児の鑑賞活動　72

### 第5章 幼児造形表現指導の要点　74
- 第1節 保育者と幼児造形教育　74
- 第2節 幼児造形教育の基本的視点　74
- 第3節 発達段階に合わせた指導　75
- 第4節 造形活動の評価　77

### 第6章 幼児造形の材料と用具　80
- 第1節 幼児のための造形材料　80
- 第2節 幼児の造形のための用具　81
- 第3節 幼児の造形のための技法　83

### 第7章 幼児造形表現指導の計画と実践　84
- 第1節 保育者と幼児造形教育　84
- 第2節 造形表現指導の研修　86

### 第8章 領域「表現」と造形　90
- 第1節 5領域と造形活動　90
- 第2節 領域「表現」の変遷と課題　91
- 第3節 領域「表現」と造形　92
- 第4節 小学校との接続　94

## 第Ⅲ部 小学校「図画工作」

### 第1章 図画工作科の意義と目標　98
- 第1節 図画工作科の意義　99
- 第2節 図画工作科の目標　99
- 第3節 図画工作科の内容構成　101

### 第2章 図画工作科の学習指導の基本　102
- 第1節 期待される資質・能力　102
- 第2節 造形的な見方・考え方　102
- 第3節 共通事項　104

### 第3章 図画工作科の指導計画と評価　106
- 第1節 図画工作科の指導計画　106
- 第2節 図画工作科の学習指導案　108
- 第3節 実際の授業　110

### 第4章 造形遊びをする　114
- 第1節 「造形遊びをする」学習の意義　114
- 第2節 「造形遊びをする」学習の目標　115
- 第3節 「造形遊びをする」学習の実際　118

### 第5-1章 表したいことを絵に表す　122
- 第1節 「表したいことを絵に表す」学習の意義　122
- 第2節 「表したいことを絵に表す」学習の目標　123
- 第3節 「表したいことを絵に表す」学習内容と題材　124
- 第4節 「表したいことを絵に表す」学習の実際　126

### 第5-2章 表したいことを立体に表す　128
- 第1節 「表したいことを立体に表す」学習の位置づけ　128
- 第2節 「表したいことを立体に表す」学習の内容と目標　131
- 第3節 「表したいことを立体に表す」学習の実際　132

### 第5-3章 表したいことを工作に表す　134
- 第1節 「表したいことを工作に表す」学習の意義　134
- 第2節 「表したいことを工作に表す」学習の目標　136
- 第3節 「表したいことを工作に表す」学習の実際　138

### 第6章 鑑賞　140
- 第1節 「鑑賞」学習の意義　140
- 第2節 「鑑賞」学習の目的　143
- 第3節 「鑑賞」学習の実際　144

## 第Ⅳ部 中学校「美術」

### 第1章 美術科の性格と目標 148
第1節 美術科と美術教育／美術と美術教育 148
第2節 美術科の性格と目標 149

### 第2章 美術科の内容 150
第1節 美術科の目標と「資質・能力」 150
第2節 美術科の内容 ―何を通して学ぶか 151
第3節 美術科の内容・指導事項 152
第4節 共通事項 153

### 第3章 美術科の学習計画と評価 154
第1節 美術科の指導計画 154
第2節 美術科の指導の実際 157
第3節 美術科の評価 161

### 第4章 教科書を活用した題材開発 164
第1節 美術科での指導計画の立案 164
第2節 題材開発の事例 164

### 第5章 A表現「絵・彫刻」 172
第1節 「絵・彫刻」学習のねらい 172
第2節 「絵・彫刻」学習の実際 176

### 第6章 A表現「デザイン・工芸」 180
第1節 「デザイン」学習のねらい 180
第2節 「工芸」学習のねらい 182
第3節 「デザイン・工芸」学習の実際 184

### 第7章 B鑑賞 188
第1節 「鑑賞」学習の意義 188
第2節 学習指導要領での「B鑑賞」の位置づけ 189
第3節 「B鑑賞」の目標及び内容 189
第4節 「鑑賞」の題材設定 191
第5節 「鑑賞」学習の方法 191
第6節 「鑑賞」学習ルーブリック 192
第7節 「鑑賞」学習の実際 193

### 第8章 美術科学習資料 196
第1節 美術室の役割 196
第2節 材料・用具の準備 196
第3節 ICT機器利用の注意 199
第4節 新しい教材・用具・材料 199
第5節 学習環境の充実 199

## 第Ⅴ部 美術教育を学ぶための資料

幼稚園教育要領 －抜粋－ 202
保育所保育指針 －抜粋－ 205
幼保連携型認定こども園教育・保育要領 －抜粋－ 210
小学校・中学校・高等学校 学習指導要領 －抜粋－ 214
材料（素材）・用工具 222

**監修**

大橋　功　　　岡山大学

**編著**

| | | |
|---|---|---|
| 大橋　功 | 岡山大学 | 第Ⅰ部編集／第Ⅰ部(第1章 第3章 第5章 第6章) 第Ⅴ部(幼・保・こ教育要領等) |
| 新関伸也 | 滋賀大学 | 第Ⅳ部編集／第Ⅱ部(第1章) 第Ⅳ部〈第3章 第5章(第1節) 第7章(第7節…共著)〉 |
| 松岡宏明 | 大阪総合保育大学 | 第Ⅱ部編集／第Ⅱ部〈第2章(第1節 第2節) 第3章 第5章〉 |
| 藤本陽三 | 京都ノートルダム女子大学 | 第Ⅲ部編集／第Ⅲ部〈第2章 第5-1章(第1節 第2節 第3節) 第5-3章〉第Ⅴ部(用工具) |
| 佐藤賢司 | 大阪教育大学 | 第Ⅳ部編集／第Ⅳ部(第1章 第2章) |
| 鈴木光男 | 聖隷クリストファー大学 | 第Ⅲ部編集／第Ⅲ部〈第1章 第4章(第1節 第2節)〉 |
| 清田哲男 | 岡山大学 | 第Ⅴ部編集／第Ⅲ部〈第4章(第3節…共著) 第6章(第1節 第2節 第3節…共著)〉第Ⅳ部〈第6章(第1節 第2節 第3節…共著)〉第Ⅴ部(小・中・高学習指導要領) |

**執筆**

| | | |
|---|---|---|
| 神林恒道 | 大阪大学・名誉教授 | 第Ⅰ部(第2章) |
| 宇田秀士 | 奈良教育大学 | 第Ⅰ部(第4章) |
| 福井一尊 | 島根県立大学 | 第Ⅱ部〈第2章(第3節 第4節)〉 |
| 村田　透 | 滋賀大学 | 第Ⅱ部(第4章) 第Ⅳ部(第4章) |
| 水谷誠孝 | 名古屋学芸大学 | 第Ⅱ部(第6章) |
| 新實広記 | 愛知東邦大学 | 第Ⅱ部(第7章) |
| 藤田雅也 | 静岡県立大学短期大学部 | 第Ⅱ部(第8章) 第Ⅳ部〈第7章(第1節 第2節 第3節 第4節 第5節 第6節)〉 |
| 石原通雄 | 京都市立九条塔南小学校 | 第Ⅲ部〈第5-1章(第4節)〉 |
| 高橋英理子 | 岡山大学教育学部附属小学校 | 第Ⅲ部〈第4章(第3節…共著) 第6章(第3節…共著)〉 |
| 道越洋美 | 静岡県教育委員会静西教育事務所 | 第Ⅲ部(第3章) |
| 秋山道広 | 芦屋市立精道小学校 | 第Ⅲ部(第5-2章) |
| 馬淵　哲 | 大津市立打出中学校 | 第Ⅳ部〈第5章(第2節…前半)〉 |
| 松浦　藍 | 岡山市立福浜中学校 | 第Ⅳ部〈第6章(第3節…後半共著)〉 |
| 宣　昌大 | 摂津市立第三中学校 | 第Ⅳ部〈第6章(第3節…前半共著)〉 |
| 堤　祥晃 | 高島市立安曇川中学校 | 第Ⅳ部〈第7章(第7節…共著)〉 |
| 中島　嵩 | 大阪教育大学附属平野中学校 | 第Ⅳ部〈第5章(第2節…後半) 第8章〉 |

第Ⅰ部

美術教育の理念

# 第1章 美術教育の目的

**学習のポイント**

1. なぜ学校で美術を学ぶのかという質問に自分なりの答えを見いだしておくこと。

2. 美術教育を取り巻く勘違いを踏まえて、美術教育の目的とは何か考えること。

3. 美術教育における科学的な人間理解の意義について理解しておくこと。

## 第1節 なぜ学校で美術を学ぶのか

**あなたたちは、小学校の図画工作科や中学校の美術科でどのようなことを学んできましたか。**

この質問にあなたはどのようなことが思いついただろうか。

多くの人たちは「○○の絵を描いた」「○○のポスターを描いた」「○○の版画をした」「○○を粘土でつくった」「○○の鑑賞をした」といったことではないだろうか。

そのようなことを思いついた人は、今一度質問を読み返して欲しい。質問では「何をしましたか」とは聞いていない。「何を学んできましたか」と尋ねているのである。

確かに美術教育では、何かを描いたり、つくったり、あるいは鑑賞したりする。しかし、それは活動内容であり、何を学ぶのかという、学習内容ではない。美術教育イコール何かを描いたりつくったりすることと考えてしまうと、なぜ学校で美術を学ぶのか、という美術教育の真の目的は見えてこない。

実は、美術教育について学び始める多くの人はこのことに気づいていない。さらに、幼稚園や小学校のみならず、中学校や高等学校で教えている美術を専門的に学んできた教師ですら、美術教育の目的について誤った考えを持っていることも少なくない。

したがって、これから教師をめざして美術教育を学ぶ人も、ともすれば正しく美術教育を受けてきたとは言えない場合がある。まずは、これまでの美術教育に対して持っているイメージがどこから来ているのか考えながらも、一旦それを横に置いて、正しい美術教育について学んで行く必要がある。

**美術教育を取り巻く勘違い**

幼児や小学校の低学年の児童に「お絵かきするのが好きな人」と聞くと、そのほとんどが「好きー！」と言って手を挙げる。ところが、同じ質問を成人を対象にしてみると、ほとんど手が挙がらない。少なくとも、小学校、中学校の9年間は

美術教育を受けてきているのにもかかわらず、美術にたいする興味や関心は残念ながらそれほど育っているとは言い難いのが実態である。これでは、美術嫌いを育てるために美術教育をしているようなものではないのか？という疑問が湧いてくる。

どのような理念や理想が掲げられ、教育課程の改訂を繰り返しても、なおこのような美術嫌いを育てているという実態に目を向けるなら、とうてい学校で美術を学ぶ意味など理解されることはないだろう。

美術教育の内容は、造形美の伝達ではなく、造形美の創造そのものであり、決して技術の訓練や知識の記憶が目的ではない。むしろそれらは、子供の、自発的で自由な表現や鑑賞の活動を支える資質・能力のひとつである。今や、美術教育の常套句とさえなったこのような考え方が、いつの間にか「自由に自己表現させていれば良い」「知識や技術の指導はしてはいけない」といった誤解を招いてきた。美術嫌いを生み出す美術教育の背景には、このような誤解に基づいた、誤った実践が存在するのである。

**子供を使って自分の絵を描こうとする勘違い**

教師である限り、良い教育をしたいと考えるのは当然の事である。しかし、良い美術教育イコール上手な絵を描かせる事だとの勘違いは意外に多い。何を「上手な絵」と捉えるかによっても大きく異なるが、いちばん困るのは、教師が特定の表現様式をモデルとして、そこへの到達を子供に求めてしまう事である。

古くは、写実的な表現が最も優れたものであると考え、可能な限り対象を良く見て、正確に再現することを求める事が多かった。もちろんこのような大人の価値観を押し付けてしまうような作品主義の指導は、今日では影をひそめつつあるが、必ずしも無くなったわけではない。

むしろ、最近でも、画面いっぱいに伸び伸びと描かれたダイナミックな表現を子供らしい良い表現であるとして、そのような作品になるよう暗に誘導するような指導は少なくない。授業を計画している段階から、教師の頭の中に「こんな絵を描いて欲しい」というような一定のイメージが出来上がっており、そのような作品に仕上がるように誘導的な指導をするのである。

**技術指導は子供の創造性発達を阻害するという勘違い**

美術教育において、自由な環境の中で自由に表現する事が重視されるのは、抑圧からの解放によるあるがままの自己表現がカタルシスとなり健康的な精神を取り戻していくのであり、特定の様式（大人の美術）をモデルとして、それを教えるような教育ではいけないという創造主義の考え方に基づいている。おそらく、このことに間違いはないだろう。

しかし、知識や技能の指導を放棄することが、あるがまま、おもいのままの自己表現を保障することだとはならない。なぜなら、美術は、内的イメージの世界に形と色彩を与え、現実界に具現させる営みである限り、そこに技術が介在しないことなどあり得ないからである。

松原郁二（1902-1977）は、美術の表現活動を、内的生命力としての創造性と外的能力としての造形性という二側面から捉え、そのいずれを欠いても造形美術の創造活動は成立しないことを示し、美術教育における、精神の自由と知識や技術の問題を明確にさせようと試みた。

本当の意味での表現の自由とは、内的生命力としての表したいイメージを具体的現実界に表したいように実現することができるということである。その実現のための能力として、外的能力としての造形性（造形的な視点としての知識や創造的な技能）が、適切に習得され活用されなければならない。知識や技能の指導の放棄もまた、自己表現を阻害する美術教育ということができる。

しかし、美術についての知識や制作のための技能を獲得させること自体が目的ではない。こうした知識や技能を生かして、発想・構想したり、鑑賞をする活動の中で思考し、判断し、表現していく力が発揮され伸長されていく。そして、それが社会において必要とされる様々な力を育てていくのである。

## 第2節 人間形成としての美術教育

　美術教育が、単に美術についての知識や制作のための技能を獲得させるものに留まるだけではなく、精神的に健康な人格を育て、人間としての完成に至る過程において不可欠な営みとして理解されるようになったのは、それほど古いことではない。19世紀末頃には、欧米を中心に展開された新教育運動に見られる児童中心主義の教育観が台頭した。また、子供理解への関心が高まる中、当時は、まだ新しい科学として台頭し始めた心理学に学びながら、子供理解に基づいた人間形成としての美術教育の在り方を模索してきた。

**子供の美術の発見**

子供たちをして成長せしめよ、発達させ、成熟せしめよ。（ヴィオラ著、『チィゼックの美術教育』より）

　美術教育を、人間形成の手段として捉える系譜としては、ルソーの自然主義の教育観や、その後のペスタロッチの教育観など、児童中心主義の教育へと引き継がれ、教育への心理学的アプローチなどと合流しながら創造主義の美術教育論へと展開していく。この流れに大きな影響を与えたのが、オーストリアの美術教育実践家フランツ・チゼック（Franz Chizek, 1865-1946）である。

　彼は、20歳の時にウィーンの美術学校に入学した。そこで、近所の子供たちと親しくなり、一緒に絵を描いて遊ぶようになった。子供の絵を見ていると、大人の表現とは全く違って、彼らの頭の中にある想念をもとにして象徴的な方法できわめて自由に描いている。それらの絵が持つ生き生きとした独特の美しさに驚き、その後も各地を旅行しながら見た子供の落書きや学校で教えられているのではない自由な絵を見るにつけ、それらが大人の表現とは全く違う独特のものであることに気づいたのである。

　彼の実践が世界的な注目を集めるようになったのは、第一次世界大戦後、ロンドンで開かれたチゼック教室の児童画作品展で大きな反響を得てからである。そのころから、新しい教育を求める空気が起こりつつあったことにもよるが、イギリスとアメリカを中心にチゼックの実践は高く評価されるようになる。

　チゼックがかつて学校当局者に具申した教育計画の中で述べている「子供自身に成長させ、発展させ、成熟させよ」という、革新的な標語と高い理想が実現するまでに、実に40年の教育実践の積み重ねを必要とした。

　チゼックが主張し、実践してきた美術教育の精神は、永年にわたってチゼックのもとにあり、友人として協力してきたヴィオラ（Wilhelm Viola）によって著された『チィゼックの美術教育（Child Art）』（1942）によって広められた。80年に及ぶ生涯を通し、児童画の芸術性と創造性を高く評価し、子供の持つ内的な永遠の法則によって成長させようとする、真の自由の意味と方法を主張し、強調した功績は実に大きい。

**創造主義の美術教育**

　こうしたチゼックの美術教育は、昭和初期には、霜田静志（1890-1973）らにより日本に紹介されており、後に日本での創造主義美術教育運動を主導した久保貞次郎（1909-1996）らに大きな影響を与えた。

　久保貞次郎は、戦後いち早くチゼックに関する文献を翻訳し、創造美育協会（以降「創美」）の理念的土台として紹介した。創美は「子供の創造性を尊び、美術を通して創造力を健全に育てる」「古い教育を打破し、新しい考え、新しい方法で進歩した美術教育を推進する」「あらゆる権威から自由であり、世界の同士と協力しよう」と「創造美育協会綱領（主旨）」において謳い上げ、戦後の国家主導による実用主義的傾向や権威的様相を批判し、真に子供理解に根ざした「人間教育」としての美術教育の実現を唱えた。

　創美はまた、チゼックの美術教育論とともに、それを裏付ける理念として、たとえばフロイト（Sigmund Freud, 1856-1939）の精神分析学やユング（Carl Gustav Jung, 1875-1961）の深層心理学などに学び、子供を抑圧から解放し、自己表現を尊重することによる個性と創造性の伸張を主

張した。

多くの教育学者や心理学者の関心を集めたチゼックの美術教育論は、瞬く間に創造主義の美術教育として世界に広がっていったのである。言いかえれば、新教育運動、児童中心主義、創造主義といった新しい教育の流れは、チゼックという先覚的実践家を得て、当時の最先端の人間理解の科学であった心理学の台頭とともに美術教育に新たな地平を拓いていったと言っても過言ではないだろう。

## 芸術による教育（Education through Art）

**教育の目的は、要するに、人間の個性の発達を助長すると共に、こうして教育された個性を、その個人の所属する社会集団の、有機的統一と調和させるにあると断定できる。（H. リード、『芸術による教育』より）**

創美が唱えた「古い教育」とは、形式的な外的能力や実用的な技術を高めるための教育を指している。そして「新しい考え、新しい方法」とは、まさにチゼックの「子供たちをして成長せしめよ、発達させ、成熟せしめよ」との言葉であり、フロイトの精神分析学に依拠した「抑圧からの解放」をめざすものであった。それは、子供の自己表現を引き出し、創造性を養っていくために、まず基本的な衝動や本能を抑圧しているものから解放するところに焦点化された。

創美の主張であった自己表現の重視と創造性の涵養は、次第に公的な教育にも影響を与えるようになる。その理論的な土台を提供したのがハーバート・リード（Herbert Read, 1893-1968）である。彼はその著『芸術による教育』（*Education through Art*, 1943）において、個性の伸長と社会性の涵養という、教育が目指すべき相反する目的を高次で統合させ得る教育は、審美的教育（Aesthetic Education）であるとした。彼は、芸術心理学、フロイトの精神分析学、ユングの深層心理学などを巧みに引用し理論化した。とりわけ、当時のマルクス主義が、芸術をブルジョワ社会の産物と断じたのに対して「芸術は意識の展開と同時に発展していく心理学的過程である」とし、人間が生まれてから成人するまでの発達の過程と表現の関係を示し、芸術の持つ教育的意義を明らかにしようとした。

リードの思想は、芸術の過程そのものが教育であり、教育の過程は芸術の過程を通して行われるべきである、といういささか急進的なものであったが、自己表現や創造性というものが、単に芸術家を育成するためのものではなく、等しく全ての人が、その人間性を確立していく上で必要なものであるという今日の美術教育観の基盤を形成した点でその功績は小さくない。

## 児童画への関心と発達理論

リードと共に戦後の美術教育に影響を与えたのがヴィクター・ローウェンフェルド（Victor Lowenfeld, 1903-1960）である。彼は、その著『美術による人間形成』（*Creative and Mental Growth*）で、児童画の発達を（1）なぐり描き "Scribble"（2〜4歳）、（2）様式化前（4〜7歳）、（3）様式化（7〜9歳）、（4）ギャングエイジ（9〜11歳）、（5）疑似写実的（11〜13歳）、（6）青年期の危機（13〜17歳以降）の6段階に分けて示している。

たとえば、「なぐり描き」期における一見意味の無い点や線、大人の写実的な見方からは「稚拙である」「誤っている」と思えるような子供特有の表現を、子供のものの見方や感じ方が直接的に反映されたものであり、その保障こそが子供の健全な発達を促すと指摘した。

心理学的側面からの子供理解については、1900年頃から多くの心理学者や教育学者により、様々な角度から研究されてきた。とりわけ児童画への関心は高く、1895年にはイギリスのジェイムズ・サリー（James Sully, 1842-1923）が『児童期の研究（*Studies of Childhood*）』において、児童画の発達段階を分析し分類している。

さらにリュケ（Georges Henri Luquet, 1876-1965）は、自分の娘が描いた絵の分析を基に、体系的な発達段階理論を導いた。リュケは、子供の写実は目前の対象を写し取るのではなく、予め自己の内面に存在するイメージとしての「内的モデル」と重ねようとするのだと指摘し、ピアジェ（Jean Piaget, 1896-1980）の発達心理学にも影響

を与えたと言われている。

ほかにも、児童画の発達についての心理学的研究は数多くなされてきたが、いずれも、子供理解に基づいた適切な美術教育のあり方を示唆するものであり、ローウェンフェルドの研究成果は、こうした人間理解の科学研究の積み重ねの上に成立している。

## 第3節 個性的表現の理解

### 知覚と表現の関係の理解

人間形成としての美術教育の立場から、発達と表現の関係とともに、強い関心が向けられたのが、個性的表現の理解である。子供の側から教育を捉え直そうとした創造主義の美術教育から真っ先に批判されたのが「本物そっくり」を求める写実性偏重であった。逆に、「のびのびと」「大胆に」といった「子供らしい表現」をステロタイプとして求めるような状況も見られた。いずれも、子供を使って教師や大人のもつイメージを表現させようとする「作品主義」であり、こうした誤った美術教育の背景には、自己表現における個性的表現の理解が不十分であると考えられたのである。

たとえば、作品を写実性の視点から批判的に捉えるようになる青年期になると、自らの表現に行き詰まりを感じるようになる。ローウェンフェルドは、こうした状況を人間の正常な発達段階のひとつの表れと理解するが、一方、常に写実的な表現を求めるような傾向が、この行き詰まりを助長しているのではないかと考えた。

ローウェンフェルドは、人には、視覚的に捉えたものをそのまま再現的、あるいは客観的に表現しようとする「視覚型（Visual Type）」と、体感的に感じ取ったものを主観的に表現しようとする「触覚型（Haptic Type）」があり、またその両方の特性を持ち合わせる「中間型（Medium Type）」があるとした。たとえば、視覚型の子供が得意とするような写実的な表現を「触覚型」の子供に求めても、自分のイメージには合わないた

図1　歯磨きの練習をしたよ

め困難感を高める要因となる。特定のタイプの表現を一様に求めるのではなく、それぞれの表現のタイプへの配慮が必要であるというのである。

### 歯磨きの絵の事例から

図1は5歳児の描画作品である。よく見てみると大きな口の上に人の顔が描かれている。まるで身体が口になった「口のおばけ」のような絵である。どのような経緯でこのような作品が生まれたのだろうか、そのことを知る手がかりは教師の導入の言葉かけにある。

その日の午前中に歯科衛生士が園を訪れて「歯磨き」の指導を行った。大きな口の模型を手に歯ブラシの使い方や磨き方を説明してくれた。そのあと、実際に歯磨きをして、残った歯垢が赤くなる薬品を使うなどの経験をしている。

午後には、午前中の経験を絵に描こうという活動を行った。その導入は以下の通りだった。

◆歯磨きの練習をしたよ（描画活動、5歳児）

教師はまず始めに「画面の真ん中に大きな口を描きましょう」と指示をし、次に「お口が描けたら口の周りに顔を描いていきましょう」と続けた。教師は画面いっぱいに大きく口を開けて歯磨きしている触覚型の子供が描きがちな構図をイメージして指示していったのだが、この子供はすでに、自分が歯を磨いている姿全体を捉える「視覚型」のイメージを持っていた。

そのため、画面の真ん中に大きく口を描くところまでは教師の指示に従ったが、その周りに「顔」を描きましょうといわれた時点で思い浮かんだのは顔の全体像であった。それをそのまま描

いてみたら、図1のようになったのである。

このように「触覚型」のダイナミックな画面構成の魅力を感じている教師が、すべての子供にそのような絵を描かせようとして「触覚型」の表現プロセスをなぞらせるような指導事例は少なくない。また、その逆もあるだろう。

この事例から、子供が同じ経験をしていても、それぞれがイメージする世界は異なっていることがわかる。一方的に特定の表現タイプに導くような指導では、表現への苦手意識を持たせてしまう危険がある。こうした事態を防ぐためには、教師の多様な表現タイプへの正しい理解とそれぞれに応じた指導や支援が求められる。

### 心理類型と子供の表現

リードもまた、知覚の類型と表現の関係や、表現の多様性の理解の重要性に言及している。リードは子供の絵の表現パターンを1有機的、2感情移入的、3リズミカルなパターン、4構造的形態、5列挙的、6感覚的、7装飾的、8想像的の8つに集約し、ユングによる思考型、感情型、感覚型、直感型の4つの分類と、外向、内向というそれぞれの型に心理的エネルギーの方向による分類を合わせた8類型にあてはめられるとしている（表1）。

このように心理類型と子供の絵のパターンとを対応させ、個性的表現は、心の働きの多様性に基づくものであり、子供の表現の多様性をその個性に基づくものであると理解し、受容することが、個性伸張の教育において重要であるとした。

このように、ローウェンフェルドもリードも、同じ経験をしても、それをどのように知覚し表象（イメージ）するかは、それぞれの心理的プロセスにより異なってくるのであり、教師の表象、つまり特定のパターンに導くような指導が誤りであることを指摘している。

### 科学的な人間理解と美術教育

ここまで概観してきたのは、1950年代までのものであり、今となっては古典的だと言われるかも知れない。しかし、科学的な人間理解に基づく教育をめざした先見的な取り組みが、今日の美術教育の土台を築いてきたことは事実である。

表1　心理類型と子供の表現パターン

| 心理類型（ユング） | 子供の表現のパターン（リード） |
|---|---|
| 思考外向型 | 列挙的 |
| 思考内向型 | 有機的 |
| 感情外向型 | 装飾的 |
| 感情内向型 | 想像的 |
| 感覚外向型 | 感情移入的 |
| 感覚内向型 | 触覚的 |
| 直感外向型 | リズミカルなパターン |
| 直感内向型 | 構造的形態 |

※H.リード『芸術による教育』第5章より大橋が一覧化したもの。

その後のポスト創造主義の美術教育においては、たとえば、ギルフォード（Joy Paul Guilford, 1897-1987）による「拡散的思考」「収束的思考」を繰り返す「創造的思考」の過程を美術の発想や構想の過程に取り入れる創造性開発の視点からの試みや、第Ⅰ部第6章で詳説しているマスロー（Abraham Harold Maslow, 1908-1970）の理論を背景に、自己実現の過程を美術の学習過程として構築する人格形成の視点からの試みなど、心理学を背景にした美術教育の実践的な研究が進められてきた。

また、1980年以降は、多様な知能のいずれかにおいて優れた個人が創造性を発揮するというハワード・ガードナー（Howard Gardner, 1943 −）による多元的知能理論（MI理論）のように、創造性を知能として捉える認知的アプローチも注目されている。

（大橋　功）

### 【参考文献】

- 大橋功（2017）「描画活動における知覚と表現の関係に注目した「表現タイプ」についての考察−「歯磨きの絵」にみる特徴的表現を通しての検討−」、『美術教育』第301号、日本美術教育学会
- 神林恒道、ふじえみつる監修（2018）『美術教育ハンドブック』、三元社
- 松原郁二（1972）『人間性の表現と教育−新しい美術教育理論−』、東洋館出版社
- H.リード著（宮脇理、直江俊雄、岩崎清訳、2001）『芸術による教育』、フィルムアート社
- V.ローウェンフェルド（武内清、堀ノ内敏、武井勝雄訳、1995）『美術による人間形成−創造的発達と精神的成長』、黎明書房

# 第2章 見ることと描くこと

## 学習のポイント

**1** 「芸術は「発見」である」とはどういうことか、ここで例示される幼稚園での実践などを参考に、理解しておくこと。

**2** 美術を嫌いにする美術教育とはどのようなものか、具体的な事例をいくつか挙げて理解しておくこと。

**3** 美術教育において「見ることと描くこと」はどのような関係にあるか、自分なりに整理してまとめておくこと。

## 第1節 「美の技」としての「美術」

「美術教育」を語る前にまず「美術」とは何かを考えてみよう。「美術」あるいは「芸術」という言葉はもともと「美術学校」「美術館」の用法をも含めて、明治近代以降の西欧の「Art」の翻訳語である。「アート」が意味するのは本来「技術」というものであり、「美術」は英独仏語を含めていずれも「美の技術（美しい技術）」の直訳である。この「技術」は広い意味で様々な職種におよび、それぞれ独自の職業組合（ギルド）を形成していた。画家、彫刻家、建築家もその例外ではなかった。この「美術」という技能がこれとは区別される特殊な技能として公認されるようになったのは、十八世紀の「フランス王立絵画彫刻アカデミー」の設立以来のことである。

まず問題は「美の技術」と呼ばれたのは、なぜかということである。カルチャー・スクールなどでは、静物で美しい花を、人物では美しい女性を描けば「美しい絵」ができると思っている人が多い。そもそも美しい花あるいは美しい女性とは、だれが決めたことだろうか。目の前の対象を「花」であるとか「女性」であるとかという判断は、だれが見てもまぎれもない客観的な判断である。だが「美しい」という判断は、その人自身、つまり主観的な感動の結果によるのである。

美的判断は客観的な判断とは異なり、はなから美しい「もの（客観）」があり、これと向き合う「わたし（主観）」がそこにいるのではない。「美しい」という感動を通じて、初めて「わたし」の前に美しい「もの」が立ちあらわれるのである。この判断は熱いとか冷たい、あるいは美味しいとか不味いという、一瞬の「直感的判断」なのである。まずは、食する前から、美味なるものなどあり得ようはずがないではないか。これが美の世界の不思議である。

「見て見えず、聞いて聞こえず」という言葉があるが、漠然とわたしの周りを眺めてみても何も美しいものは見えてこない。美しいものとはわれわ

れが「発見」しなければならないものであり、その発見の喜び、それが美的な感動なのである。アルキメデスが浮力の法則を「発見」し、その喜びのあまり風呂から飛び出して、裸のまま「エウレカ、エウレカ（見つけた、見つけた）」と叫びながらシラクサの町を走り回ったという伝説がある。ただし美的な発見は論理的あるいは科学的な法則の発見ではなく、ただただ直感的な発見なのである。

## 第2節 芸術は「発見」である

　二十世紀の前衛作家・マルセル・デュシャン（Marcel Duchamp, 1887-1968）に「レディメイド（既製品）のオブジェ（物体）」あるいは「発見のオブジェ<small>オブジェ・トゥルヴェ</small>」といわれる作品がある。あるときデュシャンは展覧会に、ハンドメイドではない白い陶製の便器にサインをして、「泉」（**図1**）というタイトルで展覧会に持ちこんだ。当然のことながら展示は拒否された、しかしデュシャンはこれを、「アート」であると言い張ったのである。アートが鑑賞されるべき場所に、こともあろうに便器が展示される、デペイゼされる。つまり異なった環境に置かれることで、便器は本来の目的や用途から切り離され、その時点で便器はただの「もの<small>オブジェ</small>」に変化したのである。そこで首をひねりながらも観衆は見方を改めることで、思いもよらぬ「美の発見」へと導かれるのである。これはデュシャンによる、「芸術」の既成観念を打ち破るための挑発的な問いかけだったのである。

　ここでわれわれは改めて、美とは何か、芸術とは何かについて反省を促されているのである。芸術は神聖なものとしてアカデミズムの祭壇にまつり上げられるものではなく、目を凝らせば、われわれの周囲の日常的な現実のなかにいくらでも「発見」することができる。そこから近代にふさわしい美と芸術の問いのすべてが始まったのである。こうした権威によらない自由なものの見方、それこそがわれわれが理想とすべき「美術教育」

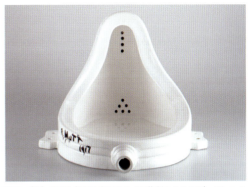

図1 《泉》1917（1964年にミラノで複製された6/8）、61cm×36cm×48cm（イスラエル博物館、オリジナルは消失）
© Association Marcel Duchamp / ADAGP, Paris & JASPAR, Tokyo, 2018　　G1416

の基本的なスタンスでなければならない。

　この前衛的なオブジェという試みは、すでに伝統的な華道の世界にも取り入れられている。海岸に打ち寄せられた流木、波に洗われ岩石に削られたそのフォルムの面白さに惹かれて、家に持ち帰って床の間にデペイゼし花の一輪でもそこに添えれば、このただの流木というオブジェは、たちまち周囲に芸術のオーラを放ちはじめる。

　「アート」とはもともと「技術」の意味だと、すでに述べたが、そこから往々にして芸術は「ハンドメイド（手業）」でなければならぬと、手づくりをやたら有り難がる風潮があるが、果たしてどうだろうか。「レディメイドのオブジェ」は一切、人間の手は加わっていない。しかしなおそこに「技術」があるとすれば、それは「発見の技術」ということになろう。

## 第3節 「芸術」の始まり

　さてそこで「美の技術」をもう一歩、深めて考えてみよう。次はある幼稚園でのユニークな美術教育の実践例である。今は写真といえば、すべてケータイで済む時代になったが、かつては安価な使い捨てカメラというものがあった。フィルムは使い切ったが、ボタンを押せばまだジーカチャと音がする。この廃品のカメラを園児たちに持たせて、幼稚園で撮影会が開かれた。子供たちはもち

図2 のぞいて、見つけて、伝えよう！（5歳児、認定こども園・せんだい幼稚園）
現在では使い捨てカメラは手に入りにくいが、同様の「発見」を表現に繋げる題材が工夫されている。

図3 《L.H.O.O.Q》1935（フィラデルフィア美術館）
© Association Marcel Duchamp / ADAGP, Paris & JASPAR, Tokyo, 2018　　G1416

ろん大喜びである。問題は園長先生の一言である。「○○ちゃん、カメラで何を写したの。先生に見せてちょうだい」。そこで画用紙とクレヨンが渡される。

カメラのファインダーから外をのぞくと、普段は漠然と眺めていた周囲の景色が変わって見える、それが面白いと思うものを自分で「発見」する契機となる。つぎの段階は、だれに指示されたわけでもない、自分で見つけたものがどんなものだったかを、子供なりに描いて先生に見せようとする。（図2）

芸術学者のK.フィードラー（Konrad Adolf Fiedler, 1841-1895）は「見ることが終わるところから、芸術ははじまるのだ」（K.フィードラー『芸術活動の起源』）と語っているのは、このことであり、現実を熟視してそこに自らを感動させるものを発見し、次にその内的なイメージを表現する。つまり外に向けて、自らが発見した「美しいもの」を取り出してみせるのが「芸術活動」の始まりだというのである。子供は子供なりに、表現に工夫をこらす、ここから「美の技術」が生まれてくるのだ。

その素朴なアートから、磨き抜かれたアートという技術の粋が、美術館に展示される古今東西の「芸術」にほかならない。美術館はさながら美術という「技術」の見本市のようなものである。自己流で絵を描いても、そこには自ずから限界があ

る。そこでわれわれは、人類の偉大な文化遺産である古今の名作から刺激を受け、これを「古典」として学ぶのである。あるいはこれらを反面教師とするのもまた良しである。デュシャンはルーティン化された芸術という観念を、メタ芸術的な手法で次々に破壊していったアーティストである。その一つに、永遠の微笑みで知られる『モナ・リザ』に髭を描き加えた『L.H.O.O.Q.』（図3）という作品がある。

## 第4節　「自由画教育」から

先人の優れた「芸（技）術」を学ぶということで、美術教育でさかんに勧められてきたのが「模写」である。東洋の画論では謝赫の「画六法」では「伝模移写」と呼ばれ、西洋では「古代の模倣」と称されてきたものである。傑作の技術を眺めるだけでなく、その作品を前にして実際に絵筆

をとってこれをマスターしようというものであり、今でもときどき欧米の美術館で見かける風景である。身近なところでは、かつては小中学校の美術の教室には必ずミロのヴィーナスなど、デッサンの実習のための石膏レプリカが置かれていた。いずれも芸術を「古典(クラシック)」としてただ「見ること」から、その技術を「描く」ことを通じてわがものにしようとした試みだったと言えよう。

　こうした「模写」の悪しき実例が、かつて戦前の美術教育で行われた「臨画教育」である。お手本を教科書どおりに、どこまで正確に写せるかというものである。これはおそらく狩野派のいわゆる「学画」という絵手本、つまり「粉本」による教育に倣ったものであろう。西欧でも、美術学校でのいわゆる「古典」への無批判な追従が、悪しき意味での「アカデミズム」と呼ばれる、内実を欠いた形式主義を生み出した。これに批判的な在野の美術運動を代表するものの一つが、美術の近代を開いた印象派の動きだった。

　戦前にもすでに形骸化した美術教育への批判として、山本鼎(やまもとかなえ)（1882-1946）らによる「自由画教育」があった。この山本が傾倒したのが、ポスト印象派のセザンヌだった。セザンヌはリンゴを描こうとして、これが腐るまで見続けたという話がある。山本の「自由画教育」の主張には誤解があるように思う。一般に自由画については、子供らが自由な想像力を広げて、近未来世界とか夢のような冒険ファンタジー、あるいはまた楽しい思い出といった、テーマ性に片寄った見方がついて回るように感じられる。しかし山本のそれは、臨画教育のお手本から自由になることであり、だれかが描いたリンゴをそのまま写すのではなく、本物のリンゴを熟視せよという主張なのである。

　ところで文部科学省の指導要領を見て、いつもながら問題だと思うのは、「表現」と「鑑賞」とがまるで別もののような扱いであることである。注意しなければならないのは、ここでは「表現」という表現は、ただ漠然とした創造という意味でしかなく、「鑑賞」といえば美術の教科書に掲載された名画鑑賞のことだという誤解を招きかねないことである。むしろ平たく「表現」を「描くこと」、「鑑賞」を「見ること」という言葉に置き換えてみるならば、両者をつなぐ必然的なかかわりが見えてくるはずである。

## 第5節　「美術」を嫌いにする「美術教育」

　山本の美術教育論は「絵を描く」ということだけに限られるものではない。彼は同時に「絵を見ること」の重要性をも強調している。小学校低学年の図画工作科の時間が目標としているのは、子供らが本来もっているアーティスティックな造形的な感性を、「遊び」という形で引き出すことだろうと思う。これはいわば「無からの創造」に近いものがある。だが心身共に成長してくる段階で、自分を取り巻く周囲の世界への配慮が芽生えてくる。自我の目覚めは、同時に他者の存在、あるいは広く環境世界への配慮でもある。「感情移入」と言ってもよいだろう。それまでの混沌とした「なぐり描き」から、次第に具体的なイメージの世界が形成されてくる。

　このあたりから、絵が得意な子供と不得意な子供が分かれてくる。音楽の時間でも、体育の時間でも事情は同じである。ここに現れてくるのが個性というものだろう。絵を描くのは得意とはいかないが、名画を見ることが好きだ、抜きんでて歌がうまいわけではないが、名曲を聞くことが好きだ、かけっこや球技はそれほど得手ではないが、スポーツ観戦は大好きだという子供の数は、おそらく高学年になるにつれて増えていくのではなかろうか。ところがこれとはお構いなしに、実技の能力だけで子供らを評価しているのが大方ではないだろうか。大学の教養課程の美術史の講義で、高校時代の「美術」の時間のことを尋ねると、口をそろえて「嫌いだった」と答えが返ってくる。だが講義室は満杯、みんな美術の話を聞くのは大好きなのである。山本はこのことにも気づいていたようだ。ちなみにかれは高学年になるにつれて、右肩上がりに鑑賞の時間を増やしていくという、

独自の美術のカリキュラムも考えていた。

　幼児期の造形遊びから始まって、延々と中学、高校にいたるまで「お絵かき」ばかりの「美術」の時間に、皆うんざりしているのである。これでは「美術」の時間は、わざわざ「美術を嫌いにする教育」をしているとしか言いようがない。そこで気になるのは、編集者の工夫による、グラビア版色刷りの世界の名画がぎっしり詰まっている、あの豪華な「美術」の教科書の行方とその使われ方である。

　いま「クールジャパン」の文化が国際的にもてはやされている。これが果たして日本を代表するような「文化」と言えるだろうか。一時「マンガも文化」だといわれたが、いまでは「マンガが文化」にかわりつつある。クールジャパンは所詮かつてのジャポニスムと同じく、エキゾチシズムというスパイスを効かしたB級文化に過ぎない。これに対して本物の芸術や文化への若者たちの関心は、どんどん薄れつつある。美術館や博物館、大型企画展の関係者の間から、若年層の入場者の比率が激減していることを危惧する声が上がっている。

　このところスポーツ界は、空前のサッカー・ブームで沸いている。これを支えているのが熱狂的なファンそして応援団である。ところが「美術」の世界では、この応援団の数が全体に先細りの感がある。この状況を打開するには、美術の楽しみを子供らに教える「鑑賞教育」を充実させていくことしかない。そもそも義務教育としての「美術」の時間は、ひと握りの美術のエリートの養成のためにあるのではない。その仕事は専門学校や美術系大学に任せればよい。いま美術教育の焦眉の課題は、将来の日本の芸術文化をバックアップする応援団の一員となる教養人の育成にこそあるのではないか。

## 第6節　「鑑賞教育」とは

　改まって「鑑賞教育」などというと、腰が引けてしまう人もいるかも知れないが、何も特別なことではない。美的判断は趣味判断ともいわれる。趣味とは英語で「テイスト Taste」といい、同時に「味覚」の意味でもある。これにまつわる「たで食う虫も好き好き」とか「十人十色」といったことわざがあるが、いずれも「趣味（味覚）」については人様々で争えないという意味である。だがそのうちの例外が「美的趣味」である。自然であれ芸術であれ、美しいものと出会ったときの感動は、「君もそうだよなあ」と思わず隣の肩をたたきたくなる。あるいはライヴの会場でのスタンディング・オベーションを思い出したらよい。

　さてそこで美しいものと出会ったときの感動だが、言ってみれば絵は目の楽しみであり、音楽は耳の楽しみ、お料理は舌で味わう楽しみである。美味しいかどうかは理屈ではなく、たちどころに直感的にわかる。美術鑑賞もこれと同じである。食事でいえば、堅苦しいマナーなどどうでもよい。まずは手づかみでも構わないから口に入れてみることだ。次に美味しければ、なぜこんなに美味しいのかと、その料理の材料、味付けといったレシピ、見事な腕をふるった料理人がどんな人物か興味が湧く、同じく美しい作品を前にして、いったいいつの時代に、どこでどうやってこれほど素晴らしい作品が生まれたのか、またこのアーティストのことが知りたくなる。これを研究するのが、美学・美術史あるいは芸術学という学問の分野である。

　美術教育の現場はさながら、様々な料理を提供するレストランである。ただし小学校低学年にいきなり雪舟（1420-1506?）の『慧可断臂』図では口に合わない。まずはミロ（Joan Miro, 1893-1983）の陽気で楽しいファンタジーがお勧めかも知れない。メニューからかっこうのお勧めを考えるのが教師の才覚というものだろう。

**まとめとして**

　さてこれまで見てきたように、芸術活動の始まりは「発見」にあり、自分が見出したものをどうやってほかの人たちにも見えるようにするか、そのための工夫と技術が「美術」という「技術」で

あり、ほかのだれによるものでもない自分の発見が、その人の自由な個性の発現としての「表現」というものであろう。目を凝らせば美は至るところに、またどんなものにも見出すことが可能である。美しい聖母を描いたラファエロは、19世紀まで神のごとき画家として敬われてきたが、ある人はその作品をレンブラントと比較して、「ラファエロは美しい女性を描いたが、レンブラントは美しい作品をつくった」と評したという。

　ところで美術の教師にとっていちばん大事なことは、何よりも子供といっしょになって美しいものを発見する手助けをすることであり、その感動を子供たちと共有することではなかろうか。絵を描く技術についても、手を取って教えるよりも、画集や美術館で古今の名作を見せ、そこから子供が自分の眼で技法を発見するように導くことが肝要であろう。

　「アート」は何のためにあるのか。よく言われるのが「無用の用」ということである。ドイツの哲学者であるカント（Immanuel Kant, 1724-1804）の言葉を使えば、「目的なき合目的性」（カント『判断力批判』）つまりそれ自体のためにある存在ということであり、これを見出したときの判断のシグナルが、私自身の満足の感情であり美的な感動なのである。これはどこのだれにもよらない、自分自身の「自由な創造と発見」に寄せる達成感の表明であり、生きることへの何よりの励ましとなるはずである。ちなみにカントはこれを「生命感情」(レーベンス・ゲフュール)と呼んでいる。

(神林恒道)

【参考文献】

- ❖ 神林恒道・ふじえみつる監修（2018）『美術教育ハンドブック』、三元社
- ❖ 神林恒道・新関伸也編著（2008）『西洋美術101鑑賞ガイドブック』、三元社
- ❖ 神林恒道・新関伸也編著（2008）『日本美術101鑑賞ガイドブック』、三元社

# 第3章 子供理解と造形活動

## 学習のポイント

**1** 子供に寄り添うとはどういうことか、そのために何が必要か考えること。

**2** 子供が「時分の花」と「自分の花」を咲かせるために教師や保育者はどうあるべきか、造形活動の具体的な場面を想定するなどして考えること。

**3** ひとり、ひとりを大切にする教育とはどのようなことを言うのか、造形活動との関係で考えること。

## 第1節 子供理解と子供観

　子供の成長には、日ごと目に見えてその成長がわかることと、外から見ているだけではわからないこととがある。しかし、大人からは外見的にはわからなくても、日々確実に成長している。

　山登りに例えるなら、峠に立つまでは、ずっと同じような森林の中の景色が続くが、ひとたび峠にたどり着けば、目前に開けた風景を見て「ああ、こんなに高いところまで登ってきたのか！」とその時初めて自分の歩みの成果に気づかされる。

　このことは、自らの成長の自覚とよく似ている。子供の成長もまた、傍らにいる大人からすれば、ある時点に至るまでは、なかなかその歩みは見えにくい。その坂道を駆け足で登る子供もいれば、ゆっくりと登る子供もいるだろう。まっすぐ最短コースで登ろうとする子供もいれば、道草や回り道を楽しむ子供もいるだろう。

　いきおい、最短コースに導いたり、遅い子の手を無理やり引っ張ったり、あるいはおぶってやったりしては、次の山はもう自分の力で登ろうとしなくなる、いや登りたくないと思うかも知れない。では、自分で登ってくるまで峠にいて待っていれば良いのだろうか？

　くじけそうな時には、いっしょにならんで横で励ましてやる必要もあるだろう。先を急ぎすぎる子供には、少し回り道をしてみる楽しさに気づかせてやることも良いだろう。いちばん良いのは、ケースバイケースでの適切なポジションを選び、導いたり、見守ったり、支援したりしながら、その道をその子なりに楽しんで登れるようにしてやることだろう。

　そのためにも、私たちは、その子供が今どこにいて、何を見て、どのように感じているのか、外見だけではわかりにくいその内面を探らなければならない。そして、子供が学ぶとは、子供が成長するとはどういうことなのかを知る必要がある。

　とりわけ、幼い子供の理解については、現在の自分自身や、子供であったことの記憶を参照する

だけではとても理解できるものではない。自分の中に残された子供の記憶は、大人へと成長する過程で別の物へと置き換わってしまっているからである。「子供に寄り添う」とよく言われるが、適切に「寄り添う」ためには、まず適切に「子供理解」ができていなければならない。

そこで、教育学や教育心理学、発達心理学などを通して、科学的な人間（子供）理解に務めてきた。しかし、こうした理解に基づく子供観が一定共有されるようになったのは西洋ではこの百数十年のことである。それまで、子供は「小さな大人」でしかなく、大人と同じことを求められる存在だったのである。

ジャン＝ジャック・ルソー（Jean-Jacques Rousseau, 1712-1778）は、その著『エミール』（1762）で、このような「小さな大人」としての子供の扱い、子供観を批判し、大人と同じ能力や器官を利用する「（完成された）人間の教育」ではなく、子供の内部でこれらの能力や器官を伸ばし、完成に至るための「自然の教育」をしなければならないと説いた。

日本でも、大人とは区別されるべき子供の概念や、発達に応じた教育の考え方は古くからある。中でも注目されるのは、父である観阿弥(かんあみ)と共に、能楽を、それまでの申楽(さるがく)の伝統を踏まえ、芸道の地位にまで引き上げたと言われる世阿弥(ぜあみ)（1363?-1443）による『風姿花伝』に見られる発達段階に似た芸道論である。それはまさに教育論と言っても過言ではない。

## 第2節 「時分の花」を咲かせること

世阿弥は、観阿弥から口伝された内容を基に著した『風姿花伝』の「第一、年来稽古条々」の中で、人が持つ可能性を最大限に発揮させ、その良さを実現している姿を花にたとえて、七歳頃には七歳頃の花があり、それはその時期にしか咲かせることのできない花であるといったことを述べている。少年期には少年期の、青年期には青年期の、そして老年期には老年期の咲かせるべき花があると言うだ。

これを「時分の花」と呼ぶ。この「時分の花」は、やがて枯れる未熟な花でもある。しかし、その花をその時に十分咲かせることで、次の花を咲かせる事ができる。そして、「時分の花」を咲かせては枯らせ、それを繰り返しながら、やがて枯れることのない「まことの花」を咲かせることができるのだと伝えるのである。

私たちは、ともすれば5歳の子供に10歳の花を咲かせようと焦ってはいないだろうか。「時分の花」の考え方は、600年以上の歳月を超えて私たちの教育の在り方に少なからぬ示唆を与えてくれる。

また同じ年齢の子供が、全て同じ時に同じ花を咲かせるとは限らない。「時分の花」は、それぞれの子供にとっての「自分の花」でもある。

ある園での事、少し幼いAちゃんは、幼稚園の3年保育の年中クラスに4歳から入園してきた。みんな思い思いの絵を描くのに、Aちゃんは「白紙」の状態が続いた。

Aちゃんは、幼稚園に入園してくるまでは、あまり絵を描いて遊ぶことが無かったようで、なぐりがきを楽しんでいる段階だった。このなぐりがきの段階を十分経験することで、次第にイメージを持って描けるようになる。

しかし、十分その坂道を登りきらないのに、峠の上のみんなと同じ題材を与えられつづけていたのである。その事に気づいた先生は「今日は、みんなで台風を描こう」と言ってパスと絵の具で四つ切の画用紙にぐるぐるとなぐりがきをすることを促した。（図1）

子供たちも「ビュー」「グワァー」と叫びながら腕をぐるぐる回して楽しんでいる。ほとんどの子供は、なぐりがきを卒業しているのだが、それはそれで台風のイメージを持って楽しく活動していた。そんな中で、みんなと一緒に十分なぐりがきを楽しんだ後、Aちゃんは、つたないけれど、それだとはっきりわかる顔を描いて、「お母さんと一緒だから怖くないよ」と言ったのだ。

図1 思う存分なぐりがきを楽しむことも幼児にとっての「時分の花」である。

図2 3歳児の「えのてがみ」より

　先生は、Aちゃんが、まだ十分咲かせていない花に水をやるために、峠の上からではなく、みんなでいっしょに坂道が登れるようにと「台風」の題材を考えたのであろう。

　おかげで、Aちゃんは、「時分の花」を自ら咲かせ始めたのである。たしかに、花は自分で咲かせるものだが、水をやるのは先生であり、家族であり、友達である。一方、無理に咲かせようと科学肥料をやりすぎて枯らせてしまうこともある。その逆に、何もしないで枯らせてしまうこともある。教育もまたそういうものではないだろうかと、この先生とAちゃんは教えてくれている。

## 第3節　「時分の花」の視点からの子供理解

　この絵（図2）を見て何を描いているか分かるだろうか？　そこに描かれている「もの」やそれぞれの形態などから、何を伝えようとしているのか、今しばらく考えてもらいたい。

　これまで、多くの人にこの問いを投げかけたが、この絵を見ただけで、何の情報も無くそのテーマを言い当てることなどできなくてあたりまえである。それでも、想像を働かせて何とか子供の思いに近づこうと考えてもらった。それこそ、実に多様な回答があった。

　多いのは「おばけ」。理由を聞いてみると、全体として顔に見えるのだが、通常子供が描く顔とは随分違う。目とおぼしきものは中が空洞の輪状のもので、白目を剥いたおばけに見えた、というのである。次に多いのは、輪郭と思われる形が横長であることから、「バナナを食べた」「走っている」といった回答である。

　このように、この絵の特徴的な点を捉えて探っている。実は大変良いところに着眼しているのであるが、正解は「ぼく、お昼寝したよ」である。

　この絵を受け取った担当の先生は「あら、何をしているのかな？」と本人に聞いたところそのように答えてくれたのである。

　その時、その先生はすぐに、横長に描かれている輪郭が横になっている全身のイメージによるものだと感じたので、指で輪郭をなぞりながら「あー、寝ているんだ！」と応じた。すると、この子供は、自分が表現したことが伝わったという喜びからか目を輝かせながら、さらに饒舌に語り始めた。寝ているときは目を瞑っているから何も見ていないけれど、ここに目はちゃんとあるんだよ、といったことや、口も閉じておしゃべりしないけれど息ができないと死んじゃうから鼻も描いたんだよ、といったことまで話してくれた。

　3歳頃の子供が描く人物の多くは、顔の形のみで表されている。いわゆるスマイルマークである。しかし、この時期の子供にとっての「顔」は、いわゆる顔だけを描いているのではなく、顔を一つのシンボルとして、対象者の全てを表現しているのである。つまり、顔の中にその人の頭の先から足の先まで、その声や表情、しぐさまでがパッケージされているのである。

　この先生は、この時期の表現の特徴を理解していたからこそ、この子がなぜこんな変わった形で描いたのかすぐに理解することができたのである。

もし、そのことを知らないまま、一方的に「何これ、おばけみたいね」なんて言っていたらどうなっていただろう。この子は描く事への自信を失い、また先生への信頼もできなくなってしまうかもしれない。

そういう意味で、子供の表現における「時分の花」つまりその発達段階特有の表現の理解はとても大切であることがわかる。本書では、とりわけ大人にとって難解な幼児期の表現について、第Ⅱ部第3章で詳しく述べているので、対象の校種にかかわらず学んでおくと良いだろう。

## 第4節　「自分の花」の視点からの子供理解

「時分の花」という発達の視点に加えて、さらに子供理解として大切なことは、個性的表現の理解、つまり「自分の花」の理解である。すでに第Ⅰ部第1章で述べたことでもあるが、同じ経験をしても、それぞれが想い描くイメージには個性的な違いがある。そのことを十分理解していないと、教師が想い描くイメージに子供の表現を導こうとするような過ちを犯してしまう。

図3～図5は「今朝、家でちゃんと歯を磨いてきたよ」というテーマで中学校2年生が描いたものである。全員に同じテーマを与えたが、その表現は実に多様である。絵を描く技術の得手不得手はあるだろうが、どの絵が良いかということではない。どれもみな、今の自分に素直に表現したものである。

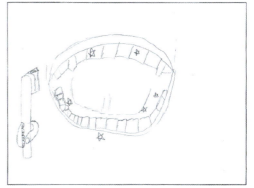

図3　歯から描き出し、触覚的要素のみで終結させた主観的な表現。

図4　口から描き出し、その周辺は主観的であるが、背景など周りの状況は客観的に表現している。

図5　朝の様子を客観的な視点から想像している自分を視覚的に表現している。

### 表現タイプと個性的表現

◆**主観的タイプ（触覚型）（図3）**

「歯を磨いた」という言葉から、歯や口周辺を想像し、それをそのまま描いたもの。さらに鼻や目を描き加えながら画面に広げていくように描く者もいる。主観的タイプ（触覚型）の典型的な表現である。

◆**主観・客観混在タイプ（中間型）（図4）**

口から描き出し、その周辺の表現は触覚的経験が強く影響している主観的な表現であるが、人物の表現や、おそらく自宅の洗面所の状況を思い起こして客観的に表現している。主観と客観のどちらも強く働く混在タイプ（中間型）である。

◆**客観的タイプ（視覚型）（図5）**

右下の人物から描き出していることから、予め画面の大半を占める吹き出しにどのような絵を描くかイメージしていることがわかる。自分と周り

の状況を俯瞰的に想像している。鏡に映っている自分を描くのもこのタイプに多く見られる特徴である。典型的な客観的タイプ（視覚型）の表現である。

こうした傾向は5歳児にも小学生にも、成人にも見られる。同じ経験（知覚）をしていても、必ずしも同じようなイメージ（表象）を持つとは限らない。第Ⅰ部第1章第3節でも述べたように、個性的表現への配慮が無ければ、子供の真の自己表現を引き出すことはできないのである。子供の「自分の花」である個性的表現への理解と配慮が大切である。

## 第5節　造形活動とは何か

### 造形活動と造形表現

私たちが美術教育という言葉を用いるとき、多くの場合は、幼児教育や保育を含む学校教育における美術教育、具体的には領域「表現」の造形表現活動、小学校「図画工作」、中学校や高等学校の「美術」などの領域や教科の教育を指している。

したがって、造形表現と言うと幼児期の美術教育を意味していることが多い。また、幼児教育では、学習の結果ではなく、その活動の過程に教育的意義の重点を置くため、造形表現学習とは言わず、造形表現活動と呼ぶことになる。

このように、現在使われている「造形表現」には幼児教育のイメージが強い。しかし、小学校の図画工作科の、「造形遊び」では、造形活動の過程そのものの教育的な意義に着目している。それは、はじめから、絵を描く、ものをつくるといった「作品」をイメージした活動ではなく、材料への興味や行為の楽しさ、場と環境から触発される活動の楽しさといった「楽しさ」を軸にした学習活動である。

最近では、中学校や高等学校においても、材料や行為、場と環境などからの主題生成を学習過程に取り入れる題材も見られるようになっており、「美術」を生みだす過程としての「造形活動」の教育的意義が認められるようになってきた。「造形表現」「造形活動」あるいは「造形表現活動」という用語は、単に幼児教育における領域名称的な意味に留まらず、美術教育の土台となる子供の美術を、主体的な活動の視点から言いかえているのである。

## 第6節　子供理解と造形活動

**子どもたち「ひとり」、「ひとり」が、そのかけがえのなさを、「みんな」で、かけがえのない〈いま、ここ〉という〈とき〉を、「ひとり」、「ひとり」が生きられることを心から願う**

（西野範夫、2018）

上記は、昭和52年、平成元年の学習指導要領改訂の際に、小学校図画工作科の「造形遊び」の導入と確立を主導した西野範夫（1935-）の言葉である。

　　ここには、12色の、色がある
　　目立たない色もあるけれど、
　　みんな、
　　がんばってる
　　ひとつ、ひとつ

（豊島加純『いのちのいろえんぴつ』、教育画劇、2006）

西野は、脳腫瘍のため10歳でこの世を去った少女の書いたこの一編の詩を引きながら、次のように語っている。

　私たちは、子どもたちにかかわる世界に生かされていて、ことあるたびに、「子どもたちひとりひとりのことを大事にする」と言っているけれど、それは表層のことばでしかなかったように思えてならない。

（西野、2018）

西野が「ひとり」、「ひとり」と表記するのは、加純さんが色鉛筆のそれぞれの色を「ひとつ、ひとつ」と書いているように、「ひとり」、「ひとり」は、かけがえのない存在であり、「一人一人」とひとまとめにできないものだからだという。

　このことを、造形活動にとりくむ子供たちの姿を心に映し出しながら考えてみてほしい。それが幼児でも、小学生でも中学生であってもいい。造形遊びでも、絵を描く活動でも、何かをつくる活動でもいい。とにかく、目の前で自らの手から生まれてくる「作品」から目を離すことなく夢中になっている様子を思い浮かべてみると、その瞬間、その子は、その子の「かけがえのない〈いま、ここ〉という〈とき〉」を生きている瞬間ではなかろうか。

　私たちは、ともすれば、そこに現れる「作品」にばかり目を向け、その巧拙や、見栄えの善し悪しを計ろうとしてしまう。しかも、多くの場合、自分が求めたイメージに近いかどうかでその善し悪しを決めてはいないだろうか。

　そのような中で、見栄えのしない、決して上手だとは言えないような作品には目もくれない。たとえば、造形遊びなどの場合、活動の残骸としてのモノ、もっと酷い言い方をすればゴミとしてしか捉えられないのである。

　しかし、そんな「活動の残骸」も、それを残した子供が、「かけがえのない〈いま、ここ〉という〈とき〉」を生きた証であると捉えたとき、はじめてその「ゴミ」の向こうの子供を見ることができるのである。

　明日になったら、この「ゴミ」を残した子供はもう存在しないのである。なぜなら「かけがえのない〈いま、ここ〉という〈とき〉」を全力で生き抜いた中で育ち、成長しているからである。子供たちの残した作品は、それこそ、その「ひとつ」、「ひとつ」が、かけがえのない「ひとり」、「ひとり」の生きた証なのである。

　子供の造形活動にかかわるとき、その活動の中での「ひとり」、「ひとり」の育ちに目を向けなければならない。そのためにも、ただ一般的な発達段階などを理解するだけでは不十分であり、自分自身の子供観をしっかりと確かめながら、目の前の子供に関わらなければならないのである。

　現代社会は、学校という制度を通して教育を行うシステムを確立している。その中で、ひとりの子供が個人として成長し、より良い社会を創造する担い手となることを期待して育てられる。そのために必要な資質・能力はどのようなものであるのか、その学力観も、時代とともに見直され続けている。

　しかし、この制度は、大人が想定する「これから」に必要な「期待される姿」から「いま、ここ」への逆流的なシステムになってしまっている。めざすべき社会像があり、そのための人間像があり、そのためには大学で、高校で、何をどこまで学ぶのか、そのためには中学校では、小学校では、そして幼児教育では・・・、となっていないだろうか。

　本来、人間は、生まれた瞬間から「〈いま、ここ〉という〈とき〉」を生きて、育っている。この「〈いま、ここ〉という〈とき〉」から、それを積み重ねて育っていく子供が、自ら学び、逞しく育つ力を持つ有能な存在である、という信念から教育を見直すとき、少なくとも、造形活動を軸とする美術教育が、子供「ひとり」、「ひとり」の「〈いま、ここ〉という〈とき〉」を大切にする教育でありたいと願うのである。

（大橋　功）

## 【参考文献】

- 大橋功（2017）「描画活動における知覚と表現の関係に注目した「表現タイプ」についての考察—「歯磨きの絵」にみる特徴的表現を通しての検討—」、『美術教育』第301号、日本美術教育学会
- ジャン・ジャック・ルソー著（今野一雄訳、1962）『エミール〈上〉〈中〉〈下〉』、岩波文庫
- 世阿弥（1958）『風姿花伝』、岩波文庫
- 西野範夫（2018）『子どもたちの世界の学び』、滋賀大学教育学部　新関伸也研究室

# 第4章 美術教育の変遷——その理念と思想

> **学習のポイント**
>
> **1** 黎明・整備期の美術教育（1850年代〜1945年）について理解しておくこと。
>
> **2** 民間美術教育運動と系統化への流れ（1945年〜1970年代）について理解しておくこと。
>
> **3** ポスト・モダン時代の美術教育（1980年前後〜現在）について理解しておくこと。

## 第1節　黎明・整備期の美術教育（1850年代〜1945年）

　第二次世界大戦（日本は1941年より参戦）前の近代日本美術教育史を振り返るならば、1850年代から1900年代までの約50年間が黎明の時期にあたり、その後の約40年間での整備期を経て、今日につながる普通教育における美術教育の基礎がつくられたと考えられる。この黎明・整備期について、図画教育を中心にみる。

**1850年代から1900年代（幕末から明治後期）の美術教育**

　1850年代から1900年代の美術教育の歴史は、主に欧米諸国からの移入を基本として形成されている。もちろん、これは美術教育に限ったことではなく、多くの文化、制度、教科に共通のことであると言える。特に、最初の約50年間は、美術そのもの（西洋絵画を中心とする美術）の受け入れが中心となる。美術教育をする上での「美術」という概念が当時の日本になかったので、それを植え付けるための教育制度、専門美術教育機関の整備が、結果として小学校など普通教育にも影響を与えていたということになる。

　〈鉛筆画時代－1850年代（幕末）〜1887（明治20）年〉、〈毛筆画時代－1888（明治21）年〜1901（明治34）年〉という2つの時代区分[1]が、この時期には存在する。鉛筆画とは西洋画的内容を指し示し、毛筆画とは日本画的内容を指し示すが、鉛筆画⇔毛筆画という2つの内容の間で、価値観が揺れながら移入が行われた。

　〈鉛筆画時代〉においては、幕末の1856（安政3）年に設立し翌年開所した蕃書調所（幕府の洋学研究・教育施設、後の開成所）における西洋画研究と教育がまずある。そのほか、川上寛（号 冬涯、1828-1881）や高橋由一（1828-1894）の画塾活動、1872（明治5）年8月の学制発布当初の小中学校での位置づけなどの事項が特筆される。小学校では、上等小学（10〜13歳）の科目の一つに「幾何学罫画大意」、加設科目（地域の状況に応じて開設してもよい拡張科目）に「画学」が取り入れられた。ただし、すぐにそれぞれ、「幾何学大意／罫画大意」、「図画」と訂正されている。

そして、この時代の教育内容と方法を具体的に示しているのが、1871年に川上寛が編訳し大学南校より発行された『西画指南』前編上下2冊である。大学南校とは、前身は開成所で後の東京大学である。この前編2冊は最初の西洋的図画教科書であり、バーン（Robert Scott Burn）の The Illustrated Drawing Book section I, II（初版1852）の忠実な訳といわれる。その「凡例」には、「西洋における画学は一つの学問としての位置を有し、客観性・合理性・体系性がある」という趣旨の文言があり、図画の意義をどう捉えていたか、窺い知れる。また方法としては、範となる手本画（臨本）を正確に模写すること、すなわち臨画がほとんど唯一の方法であったと考えられる。この臨画は、次の〈毛筆画時代〉を含め、1900年代（明治後期）まで中心的な位置を占めた。

　〈毛筆画時代〉は、毛筆画が普通教育に導入され、鉛筆画と並立した時期である。東京大学の外国人教師フェノロサ（E. F. Fenollosa, 1853-1908）とその学生だった岡倉覚三（号 天心、1863-1913）の新日本美術運動が一つの契機となった。フェノロサは、1878（明治11）年に来日し1890年に帰米するまでに、様々な形で影響を与えた。1884年、文部省に図画教育調査会が設置され、普通教育に「邦画」（日本絵画）を採用することの可否が話し合われ、1887年には、既設の図画取調掛が、東京美術学校（現、東京芸大）と改称の後、1889年2月に開校した。1896年に西洋画科設置まで日本美術のみの専門課程であり、卒業生が各地の中等学校の教員になることで毛筆画が広まる一因となった。

**教育的図画と自由画教育の対立**

　1890年代後半から1900年代は、ほかの制度と同様に学校教育制度の再編時期である。1900（明治33）年の改正小学校令公布によって公立小学校の授業料の免除が決定した。この時点で図画は、尋常小学校で加設科目、高等小学校で必修科目だった。1907年に再度改正された小学校令によって尋常小学校が6年制に、高等小学校が2年制（延長の場合3年）となり、図画が尋常小学校の必修科目となった。この時期に至って就学率も高まり、ようやく美術教育は普通教育を明確に意識するに至った。普通教育の美術教育が整備された〈教育的図画時代－1902（明治35）年～1917（大正6）年〉における「教育的図画」という理念と、それに反発する自由画の理念が語られた〈自由画時代－1918（大正7）年～1926（大正15）年〉が20世紀初頭の中心的事項と考えられる。

　「教育的図画」の意味を体現・総括したものとなったのは、1910（明治43）年発行の国定教科書『新定画帖』（正木直彦（1862-1940）、白浜徴（1866-1928）、阿部七五三吉（1874-1941）ほか編纂）であった。それまでのように、鉛筆画と毛筆画とを二者択一的に考えるのではなく両者を教育的に統合しようとし、実用にも資するという目的から絵画ばかりでなく、図案、色彩、透視図、投影図なども導入された。また絵画には、写生画、記憶画もあったが、実際に教育現場の教員が授業をするときの中心は、臨画的手法にせざるを得ない状況があった。制度や理念の改革があったが、実際に指導する初等教育段階での教員の力量が追いつかなかったとも言えるのである。

　これに対して、画家の山本鼎（1882-1946）によって提唱された自由画教育では、臨画的方法を排除し、図画教育の基礎として「自然の実相」を中心とする美術論を根底におく理念が窺われる。この自由画教育は、運動として大きく展開したが、その契機は、山本が1916（大正5）年に留学先のフランスから帰国途中、立ち寄ったロシアで見学した児童自由画展や農民美術にあり、1918年12月に医者である父の開業地であった長野県小県郡神川村大屋（現在の上田市）の神川小学校で、教員約20名を前にした「児童自由画に就て」という講演から具体的に始まっている。1919（大正8）年の長野県内での2回の児童自由画展開催、翌1920年の全国的な展覧会の広がり、1921年の『芸術自由教育』の創刊（アルス社、この年のうちに10号で休刊）といった経緯、国産が出始めたクレヨンとともに自由画の題材が野外風景写生に落ち着いていったこと、長野県で始まった初期

の自由画教育運動が地域における社会教育の側面ももっていたこと[2]などが特筆される。

金子一夫（1950-）によれば、「教育的図画」と自由画教育の対立の経緯や理念の概略は次のようになる[3]。「教育的図画」と対立し、図画科教育の基礎として美術（芸術）論を根底におく「教育理念としての自由画」とは、現在では当然のことのようで分かりにくい面があるが、教育的図画構想を体現した『新定画帖』が、美術だけではなく、実用性、科学をも基礎としたことに留意すると見えてくるという。山本は教育的図画そのものに反対して、自由画を主張し、教育的図画を推進した立場である阿部七五三吉などとの対立・論争が生まれた。今日の美術教育の問題群、論争の原型が、これらの主張の間にはあったといえる。

**1920年代後半から1945年まで（昭和初期）の美術教育**

その後、第二次大戦終了までの約20年間の〈脱自由画時代1927（昭和2）年～1937年〉、〈戦時下図画・工作時代1938（昭和13）年～1945年〉では、生活想画、社会主義のプロレタリア図画やドイツの総合造形学校バウハウス（Bauhaus 1919～1933）の予備課程を参考にした構成教育の移入、戦時体制下の教科及び教育内容の編成、戦争的題材などが特筆事項としてあげられる。大戦後に花開く幾つかの主張が、既に準備されていたとみることもできるだろう。

**工作・工芸教育について**

1886（明治19）年に「手工」が高等小学校の加設科目、師範学校での必修科目として取り入れられ、学校教育の中での工作・工芸教育は始まる。その後、北欧からのスロイド・システムの移入、1890年の尋常小学校における加設科目としての位置づけ、1926（大正15）年の高等小学校での必修科目としての位置づけと続く。そして1931（昭和6）年、中学校の作業科新設に伴う「工作」という科目の出現、1941年の国民学校令公布による教科再編で生まれた芸能科での「工作」の設置などを経て戦後に引き継がれた[4]。

## 第2節 民間美術教育運動と系統化への流れ（1945年～1970年代）

**創造主義、認識主義、造形主義－1947（昭和22）年版、1951（昭和26）年版学習指導要領の下で**

1945年8月、日本はポツダム宣言を受諾し終戦を迎えた。翌1946年3月の第一次米国教育使節団の報告は、日本の教育の中央集権的な制度を批判し、カリキュラムと授業を自主的に創造する教師の創意に教育の未来を託していた。

これを受け、同年5月に、文部省発表の『新教育指針』は、「個性尊重」を謳い、子供を中心とする授業の創造を民主教育の原則とする方針を掲げた。1947年3月には、教育基本法と学校教育法が公布され、新制度の下での教育が始まる。このときの学校教育法施行規則により図画工作科が出現し、図画と工作とを統合した美術教育内容が目指された。連合国軍の占領下にあることもあって、生活主義・実用主義的な美術教育が、戦後の混乱期である1947年5月と1951年12月の2度、学習指導要領図画工作編（試案）として示されている。試案とは、地方教育委員会が独自プランを作成するための手引きの意があった。

その後、1952年のサンフランシスコ平和条約発効によって、日本が独立した。その前後に、日本教育版画協会（1951～）、創造美育協会（1952～、以下創美と表記）等の民間美術教育運動団体が組織され、創造主義的美術教育や生活版画を主張した。以後こうした民間教育運動団体が力をもって、美術教育をリードしたため、この時期10年間余は民間美術教育運動主導の〈創造・認識・造形主義美術教育時代－1952年～1964年〉と位置づけられる。特に、創美は、美術評論家の久保貞次郎（1909-1996）と画家の北川民次（1894-1989）をリーダーとして発展し、大きな運動体となっていった。創美の設立時の宣言文には、「心理学の導入」「児童の生まれつきの創造力」「児童の個性の尊重」などの言葉が盛り込まれている。無指導、無方法を標榜したが、フロイト（S.

Freud, 1856-1939）系の「抑圧の心理学」、ローウェンフェルド（V. Lowenfeld, 1903-1960）『児童美術と創造性』（1938、邦訳1960）、チゼック（F. Chizek, 1865-1946）のウィーンでの実践を紹介したヴィオラ（W. Viola）『子どもの美術』（1942、邦訳1976）、リード（H. E. Read, 1893-1968）『芸術による教育』（1945、邦訳1953）などを拠り所としていた。

　こうした創美が活発な活動を続ける中で、創美を批判し、現実社会（の矛盾）を「認識」するための生活画を主張する新しい絵の会が、多田信作（1932-）、井手則雄（1916-1986）、箕田源二郎（1918-2000）などをメンバーとして活動を始める。1952年に前身の新しい画の会が創設され、1959に再編された。社会主義リアリズム芸術論を基礎とした明確な授業方法とは、コップやフライパンといった日常品、社会生活、昔話などの物語から題をとり、集団討議によって、個々の「認識」を深化させ、徹底的に妥協をせず描いていくものだった。創美にみられる創造主義美術教育に対して、認識主義美術教育と呼ばれている。

　造形教育センター（1955～）も、この頃、勝見勝（1909-1983）、松原郁二（1902-1977）、熊本高工（たかのり）（1918-2008）らを中心メンバーとし、活動を開始した。1954年のドイツのバウハウスの元校長で建築家のグロピウス（W. Gropius, 1883-1969）の来日を契機として発足した。バウハウスは、現代建築・デザインに大きな影響を与えており、創美と新しい絵の会が、絵画教育を研究の中心に据えたのに対し、デザイン・工作を中心とする造形主義的な教育の主張であった。

## 1958（昭和33）年版、1968・1969（昭和43・44）年版学習指導要領－法的拘束力をもった学習指導要領と系統性重視の流れ

　こうした民間美術教育団体の活動が活発になった中で出された1958年10月発表の小・中学校学習指導要領は、試案ではなく文部省告示という形をとり、法的拘束力をもつようになった。また、科学技術教育向上をめざす教育課程審議会答申を受け、中学校技術科新設に伴い、中学校で図画工作科が美術科と改称される。そして、小学校図画工作科、中学校美術科ともに、領域としてデザインを取り入れた。ただし、科学技術的な内容を取り入れながらも、小学校図画工作科では、情緒、情操教育が目標として掲げられている。当時の創美の理念を取り入れたものと考えられている。

　この告示があったとはいえ、1950年代半ばから続く民間美術教育団体主導の美術教育の展開は続いていた。1950年代後半から60年代前半（昭和30年代）が、民間美術教育運動の盛り上がりを受け、美術教育そのものの隆盛期であったのに対して、その後の10年間余りは、民間美術教育運動の沈静化がみられた。その意味で、1965年の第17回国際美術教育会議の開催（於：東京、InSEA（International Society for Education through Art）と日本美術教育連合の共催）は、日本の美術教育の一つの頂点であると同時に、沈滞期へのプロローグでもあったとも考えられる。

　この時期が〈系統的造形主義美術教育時代－1965～1976年〉と位置づけられるのは、教育界全体が、系統化への道を探り、その影響が美術教育にも及んでいたからである。諸外国からの理論の導入を経て大学の研究室において成立し、学校現場へと普及した授業の科学的研究は、教育行政にも影響を与え、学校の管理統制と現職教員研修の制度化を促進した。文部省が「研究指定校」制度を導入したのは、1964（昭和39）年である。

　さらに、「教科内容の現代化」は、1960年代前半に、戦後新教育の生活単元学習に対する批判に支えられた算数・数学や理科の民間教育団体からまず提起されたが、1960年代後半には、文部省の側からも推進されることになる。1968年7月に小学校、1969年4月に中学校の学習指導要領がそれぞれ告示されたが、こうした「教育内容の現代化」「系統化」が下地となった。図画工作・美術科も、絵画・彫塑・デザイン・工作（工芸）・鑑賞という五領域の下、系統性重視の内容であったと考えられる。

## 第3節 ポスト・モダン時代の美術教育（1980年前後～現在）

**1977（昭和52）年版学習指導要領－〈造形遊び－超・創造主義〉の登場**

　高度成長による経済発展が世界的に注目された1980年頃、日本の学校は、高校進学率が94%、大学短大進学率も37%に達し、量的・制度的拡充のピークを迎えようとしていた。この後2010年には、進学率は高校が96%、大学短大が56%に、それぞれ伸びている[5]。広義のモダン（近代化）の枠組みが限界を迎え、次なる枠組みを見つけざるを得ない状況が生まれていた。

　1980年は都市部において、中学校に校内暴力が吹き荒れたが、以後、自閉、不登校、いじめ、学習からの逃避、小学校の学級崩壊など、学校教育の解体を示す、いわば危機的な現象が現在まで続く。また、1984年に設置された臨時教育審議会は、中央集権的で画一的な教育行政を批判し、民間の活力を導入した「自由化」と「個性化」の方向を提起しており、これも、現在の規制緩和体制の中で、中心的な論争点となっている。

　こうしたなか、美術教育は、〈感性主義美術教育時代－1977（昭和52）年～1988（昭和63）年、1989（平成元）年～1997年〉を迎えた[6]。価値観が多様化した時代の中で、感性という言葉の出番は多くなり、1975年に子安美知子（1933－2017）の『ミュンヘンの小学生』で紹介されたシュタイナー（R. Steiner, 1861-1925）流の感性教育や1979年の中村雄二郎（1925-2017）の『共通感覚論』における感性や感覚に関する論考は、少なからぬ影響を斯界に与え続けている。

　1977年7月に小・中学校の学習指導要領が改訂告示されたが、小学校図画工作科では、系統性重視から一転して「造形遊び」（1977年版では、「造形的な遊び」と呼称）が低学年に導入され、表現の総合性や身体性が重視され始めた。この「造形遊び」導入には、幼年教育における造形活動との連携・接続の意味もあったといえる。

　1978年には、板良敷敏（いたらしき）（1945-）や岩﨑由紀夫（1949-2011）らの教育実践を基礎に、「Doの会宣言」（行為の美術教育）が出された（『教育美術』第39巻11号）。これは、展覧会向けの作品を仕上げるために指導者の心血が注がれ、ともすれば子供の表現欲求から離れてしまう絵画作品主義へのアンチテーゼを土台にしている。

　また、アクションペインティングやアースワークなど1950-1970年代の現代美術の影響を色濃く受けたその題材群は、結果的に現在まで、「造形遊び」具体化のモデルとなっている。大正期自由画教育や第二次大戦後の創造主義美術教育を乗り越えるために、さらに自由を拡大した超・創造主義の登場であったとも捉えられている[7]。

**知的な美術教育への憧憬－1989（平成元）年版、1998（平成10）年版学習指導要領の下で**

　ガードナー（H. Gardner, 1943-）『心の新しい科学－認知革命の歴史』（1985、邦訳1987）など認知心理学の研究成果も受けながら、1989年3月に小・中学校の学習指導要領が改訂告示された。生活科の登場、新しい学力観といったスローガン、自己教育力といったキーワードのもと、美術教育においては、「造形遊び」の拡大（小学校中学年まで）、鑑賞教育重視の姿勢がみられた。

　また、1998年12月告示の小・中学校学習指導要領では、「総合的な学習の時間」を設置し、基礎・基本を身につけさせるとともに、自ら学び自ら考える力などの「生きる力」を育成しようとする意図があった。小学校における「造形遊び」の拡大完結（高学年まで）、中学校における漫画やイラストレーション、写真・ビデオ・コンピュータ等映像メディアの明記、鑑賞教育の重視など、ますます拡散・マルチ化の傾向にある。

　こうした拡散・マルチ化傾向は、感性やメディアが中心となる時代にあっては、当然のこととも言え、表現活動の可能性を広げてくれている。しかし、同時に、教育方法の曖昧さを併せ持つことになり、新たな課題が生じた。これに対して、松本キミ子（1940－）が1982年に公刊した『三原色の絵具箱』にみられるキミ子方式、向山洋一

（1943 －）を代表とする教育技術法則化運動の図画工作版である酒井臣吾（1934 －）の酒井式描画指導法（『酒井式描画指導法入門』1989）は、ともに指導法が明確であり、批判もあるとはいえ、現実として現場の教師たちに根強い支持がある。

また、1980 年代後半から、充実が図られた美術館・博物館における教育普及部門において、欧米各館におけるギャラリートーク、ワークシート、ワークショップの移入が始まった。欧米の各館の教育プログラムを集めた丹青総合研究所『ミュージアム ワークシート－博物館・美術館の教育プログラム』(1987)、北海道立近代美術館編『絵画入門－子どもと親の美術館』(1989) などが、相次いで発行され意識が高まった。

さらに、知的で合理主義的な美術教育をもって創造主義をのり越えようとするアメリカの 1980 年代の DBAE（Discipline-Based Art Education）の主張であるグリア（W. D. Greer）やその前提となったアイスナー（E. W. Eisner, 1933-2014）などの研究が、1990 年前後から本格的に日本に移入された。美学、美術批評、美術史、制作の 4 つの学を相互に関連づけて学習させる DBAE の主張を援用しようとするのも、方法の曖昧さを補おうとする動きの一つであるといえる。

**揺り戻しの教育政策の中で－ 2008（平成 20）年版学習指導要領の改訂前後**

1998 年以降には、2001 年 1 月の省庁再編による文部科学省（以後、文科省と表記）への名称変更、2002 年 4 月の学校完全週 5 日制開始など教育体制の大きな変革があった。また、1998（平成 10）年版学習指導要領に対しては、学力低下をもたらすとして反対論や危惧が続出し、文科省もそれに応えざるを得ない状況が生まれた。

この状況を受けての 2008 年 3 月の小・中学校学習指導要領改訂では、「生きる力」育成のスローガンは維持されたが、「総合的な学習の時間」は削減され、いわゆる 5 教科を中心として授業時間や内容の増加があった。図画工作・美術科では、音楽科とともに各領域や項目などを通して共通に働く資質・能力を整理し、［共通事項］として示した。これは、小中段階の連続性に配慮し、指導の観点を明確にしたものと考えられる。

**今次の教育改革（－ 2017（平成 29）年版学習指導要領）を受けた美術教育の行方を見据えて**

2017 年 3 月の小・中学校学習指導要領改訂では、授業や教材の改善のために、全ての教科等を、「知識及び技能」「思考力・判断力・表現力等」「学びに向かう力、人間性等」の 3 つの柱で再整理し、「深い学び」を充実させることとなった。

新たな課題には、真摯に対応しなければならないことは勿論のことであるが、同時に、これまでに先達が "格闘" し、積み上げてきた 150 年以上の近代日本美術教育の歴史にも目を向けていきたい。なぜなら、そこには、新たな課題を克服する示唆が存分に含まれているからである。

（宇田秀士）

**【註】**

1) 本章の時代区分に関しては、金子一夫による設定を、また教育全般に関する事項に関しては佐藤学の記述を基にした。金子一夫（2003）『美術科教育の方法論と歴史 新訂増補版』中央公論美術出版、佐藤学（1996）『教育方法学』岩波書店参照

2) 宇田秀士（2000）「自由画教育運動の遺産」花篤(けいとく)實監修『美術教育の課題と展望』建帛社、pp.42-49,68

3) 金子一夫（1999）『近代日本美術教育の研究 明治・大正時代』中央公論美術出版、pp.407-412

4) 石原英雄、橋本泰幸（1987）『工作・工芸教育の新展開』ぎょうせい、pp.34-57

5) 斎藤利彦、佐藤学編著（2016）『新版 近代教育史』学文社、pp.159-160「e-Stat（政府統計の総合窓口）学校基本調査」https://www.e-stat.go.jp/stat-search/files?page=1&toukei=00400001 2018 年 3 月 31 日閲覧

6) 金子一夫は、感性主義美術教育時代は、1998 年及び 2008 年の学習指導要領改訂の下での教育まで続くとした。また、2017 年 3 月の改訂以降は、資質・能力から教育内容・方法を規定していることから、脱感性主義美術教育時代としたが、歴史的な考察の観点からは未確定の段階であるという。金子一夫（2018）『図画工作科・美術科教育の基礎』学藝書院、p.40

7) 那賀貞彦「ディシプリン論の行方」前掲註 2) 花篤監修書、p.3

# 第5章 教育課程と美術教育

## 学習のポイント

**1** 学習指導要領改訂の流れとその背景について理解しておくこと。

**2** 学習指導要領に示される教育課程の基本的な考え方と美術教育との関係について考えること。

**3** 美術教育におけるカリキュラムマネジメントの充実や授業改善の視点について考えること。

## 第1節 教育課程と学習指導要領

　教育課程とは、カリキュラム（curriculum）とも呼ばれ、学校教育の目標を最も効果的に達成できるように児童・生徒の活動過程を計画したものである。そして、第二次世界大戦後の日本において、この教育課程の基準を制度として国が示すものとして学習指導要領（幼稚園では幼稚園教育要領、保育園などでは類似したものとして保育所保育指針）を定めて示すようになった。

**学習指導要領の誕生（昭和22年，26年）**

　昭和22年（1947）、第二次世界大戦後の占領下において、民主主義国家の担い手の育成をめざす教育改革が進められ「教育基本法」「学校教育法」とともに、教育課程の基準を示すものとして「学習指導要領試案」が発布された。

　これは、米国の教育課程の基準であるコース・オブ・スタディ（Cource(s) of study）をベースに作成されたもので、それまで伝統的に取り組まれてきた文化遺産を教育内容として系統的に学ぶ「系統主義（教科カリキュラム）」の教育観から脱し、学習者の興味・問題から出発し、生活の場に密接に結びついた自主的学習により民主的価値を発展させるとされた「経験主義（経験カリキュラム）」への転換をめざした。

　しかしこうした理念はともかく、小学校・中学校を一貫して示しているなど、制度的にも環境的にも日本の実情には対応できないところもあり、小・中を分離させ、さらに高等学校を含めた教育課程として、昭和26年（1951）に改訂された。

**法的拘束力と系統主義の復活（昭和33年～35年）**

　「試案」は、占領下におけるいわば仮の教育課程であったが、昭和33年（1958）の改訂では「試案」が取り除かれ、法的拘束力を持つものとなり、教育課程の基準としての性格を強めた。特徴としては、「道徳」の時間が新設されるとともに、基礎学力の充実、科学技術教育の向上をめざして、それまでの経験主義への傾倒を改め、系統主義的な学習が重視されるようになったことなどが挙げられる。

| 昭和33〜35年改訂 | 教育課程の基準としての性格の明確化<br>（道徳の時間の新設、基礎学力の充実、科学技術教育の向上等）（系統的な学習を重視）<br>（実施）小学校：昭和36年度、中学校：昭和37年度、高等学校：昭和38年度（学年進行） |
|---|---|
| 昭和43〜45年改訂 | 教育内容の一層の向上（「教育内容の現代化」）<br>（時代の進展に対応した教育内容の導入）（算数における集合の導入等）<br>（実施）小学校：昭和46年度、中学校：昭和47年度、高等学校：昭和48年度（学年進行） |
| 昭和52〜53年改訂 | ゆとりある充実した学校生活の実現＝学習負担の適正化<br>（各教科等の目標・内容を中核的事項に絞る）<br>（実施）小学校：昭和55年度、中学校：昭和56年度、高等学校：昭和57年度（学年進行） |
| 平成元年改訂 | 社会の変化に自ら対応できる心豊かな人間の育成<br>（生活科の新設、道徳教育の充実）<br>（実施）小学校：平成4年度、中学校：平成5年度、高等学校：平成6年度（学年進行） |
| 平成10〜11年改訂 | 基礎・基本を確実に身に付けさせ、自ら学び自ら考える力などの［生きる力］の育成<br>（教育内容の厳選、「総合的な学習の時間」の新設）<br>（実施）小学校：平成14年度、中学校：平成14年度、高等学校：平成15年度（学年進行） |
| 平成15年一部改訂 | 学習指導要領のねらいの一層の実現（例：学習指導要領に示していない内容を指導できることを明確化、個に応じた指導の例示に小学校の習熟度別指導や小・中学校の補充・発展学習を追加） |
| 平成20〜21年改訂 | 「生きる力」の育成、基礎的・基本的な知識・技能の習得、思考力・判断力・表現力等の育成のバランス<br>（授業時数の増、指導内容の充実、小学校外国語活動の導入）<br>（実施）小学校：平成23年度、中学校：平成24年度、高等学校：平成25年度（学年進行）<br>※小・中は平成21年度、高は平成22年度から先行実施 |

図1　学習指導要領の変遷　※文部科学省資料より

　そこには、日本が工業化社会を迎え、高度経済成長に向かう中で、新たな社会システムの構築が求められ、それを支える人材の養成が求められるという時代背景があった。

　また、昭和26年版では、小学校から中学校まで「図画工作」であった教科名称が、中学校では、「美術」となり、そこに含まれていた「工作」領域の内容は「職業・家庭」となっていた「職業」に移され「技術」となり「技術・家庭」となった。

　以降、図1に見るように、おおよそ10年のスパンで、時代背景や教育課題などをふまえた学習指導要領の改訂が行われ今日に至っている。その変遷と時代背景、そして美術教育との関係については、第Ⅰ部、第4章「美術教育の変遷－その理念と思想」に詳しいのでここでは割愛する。

## 第2節　新しい学習指導要領の考え方

### 「生きる力」から「資質・能力の三つの柱」へ

　平成10〜11年改訂ではじめてキーワードとして示された「生きる力」は、「基礎基本を確実に身に付け、自分で課題を見つけ、自ら学び、自ら考え、主体的に判断し、行動し、よりよく問題を解決する資質・能力（確かな学力）」と、「自らを律しつつ、他人と協調し、他人を思いやる心や感動する心など（豊かな心）」、さらに「たくましく生きるための健康や体力（健やかな体）」がバランス良く育まれることによって培われるとされた。（図2）

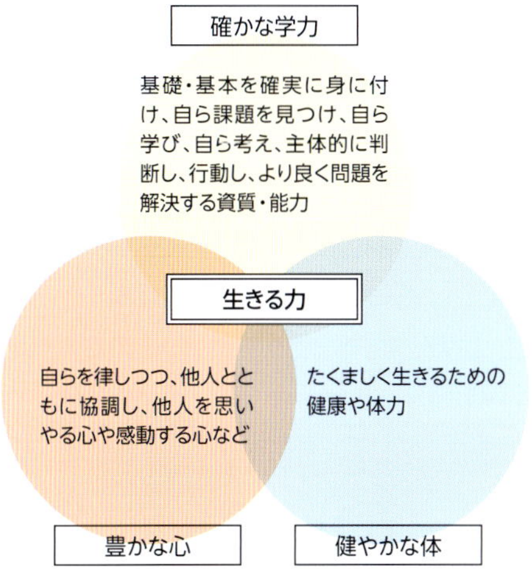

図2　生きる力と学力の三要素　※文部科学省資料より

そして、「ゆとり」の中での特色ある教育によって「生きる力」を育むための新しい教育活動として「総合的な学習」の時間を創設するため、各教科の内容厳選に応じた授業時間数の削減が行われたのである。

　しかし、その成果が十分検証される前に、学力低下への懸念が先行し、学力低下の原因が「ゆとり」のための学習内容と授業時間数の削減にあるといった批判が高まり、平成15年に一部改訂が行われ、「個に応じた指導」という大義名分の下で、学習指導要領に示されていない内容をも指導できるようにした。

　しかし、この「ゆとり」か「詰め込み」かといった揺れが、かつての「経験カリキュラム」VS「系統カリキュラム」のような、あれかこれかの対立になるのではなく、基本的にこれまで進めてきた「生きる力」をより一層育む方向の中で「学力」をどのようにとらえ、位置付けるかという視点から、平成20〜21年改訂が行われたのである。

　その「学力」については、「基礎的な知識及び技能」「これらを活用して課題を解決するために必要な思考力、判断力、表現力その他の能力」及び「主体的に学習に取り組む態度」の、いわゆる学力の三要素から構成される「確かな学力」をバランス良く育むことを目指し、各教科の目標や内容の見直しを行った。

　さらに、基礎的な知識及び技能を「習得」する学習活動、習得した知識や技能を「活用」して思考力、判断力、表現力等を働かせて課題を解決する学習活動、そして主体的に学習に取り組む態度による「探求」的な学習活動といった、いわゆる「習得・活用・探究」という学習過程の中で、学級やグループで話し合い発表し合うなどの言語活動や、他者、社会、自然・環境と直接的にかかわる体験活動等を重視するという学習活動のあり方との関係についても重視されるようになってきた。

　このような成果を踏まえ、これまで「生きる力」を支えてきた「確かな学力」の三要素は平成29年〜30年の改訂の視点ひとつである「新しい時代に必要となる資質・能力の育成＝何ができるようになるか」において、「知識及び技能」、「思考力・判断力・表現力等」、「学びに向かう力、人間性等」の「三つの柱」として継承されたのである。(図3)

　そこでは、また、幼児教育についても、子供の主体性を大切にしつつ、一人一人に向き合い、総合的な指導を通じて、義務教育及びその後の教育の基礎を培うものとして位置付けた。つまり、幼児期を、その後の学校教育の基盤となる重要な時期と明確に位置付けたのである。

**資質・能力に視点をおいた構造化**

　これまでの学習指導要領では、教科等ごとには知識や技能の内容に沿った体系化がされてきたが、教育課程全体で子供にどういった力を育むのかという観点は弱かった。そこで、教育課程の全体構造を明らかにさせ、教科等の意義を再確認しつつ、全体としてバランスのとれた教育課程の編成を学習指導要領改訂の視点とした。

　まず「何ができるようになるか」と銘打ち、新しい時代に必要となる資質・能力として示した三つの柱が、幼児教育から高等学校に至る学校教育の全期間を貫くようにし、それぞれの発達段階に応じるように構造化したのである。

　たとえば、小学校「図画工作」や中学校「美術」で、それぞれ一文で示されてきた教科の目標も、この三つの柱に対応する3項目に分けて示された。(図4)

　図画工作、美術共に(1)が「知識及び技能」、(2)が「思考力・判断力・表現力等」、(3)が「学びに向かう力、人間性等」に対応している。この構造は、全ての教科等において、幼稚園を含むすべての学校段階において同様に示されている。

**授業改善とカリキュラムマネジメント**

　このように、育成すべき資質・能力の三本柱に対応して、各教科等で目標や内容を見直す一方で、それを可能とする具体的な授業方法の工夫や改善を図っていく必要がある。平成29〜30年改訂では、これまでの学習指導要領ではほとんど触れられることのなかった「どのように学ぶか」とい

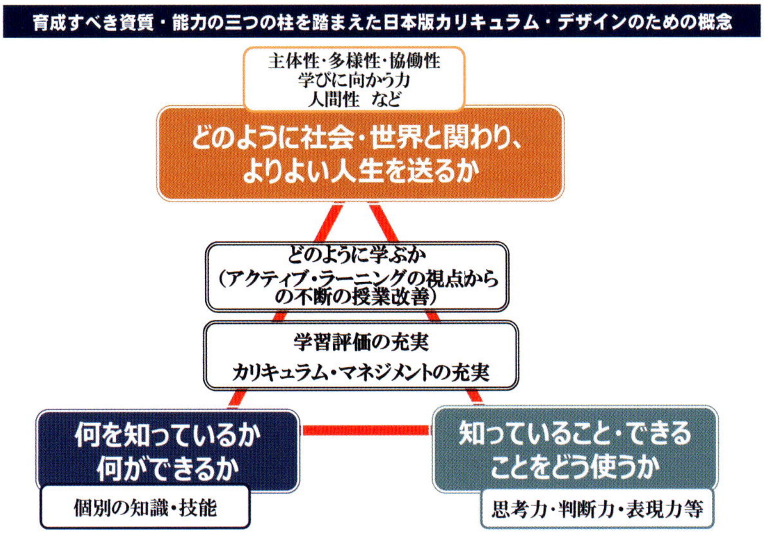

育成すべき資質・能力の三つの柱を踏まえた日本版カリキュラム・デザインのための概念

主体性・多様性・協働性
学びに向かう力
人間性 など

**どのように社会・世界と関わり、よりよい人生を送るか**

どのように学ぶか
(アクティブ・ラーニングの視点からの不断の授業改善)

学習評価の充実
カリキュラム・マネジメントの充実

**何を知っているか 何ができるか**
個別の知識・技能

**知っていること・できることをどう使うか**
思考力・判断力・表現力等

図3　育成すべき資質・能力の三つの柱
※文部科学省、「教育課程企画特別部会　論点整理　補足資料」、文部科学省HP、2015年より

| | 平成20〜21年改訂 | 平成29〜30年改訂 | |
|---|---|---|---|
| 小学校・図画工作科 | 表現及び鑑賞の活動を通して、感性を働かせながら、つくりだす喜びを味わうようにするとともに、造形的な創造活動の基礎的な能力を培い、豊かな情操を養う。 | 表現及び鑑賞の活動を通して、造形的な見方・考え方を働かせ、生活や社会の中の形や色などと豊かに関わる資質・能力を次のとおり育成することを目指す。 | (1) 対象や事象を捉える造形的な視点について自分の感覚や行為を通して理解するとともに、材料や用具を使い、表し方などを工夫して、創造的につくったり表したりすることができるようにする。<br>(2) 造形的なよさや美しさ、表したいこと、表し方などについて考え、創造的に発想や構想をしたり、作品などに対する自分の見方や感じ方を深めたりすることができるようにする。<br>(3) つくりだす喜びを味わうとともに、感性を育み、楽しく豊かな生活を創造しようとする態度を養い、豊かな情操を培う。 |
| 中学校・美術 | 表現及び鑑賞の幅広い活動を通して、美術の創造活動の喜びを味わい、美術を愛好する心情を育てるとともに感性を豊かにし、美術の基礎的な能力を伸ばし美術文化についての理解を深め、豊かな情操を養う。 | 表現及び鑑賞の幅広い活動を通して、造形的な見方・考え方を働かせ、生活や社会の中の美術や美術文化と豊かに関わる資質・能力を次のとおり育成することを目指す。 | (1) 対象や事象を捉える造形的な視点について理解するとともに、表現方法を工夫し、創造的に表すことができるようにする。<br>(2) 造形的なよさや美しさ、表現の意図と工夫、美術の働きなどについて考え、主題を生み出し豊かに発想し構想を練ったり、美術や美術文化に対する見方や感じ方を深めたりすることができるようにする。<br>(3) 美術の創造活動の喜びを味わい、美術を愛好する心情をはぐくみ、感性を豊かにし、心豊かな生活を創造していく態度を養い、豊かな情操を培う。 |

図4　小学校・図画工作・中学校美術の教科目標新旧対照表（学習指導要領を基に大橋が作成、2018）

う授業改善の視点として以下の3点が示された。
◆ 習得・活用・探求という学習のプロセスの中で、問題発見・解決を念頭に置いた<u>深い学びの過程</u>が実現できているか。

◆ 他者との協働や外界との相互作用を通じて、自らの考えを広げ深める、<u>対話的な学びの過程</u>が実現できているか。
◆ 子供たちが見通しを持って粘り強く取り組み、

自らの学習活動を振り返って次につなげる、主体的な学びの過程が実現できているか。

ここで重要なことは、「深い学びの過程」「対話的な学びの過程」「主体的な学びの過程」というように、学びの過程という文言で示されている点である。つまり、三つの柱で示された資質・能力を育成するためには、学びの過程のあり方が重要だということを明記しているのである。

そこで求められるのが、教師によって一方的に内容を伝達するような伝達型でもなく、ただ学習者の興味・関心にまかせるだけの放任放縦に陥ることでもなく、これらの資質・能力を保障しうる授業改善と学習評価を含めてのカリキュラム・マネジメントの充実が求められるのである。

とりわけ授業改善においては、学習過程において、主体的で対話的な深い学びを実現するための授業モデルとしてアクティブ・ラーニングというキーワードが示された。

### アクティブ・ラーニングとは何か

アクティブ・ラーニングは、従来の一方向的な講義形式の授業では、知識や技能の伝達はできても、それらを活用して問題解決する能力のような多様で汎用的な能力を育てることはできないとして、大学教育の改革において注目され、実践されてきた学習方法である。たとえば、資質・能力の三つの柱での「思考力・判断力・表現力等」や「学びに向かう力・人間性等」などを効果的に培っていくためには、学びの過程そのものを変えていく必要があり、たとえば、教室内でのグループ・ディスカッションやディベート、グループワークなど、具体的な活動を通して汎用的なスキルを高めることが重要とされる。

もともと、小学校や中学校で積極的に取り組まれてきた教授・学習方法を高等教育に取り入れたようにも見られるが、情報の伝達よりも、学習活動における、分析、総合、評価などの高度な思考や、協働で問題解決していく過程で発揮され培われる資質・能力に重点がおかれる。

それなら、実際に絵を描いたり、ものをつくり出す活動が中心の美術教育の学習はアクティブ・ラーニングそのものではないか、と短絡的にとらえてしまうのは危険である。児童や生徒の活動が、真に主体的なものとなっているのか、協働的な活動の中で対話的な学びの過程が成立しているのか検証し、改善していく必要がある。

## 第3節 教育課程から見た美術教育の課題

**資質・能力の三つの柱に基づく目標の観点項目**

小学校「図画工作」、中学校「美術」の目標に示された資質・能力の三つの柱に基づく観点項目を、これまでの「図画工作」「美術」の指導目標や学習評価における観点項目に対応させてみると以下のようになる。(図4)

**(1) 知識及び技能**

・共通事項

「対象や事象を捉える造形的な視点について自分の感覚や行為を通して理解する」(小学校)、「対象や事象を捉える造形的な視点について理解する」(中学校)と示されている点はそれぞれ〔共通事項〕に対応している。

小学校図画工作では、〔共通事項〕の「ア 自分の感覚や行為を基に、形や色などの造形的な特徴を理解すること。」を知識として位置付けている。また、中学校では〔共通事項〕の「ア 形や色彩、材料、光などの性質や、それらが感情にもたらす効果などを理解すること。」「イ 造形的な特徴などを基に、全体のイメージや作風などで捉えることを理解すること。」と〔共通事項〕全体を知識として位置付けている。

・創造的な技能

「材料や用具を使い，表し方などをを工夫して，創造的につくったり表したりすることができるようにする」(図画工作)、「表現方法を創意工夫し，創造的に表すことができるようにする」(中学校)と示されており、これらは「創造的な技能」に対応している。

**(2) 思考力・判断力・表現力等**

・共通事項

「造形的なよさや美しさ、表したいこと、表し方などについて考え、」(小学校)や「造形的なよさや美しさ、表現の意図と工夫、美術の働きなどについて考え、」(中学校)は、発想・構想の能力、鑑賞の能力の両方に関連して示されている。特に小学校図画工作科では、〔共通事項〕の「イ 形や色などの造形的な特徴を基に、自分のイメージをもつこと。」が「思考力、判断力、表現力等」に対応している。

・発想や構想の能力

「創造的に発想や構想をしたり」(小学校)、「主題を生み出し豊かに発想し構想を練ったり」(中学校)は、文面通り「発想や構想の能力」について述べている。

・鑑賞の能力

「作品などに対する自分の見方や感じ方を深めたりすることができるようにする」(小学校)、「美術や美術文化に対する見方や感じ方を深めたりすることができるようにする」(中学校)は「鑑賞の能力」に対応している。

**(3) 学びに向かう力・人間性等**

・関心・意欲・態度

「つくりだす喜びを味わうとともに、感性を育み、楽しく豊かな生活を創造しようとする態度を養い、豊かな情操を培う。」(小学校)、「美術の創造活動の喜びを味わい、美術を愛好する心情を育み、感性を豊かにし、心豊かな生活を創造していく態度を養い、豊かな情操を培う。」(中学校)はそれぞれ、「関心・意欲・態度」に対応している。このように、これまでの学習目標や評価の観点とされていた「関心・意欲・態度」「発想や構想の能力」「創造的な技能」「鑑賞の能力」、そして〔共通事項〕はすべて三つの柱に基づく観点項目に対応している。

**カリキュラム・マネジメントの充実と授業改善**

その上で、こうした資質・能力を確実に身に付けることができる授業づくりができているのか、教科としてのカリキュラムマネジメントの充実と授業改善が求められている。

そこで必要になるのが、先に紹介したアクティブ・ラーニングの視点である。美術教育の目的は、言うまでもなく、作品の完成度や出来映えのみを求めたり、知識理解に重点を置く鑑賞にとどまったりするものではない。表現と鑑賞の活動を通して、教科としての目標に掲げられる資質・能力を「どのように培うか」が問われている。

その学習活動が、主体的な学びの過程、協働的で対話的な学びの過程になっているか、それらを通して深い学びの過程が実現できているか、児童、生徒の姿を通して評価し改善していく必要がある。個別の題材による単発の指導計画にとどまることなく、学年の目標を達成していくための年間指導計画の中で、どのような題材をどのタイミングで実施するのか十分に考えて計画を練る必要がある。

授業、題材、年間指導計画のそれぞれを常に振り返り、評価し、改善していくのである。いわゆるP(Plan:計画)D(Do:実施)C(Check:評価)A(Action:改善)のPDCAサイクルを回すのである。

その基本的な指標となるのが学習指導要領であるが、それぞれの学校、児童、生徒の実態などに即して適切に組み立て、PDCAサイクルにより改善していくのがカリキュラム・マネジメントである。

美術教育で、作品づくりに終始し、その成果のみで評価し、その集積で成績を付けているようなことであれば、とてもカリキュラム・マネジメントできているとは言えない。そこに、教育課程から見た美術教育の課題が見えてくるのである。

(大橋 功)

**【参考文献・資料】**

❖ 文部科学省(2018)『小学校学習指導要領解説 図画工作編』、日本文教出版
❖ 文部科学省(2018)『中学校学習指導要領解説 美術編』、日本文教出版
❖ 松下佳代・京都大学高等教育研究開発推進センター(2015)『ディープ・アクティブラーニング 大学授業を深化させるために』、勁草書房

# 第6章 美術教育の学習過程

## 学習のポイント

**1** 認知能力と非認知能力について理解しておくこと。

**2** 認知能力と非認知能力を調和的に培うための美術教育の学習指導はどのように構想されるか、自分なりに考えを整理しておくこと。

**3** 美術の学習過程の構造について十分に理解しておくこと。
◆対話的・協働的な学び
◆自己実現の過程

## 第1節 教育がめざすべき学力

### 認知能力と非認知能力とは何か

　第5章「教育課程と美術教育」で述べたように、我が国の美術教育の変遷を概観すると、いわゆる系統主義と経験主義の対立構造の中で教育観が繰り返し揺れ動いてきたと見ることができる。

　しかし、近年は、単純にこのような対立構造で捉えるのではなく、むしろこれらのメリット、デメリットをふまえつつ、今一度学力とは何かを問い直していく試みを積み重ねてきている。

　たとえば、何をどれだけ知っているか、何がどこまでできるかといった習得すべき知識の量や技能の程度そのものが教育の目標ではないにせよ、これらを活用して、問題を発見し、解決していく必要があるのであり、さらにはそれを支える学習内容への興味や関心、あるいは主体的に学びに向かう態度といった情意面も重視される。

　平成30年の幼稚園教育要領、学習指導要領等の改訂においても、第5章で詳説している資質・能力の「三つの柱」として、幼児教育から小学校、中学校、高等学校までを貫く学力形成の概念として強調されている。

　また、幼児教育では、精神的健康性や、最後までやり抜く力を支える粘り強さ、根気良さ、協調性、注意深さ、自信、自制心、感謝する心、といった、これまで個人の性格の違いとして捉えられてきたものを、知識や技能などの認知能力と同様に、教育によって習得したり成長させることができる能力の一つとして捉え直すことが重視され、これらを総じて非認知能力と呼んでいる。

　米国の経済学者であるジェームズ・J・ヘックマン（James Joseph Heckman, 1944-）らは、幼児期から成人にいたる縦断的追跡調査などから、幼児期の教育が非認知能力の向上に寄与し、その後の人生の成功に大きく関わっているとし、幼児期における非認知能力の育成が重要であると指摘している。

　考えてみれば当たり前のことで、自ら学ぶ意欲

が育ち、根気よく取り組む子の成績は高くなり認知能力の向上につながるが、成績が芳しくない子は得てして意欲や根気といったものに欠けているものである。したがって、幼児教育において認知能力の向上に力を入れても、非認知能力が育っていなければその後の認知能力のさらなる向上は期待できない。

　ヘックマンは経済学者として、教育投資の効果の視点から幼児教育の重要性を強調しているが、それはまた、今なお知識や技術の獲得ばかりに目が向けられている現況が少なくないことへの警鐘でもある。

　また、非認知能力さえ育てば良いというのではない。非認知能力と認知能力がバランス良く高まって行くことが大切である。

**見える学力と見えにくい学力**

　一方、非認知能力といわれるような情意面の学力については、教育心理学や教育学では、早くから注目されてきたのであるが、目に見えにくい、測定がきわめて難しいものであるため、評価しにくい、したがって教育目標として扱いにくいとされてきた。

　今日の教育評価法の基礎を築いたとされるB.Sブルーム（Benjamin Samuel Bloom, 1913-1999）を中心としたアメリカの心理学者のグループは、学力を、認知的領域、情意的領域、精神運動的領域に分類し、1970年代には日本にも紹介され、今日の指導目標や評価の観点項目として、「興味・関心・意欲」＝情意的領域、「知識」＝認知的領域、「技能」＝精神運動的領域として示されている。（図1）

　しかし、この情意的領域は、先にも述べたように「見えにくい学力」であるため、客観的に測定することが難しい。結果、長い間に渡って実際の教育現場では十分な理解が得られなかった。

　たとえば系統主義・能力主義のカリキュラムモデル（図2）のように、認知的領域での「わかった！」や精神運動的領域での「できた！」という達成感によってこそ「うれしい！」といった感情が喚起され、さらに「もっと〜したい！」という情

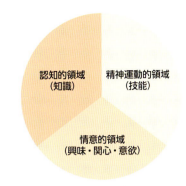

図1　ブルームらによる学力分類のモデル

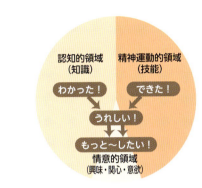

図2　系統主義・能力主義のカリキュラムモデル

意的領域を高めるのではないか、従って学習指導の主たる目標は「認知的領域（知識）」や「精神運動的領域（技能）」だけで良いのではないか、と考えられた。

　一方、「興味・関心・意欲」の評価は、忘れ物、授業中の私語、授業中の挙手などの頻度によるといった本来の趣旨とは違う評価が行われる実態も今なお問題となっている。

**新学力観モデルの登場**

　こうした状況の中で、平成元年改訂の学習指導要領では「新しい学力観」と呼ばれる考え方が登場した。当時、なかなか知識や技能を中心とした認知的領域や精神運動的領域への傾倒から抜け出せない教育現場の実態に対して、「生きる力」の考え方の下、思考力や問題解決能力や生徒の個性的な学びの過程を重視する上で、自ら学びに向かう主体的な態度をより育てるために情意的領域の学力をしっかり位置付けるようにしたのである。いわば、教育内容を起点としたカリキュラムから、学習者を起点としたカリキュラムへの発想の転換

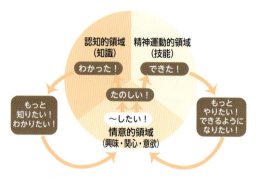

図3 新学力観のカリキュラムモデル

である。

先ほどの系統主義・能力主義モデルの逆で、まずは学習者自身が感じる「楽しさ」や、「知りたい」「やってみたい」といった情意を学びの入口に位置付ける。そこから「わかった！」「できた！」という学びの喜びが生まれ、さらに「もっと知りたい！わかりたい！」「もっとやりたい！できるようになりたい！」と情意的領域と認知的領域、精神運動的領域の間で主体的な学びの循環が生まれると考えるのである。（図3）

## 第2節 自己実現の過程と美術の学習

### 自己実現に向かう学習過程

アメリカの心理学者マスロー（Abraham Harold Maslow, 1908-1970）は、精神的に健康な人格がどのように形成されるのかについて研究を行った。その精神的に健康な人格の具体的モデルが「自己実現に向かう人格」である。

マスローによれば、自己実現に向かう人は、現実をありのままに受け容れることができる、自発的である、自己の問題よりも外の問題に目を向ける課題意識や使命感を持っている、自己決定的、自律的である、といった特徴などとともに創造性を挙げている。創造性を発揮する人は、目前の事態を先入観や既成概念にとらわれないで素直に受け容れることができ、他者の目や評価を気にせず自分の心の声に従って思考し、判断し、行動できる。たとえば、今すべきことといった日常的なことから、真、善、美といった普遍的価値まで、その価値の実現に向かい自らの能力（可能性）を最大限に発揮しようとする人格的傾向があるというのである。

これらを逆に見れば、人の目や評価が気になる人は、素直に現実を受け容れることができず、与えられた課題の解決はできても、その課題をクリアしてしまえばそこでそのミッションは終了してしまう。自分の価値観に基づく判断で、さらにより良いものにしたい、次に何をすべきか主体的に考え行動に移す、といった主体性を見ることができないのである。

マスローはこうした行動の特徴を「対処的態度」と呼び、欠乏動機に支配されている人の行動であるとしている。たとえば動物でも人でも、生きるために必要なことが欠乏するとそれを求めて行動する。空気が無ければ空気のあるところへ、危険な場所からは安全な場所へ、認められなかったり愛されない状況から脱して認められ、愛されるために何が必要か考え行動する。いわゆる欲求階層論における下位の欲求である。

欲求階層論では、下位にある欲求ほど強く働くとされており、そういう意味で基本的欲求と呼ばれ、これらが充足されなければより上位の欲求は現れないとされている。

ここで重要なことは、美術教育が美的価値の享受と創造をその内容としている点にある。理想的には生徒が成長動機の段階、つまり自己実現の欲求の段階で学習活動が行われることであるが、現実にはそうはいかない。とりわけ小学校高学年の児童や中学生では、苦手意識を持っていたり、成績や他者の評価を気にする対処的態度に支配されている状況も少なくない。

したがって、まず対処的態度からいかに解放し、表現的態度に導くかということが課題となる。表現的態度では、他者の目や評価から解放され、素直に自分がこうありたいと思う方向へと行動することになる。

### 文化的実践としての学習過程

知的な欲求であれば「真」を求め、より良くあ

図4 文化的実践としての美術の学習活動

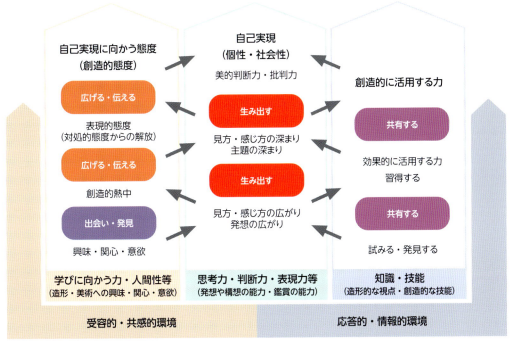

図5 自己実現の過程と美術の学習過程

りたいという欲求であれば「善」、そして美的感性の発露を求めるのであれば「美」といった価値の実現を志向する。つまりは、自ら人間的な成長に向かいながら、そこに価値を創造するという社会的、文化的な営みが行われていることになる。

佐伯胖（1939-）は、文化とは、自分たちの生活を「よりよくしたい」と願って、価値を（1）発見し、（2）共有し、（3）生産し、（4）普及する、という人間の営みによって生みだされるものであるとし、これらの営みを「文化的実践」と呼んでいる。

この文化的実践の営みは、人が「わかる」ということの営みであり、それは、人と人が価値を共有すること＝わかりあうことであり、その人たちと共により良いものを希求し、より良い社会を創造しようとする営みであると言える。

そこで、この「文化的実践」の営みを美術の学びの過程に照らすと、主体的な学びへの入口としての「出会い・発見」、対話的な学びの過程としての「共有する」、表現活動や鑑賞活動をする時の「かく・つくる」「感じる・考える」活動過程としての「生みだす」、そして学んだ事を社会化していく中でのメタ認知や協同性、非認知能力発揮の過程としての「広げる・伝える」といった学習活動が想定される。（図4）

また、この文化的実践の過程は、「よりよい」もの＝価値を求めるという点から、自己実現の過程であるとも言える。これらを踏まえて美術の学習過程を図式化すると（図5）のようになる。

**自己実現の過程としての美術の学習過程**

子供が追求するに値する課題（価値）と出会ったり発見したりすることが主体的な学びの入口となる。この入口において、「やってみたい」といった興味・関心を高めたり、「できそうだ」という見通しや自信を持たせることが大切である。

この楽しさを支えるのは、人的環境としての教

師の受容的で共感的な態度である。受容的・共感的環境の中でこそ目前の活動に夢中になることができるのであり、子供は対処的態度から解放され表現的態度で活動することができる。

さらに、対話的な学びの過程を通して、個々の気づきや学びを共有し、広げていくことができる。それはまた新たな知識や技能を獲得していくことでもあり、表現への自信を高めていくことでもある。ここでの指導とは、教師自身の態度も含めて、応答的で情報的な環境を整え、子供の認知能力の獲得を積極的に支援することである。この過程は、相互に認め合う中で承認欲求が充足され、共に成長動機へと導かれていく過程でもある。

これらに支えられて、自ら創造的に表現したり鑑賞したりする活動の中で思考力・判断力・表現力等を発揮していくことができる。

そして、学びを広げたり伝え合ったりすることを通して、その力が社会で働き、社会につながっていく学びの意義の自覚を導き、メタ認知能力や協働性といった様々な非認知能力の育ちへと繋がるのである。

## 第3節 美術の学習過程の構造

文化的実践としての学習過程と自己実現に向かう学習過程との関係を踏まえて、具体的な授業を想定した美術の学習過程の構造を考えると（**図6**）のようになる。

もちろん、幼児期から青年期まで多様な実践の在り方が考えられるので、発達段階や学習課題に応じて柔軟的に捉えていただきたい。基本的には以下の（1）〜（7）がスパイラル状に展開しながら学びが深まっていく様子で示している。したがって（1）→（7）へと段階的に図の上部へと高まって（深まって）行くようになる。

（1）学習への導入

出会い・発見の段階（主体的な学びへの入口）として学習活動への期待を高めたり、学ぶ意味を自覚させたりする。対処的態度から解放し表現的態度に導くための段階でもある。

（2）チャレンジ

共有する過程（対話的な学びの過程）として、自分なりに頭や手など全身、全感覚を働かせて、感じたこと、できたことなどを共有する。表現的態度の中で失敗をおそれず試行錯誤する段階である。

（3）表現的学習

自分の見方、感じ方、考え方を大切にして発想・構想したり、鑑賞する段階である。また同時に、造形的な視点や創造的な技能を働かせる段階でもある。

（4）創造的学習

活動としては（3）の発展となる。自分なりの見方、感じ方を大切に、創造的に表現したり鑑賞したりする。自己実現に向けて自己の可能性を最大限に発揮する段階である。

（5）シェア

表現的学習や創造的学習のあらゆる場面でこのシェアは重要な役割を持つ。個々の工夫や見方、感じ方などを共有し、学び合い、それを自らの力に取り入れたり、認め合うなかで、自他の違いを良さとして捉えていく段階である。

（6）メタ認知

自らの表現や鑑賞の活動の中で学んだこと（成果）の意味や意義（価値）を確かめ合ったり、発展的に生かしていくことを考えたりする段階である。また、シェアなどを通して捉えた自他の良さを言葉で伝え合ったり、協働的な学びの意味を自覚しながら、メタ認知する機会でもある。

（7）自己実現・社会への広がり

学習過程の最終段階として、学んできたこと（成果）の価値を伝え合い、自己実現に向かってきたことや社会への広がりを実感する段階である。

もちろん、全ての発達段階で（7）までめざすことは難しい。しかし、幼い子供でも青年期の子供でも、夢中になっている瞬間は自己実現に向かっている瞬間であろうし、つくったものを役立てたり、多くの人に見てもらったりすることで、広げる・伝える喜びが実感できるだろう。

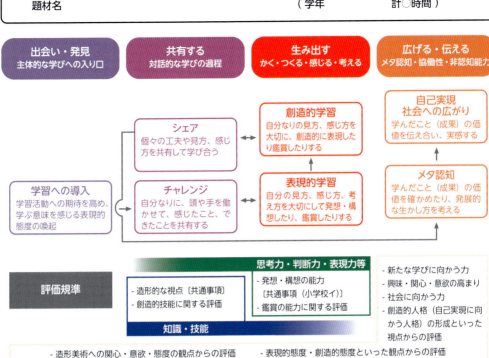

図6 美術の学習過程の構造（清田、大橋、2018）

学びの流れを示す矢印も、その方向やつながり方は単元や題材によって変える必要も生じるだろう。この構造は基本的かつ汎用的ではあるが、それぞれが担当する学校園での子供の実態や発達段階などを踏まえてカスタマイズすることも必要となる。

**評価規準と評価の実際**

図6に示される評価規準の欄の「知識・技能」は、単純に「共有する」に対応しているのではなく、当然「生み出す」においても発揮される。また、「思考力・判断力・表現力等」での発想・構想や感じたり考えたことを「共有する」ことも大切である。したがってこれらはグラデーションで示してある。また、「学びに向かう力・人間性等」は学習過程のすべてにおいて評価されるものと考えられる。

（大橋　功）

【参考文献】

- 大橋功（1999）「学校美術教育におけるカリキュラム改革の課題と展望―自己実現への過程としての美術教育―」、『美術教育』第278号、日本美術教育学会
- 大橋功（1991）「美術教育における環境と学習構造―人間主義心理学からの一考察―」、『美術教育』第263号、日本美術教育学会
- B.S. ブルーム他（梶田叡一他翻訳 1973）『教育評価法ハンドブック教科学習の形成的評価と総括的評価』、第一法規出版
- 佐伯胖（2008）『「わかる」ということの意味［新盤］』、岩波書店
- ジェームズ・J・ヘックマン（2013）『幼児教育の経済学』、東洋経済新報社

第Ⅱ部　幼児造形表現

# 第1章 幼児造形教育の源流

## 学習のポイント

**1** 西欧の保育思想と歴史について理解すること。

**2** 日本の保育の歴史と内容について理解すること。

**3** 大正期以降の保育改革について理解すること。

**4** 戦後の保育と造形表現について理解すること。

## 第1節 西欧の保育思想と歴史

子供の養育や望ましい環境、さらに「遊び」の有用性や可能性についての言説が登場するのは近代になってからのことである。近代の子供観は小さい未発達な大人という子供の捉え方から、子供そのものの存在を発見する営みであった。

アリエス（P. Aries, 1914-1984）は『〈子供〉の誕生―アンシャンレジューム期の子供と家族生活』（1960年）において、図像、言葉、服装、遊びを分析することで中世における子供認識の不在を明らかにした。そのことで、逆に近代の子供観がいかにつくられてきたのか、またどのように子供は「発見」されてきたかということを述べている。

これらの近代における、大人とは異なる子供観の確立によって、発達や教育という概念が生じてきたのである。以下、代表的な人物と教育観を振り返ってみたい。

はじまりは18世紀を代表する思想家で啓蒙家のルソー（J. -J. Rousseau, 1712-1778）の著書『エミール』（1762年）にみることができる。男児エミールの成長過程を描きながら、文明社会の伝統や教育が人間の本来的な姿をゆがめていると批判し、人間の本性を自然の法則に従って発達させることを教育の理想としている。そこには、子供中心の教育思想が垣間見られる。

続くスイスの教育思想家ペスタロッチ（J. H. Pestalozzi, 1746-1827）は、幼児教育における家庭の役割、特に母親の役割を重視した。また、彼は直感を認識活動の基礎におくとともに、言語中心の主知主義を排し、愛を中心とする諸能力の調和的な発達や自立的人間の育成を主張した。わが国では明治10年代に、「開発教授法」として小学校教育に教育思想が導入されている。

幼稚園の祖といわれるのが、ドイツの教育学者フレーベル（F. W. Frobel, 1782-1852）である。フレーベルは、牧師の子として生まれ、イエナ大学やゲッティンゲン大学で学ぶ中でペスタロッチやドイツ・ロマン主義の影響を受けながら、子供

を神性的な存在として受容し、育むという教育理念を確立する。フレーベルは、この幼児に宿る神性の伸長を命題にした著書『人間の教育』（1826年）などで、就学前の遊びや作業の重要性を説いている。またこの理念を実現するために、1837年、花壇や菜園のある「幼稚園（子供の庭Kindergarten）」を開設し、1838年に感覚の発達を促すための玩具「Gabe（日本では「恩物」と意訳された）」を20種類考案している。

さらに、イタリアの医学博士で幼児教育に貢献した人物として、モンテッソーリ（M.Montessori, 1870-1952）がいる。ローマ大学を卒業後に、医師として当初、障害児治療に携わっていたが、やがて幼児教育者への道を歩み始める。1907年には貧困層のための施設「子供の家」を開設する。モンテッソーリは、子供の内的な発達を誘発することをねらいとして、適切な環境と支援、さらに教具を用いた感覚訓練を重視した知的教育法を確立した。日本には、明治期に紹介されたが定着せず、戦後に「モンテッソーリ協会」の設立などによって、研究や保育での実践が広がっていく。

## 第2節 日本の保育の歴史と内容

日本の保育制度は明治5年の「学制」に遡るが、実際の幼稚園のはじまりは明治9年の東京女子師範学校附属幼稚園（現、お茶の水女子大学附属幼稚園、以下「女子師範附属幼稚園」とする）開設にある。監事（園長）に関信三、主席保母に松野クララ、保母に豊田芙雄ら数名が就任して、フレーベルの幼稚園を模範とする保育を開始した。明治10年には、皇后宮および皇太后宮が列席して開業式が挙行されている。開園当初の入園児は上流階級の子女がほとんどで、庶民のための幼稚園ではなかったのである。

この幼稚園では、どのようなねらいと内容で保育が行われたのであろうか。

開園の趣旨では「学齢未満ノ小児ヲシテ、天賦ノ知覚ヲ開達シ、固有ノ心思ヲ啓発シ、身体ノ健全ヲ滋補シ、交際ノ情誼ヲ暁知シ、善良ノ言行ヲ慣熟セシムルニ在リ」と知・徳・体の成長を目指して、満3歳から満6歳児を定員150名として募集している。

また保育科目は、「物品科、美麗科、知識科」の3科目で、物品科とは「日用ノ器物、即チ椅子机或ハ禽獣花果等ニツキ、其性質或ハ形状等ヲ示ス」、美麗科とは「美麗トシ好愛スル物、即チ彩色等ヲ示ス」、知識科とは「観玩ニ由テ知識ヲ開ク、即チ立方体ハ幾個ノ端線、平面幾、個ノ角ヨリ成り、其形ハ如何ナル力等ヲ示ス」で、身の回りのモノや色彩、幾何的な理解などの知識を身に付ける内容が中心であった。

さらに、これらの科目は「彩球ノ遊ヒ、形物ノ理解、貝ノ遊ヒ、鎖ノ連結、形体ノ積ミ方、形体ノ置キ方、木箸ノ置キ方、環ノ置キ方、剪紙、剪紙貼付、針画、縫画、石盤図画、織紙、畳紙、木箸細工、粘土細工、木片ノ組ミ方、紙片ノ組ミ方、計数、博物理解、唱歌、説話、体操、遊戯」の25の細目から成り立っていた。

このように女子師範附属幼稚園の科目内容は、基本的にはドイツ式で、フレーベルの玩具「恩物」を中心にしたカリキュラムとなっている。なお恩物は第1恩物から第20恩物までの20種類あり、これを模倣した教材が組み立てられている。（図1）。ただ、厳密には第1恩物から第10恩物までを「恩物」、第11恩物から第20恩物までを「手技工作」と呼んで区別していた。「手技工作」は、「手技：手でするわざ。手先のわざ。手工。手芸」と「工作：器物などをつくること」を合わせた造語であった。このように、フレーベル式の

図1 恩物　　　　　　　©提供：株式会社フレーベル館

表1 恩物と女子師範附属幼稚園教材との比較

| | フレーベル「恩物」 | 女子師範附属幼稚園教材「恩物」 |
|---|---|---|
| 第1 | 六球 | 彩球ノ遊ヒ |
| 第2 | 三体 | 形物ノ理解 |
| 第3 | 立方体の積木 | 形体ノ積ミ方 |
| 第4 | 直方体の積木 | 形体ノ置キ方 |
| 第5 | 立方体と三角柱の積木 | 木片ノ組ミ方 |
| 第6 | 立方体と直方体の積木 | |
| 第7 | 正方形と三角形の色板 | |
| 第8 | 5種類の木の棒 | 木箸ノ置キ方 |
| 第9 | 金属製の鐶 | 鎖ノ連結、環ノ置キ方 |
| 第10 | 豆又は小石の粒 | |

| | フレーベル「恩物」 | 女子師範附属幼稚園教材「手技工作」 |
|---|---|---|
| 第11 | 穴開け | 針画 |
| 第12 | 縫う | 縫画 |
| 第13 | 描く | 石盤図画 |
| 第14 | 組む・編む・織る | 織紙、紙片ノ組ミ方 |
| 第15 | 紙を折る | 畳紙 |
| 第16 | 紙を切る | 剪紙、 |
| 第17 | 豆細工 | 木箸細工 |
| 第18 | 厚紙細工 | 剪紙貼付 |
| 第19 | 砂遊び | 貝ノ遊ヒ |
| 第20 | 粘土遊び | 粘土細工 |

理念と教具に基づいて、日本では幼稚園教育が開始されたのである（表1）。

また、これらの比較から分かることは、今日の幼児造形につながる科目内容は第11〜20恩物の「手技工作」で、描いたり、粘土でつくったり、紙を切ったり加工したりすることが中心であったといえよう。

## 第3節 大正期以降の保育改革

前述した恩物を中心とした保育カリキュラムは、明治期を通して各地に広まっていくことになる。しかし、フレーベルの目標とした子供の創造性を重視する理念は形骸化し、恩物の教条的な教育法が実践されていた。そのため、フレーベルの理念から離れていく恩物中心教育の在り方を問い直す動きが、世界各地で起こってくるようになる。

特に1890年代米国のシカゴ大学で教鞭を執っていたデューイ（J. Dewey, 1859-1952）は、『学校と社会』などを著し、実験学校での実践を行いながら、児童中心主義を唱えた「新教育運動」の代表者となる。

日本では大正デモクラシーに連動した自由教育を目指す気運が高まり、幼稚園の改革が倉橋惣三（1882-1955）を中心にしてすすめられる。倉橋は、明治39年東京帝国大学を卒業後、明治43年東京女子師範学校講師、のち教授となり、大正6年附属幼稚園の主事（園長）を兼務しつつ、形式化した明治以来のフレーベル主義を改革し、幼児教育の発展に尽くした。戦後は、教育刷新委員会委員を経て、昭和23年に日本保育学会を創設する。倉橋には、附属幼稚園の主事に着任した当初、「恩物を棚から下ろして、竹籠に入れてしまって、すべて積木玩具にしてしまった」というエピソードがある。形骸化していた教師主導の保育のあり方から、子供の本来の能力を引き出そうと画策した出来事であった。また倉橋は、大正8〜11年までアメリカに留学し、デューイや大型積木を考案したヒル（P. S. Hill, 1868-1946）らの影響を受け、帰国後、幼児の自発的な生活を尊重し、教師との相互的な関係の中で発達するという考えの下に「誘導保育論」を提唱した。彼は著書『幼稚園真諦』（1934）の「保育過程の実際」の章で「子供の興味に即した主題をもって、子供たちの生活を誘導して下さるところでなければなりません。……これを相当大仕掛けにやっていけることに幼稚園の一つの存在価値がある」と述べている。

また、大正11年の「幼稚園令」第二条では「幼稚園の保育項目ハ遊戯、唱歌、観察、談話、手技等トス」とあり、「手技」が明治以来の幼児造形につながる保育項目である。

さて、児童画では、山本鼎（1882-1946）による大正7年からの「自由画教育運動」を見逃すわけにはいかない。この運動は、手本をまねて描く臨画という不自由な絵から子供たちを開放し、自然の中で写生を中心とした自由画の必要性を訴えたものである。この運動は国産「クレヨン」普及と共に開催された児童画展によって広がり、全国の教師に支持されていった。

このような大正期から昭和初期における新自由主義による教育運動は、幼児の主体的な表現活動

を促進するものであった。ところが太平洋戦争とともに軍国主義教育に拍車がかかり、創造的で自由な造形教育は影を潜めていくことになる。

## 第4節 戦後の保育と造形表現

　太平洋戦争に敗北した日本はポツダム宣言を受諾し、米国連合国軍司令部による民主化政策が推し進められる。昭和22年には「教育基本法」と「児童福祉法」が定められ、幼稚園は「学校教育法」に定める学校として文部省管轄となり、保育所は「児童福祉法」による厚生省管轄となった。

　文部省は学校教育法に沿って、倉橋惣三、山下俊郎、坂本彦太郎らが関わって昭和23年「保育要領～幼児教育の手引き」を発刊する。ここでの保育内容は「自由遊び」を中心にして、「1.見学、2.リズム、3.休息、4.自由遊び、5.音楽、6.お話、7.絵画、8.製作、9.自由観察、10.ごっこ遊び・劇遊び・人形芝居、11.健康保育、12.年中行事」の12項目である。造形表現の領域では、「7.絵画、8.製作」があり、絵をかいたり、つくったりという活動が中心であった。

　一方、戦後の幼児造形に影響を与えた代表的民間教育団体が3つある。

　1つ目は、久保貞次郎（1909-1996）や北川民次（1894-1989）らによって昭和27年に設立された「創造美育協会」である。山本鼎の自由画教育運動の理念を継承し、「児童の個性の伸長」や「抑圧からの解放」をねらいとして、自由画や遊びの展開を教育現場に導入した。そこでは、児童画の指導だけではなく、教師自らの自己改造を意図して精力的に全国運動を展開していく。児童の精神の解放をねらいとした創造主義運動は、幼児教育に対しても大いなる影響を与えることになる。

　2つ目が、昭和27年設立の「新しい絵の会」である。当時の「生活綴り方教育」と共鳴しながら、身の回りの生活現実を見つめなおし、そこから絵のテーマやモチーフを発見し、表現する方法によって活動を展開する。この認識主義と呼ばれる造形活動は、整理された指導法によって幼児教育にも影響を与えている。

　3つ目が、昭和30年に設立された「造形教育センター」によるデザイン教育である。ドイツのバウハウスによる色や材料と造形要素による造形活動をもとに、戦前から「構成教育」として展開されていた。戦後となり構成教育は、色や材料に対する認識を高め、材料から構想・発想する活動として、工作・工芸教育や幼児造形に影響を与えている。

　さて、昭和31年になると文部省は「保育要領」を大幅に改訂して「幼稚園教育要領」を刊行し、教育課程の基準を示すものとして、保育内容を「健康・社会・自然・言語・音楽リズム・絵画製作」の6領域として定め、各領域の指導目標を系統的に明確にした。これまでの児童中心主義的な内容から、科学主義的な系統学習に転換が図られ、小学校との一貫性について配慮しつつ、「ねらい」中心の保育内容へ転換が図られていた。

　特に平成元年改訂では、ねらいや内容を幼児の発達の側面からまとめて、「健康・人間関係・環境・言葉・表現」の5つの領域を編成した。この5領域は、平成29年告示の「幼稚園教育要領」にも引き継がれている。

　なお、この5領域の考え方は小学校の教科につながる系統性よりも、「自由遊び」や「設定遊び」など（第4章参照）の「遊び」を通した未分化で総合的な活動を保証することをねらいとしたものである。

（新関伸也）

【参考文献】

- 大橋功、新関伸也、松岡宏明、梅澤啓一（2008）『造形表現指導法』東京未来大学
- 花篤實監修、永守基樹、清原知二編集（1999）『幼児造形の基礎知識』建帛社
- 清水陽子、門田理世、牧野恵一、松井尚子編著（2017）『保育の理論と実践』ミネルヴァ書房
- 津守真、久保いと、本田和子（1959）『幼稚園の歴史』恒星社厚生閣
- 森上史朗、柏女霊峰編（2015）『保育用語辞典第8版』ミネルヴァ書房

# 第2章 幼児造形教育の基盤

## 学習のポイント

**1** 幼児造形教育の意義及び感覚教育との重なりについて理解すること。

**2** 5つの発達の視点から幼児の造形を捉えること。

**3** 造形表現活動の遊びによる保育展開の重要性について自分なりに考察し、整理すること。

## 第1節 幼児造形教育の意義

「個体発生は系統発生を繰り返す」(エルンスト・ヘッケル、E. Haeckel, 1834-1919)といわれる。胎児は受精から誕生するまでの10か月の間に、子宮の中で単細胞から魚類、両生類、爬虫類、鳥類、哺乳類の順に形が変化していくことはよく知られている。生命の進化が誕生前の一人の人間個体の中に繰り返されるのである。また、この世に誕生した乳児は、立つ、手を使う、手を使うことで脳が発達する、そしてものをつくるという発達の道筋をたどっていく。これは樹から平地に降りて直立歩行をはじめ、開放された手が発達し、手を使うことで脳が刺激され高度な知能を獲得し、ついには道具をつくり文明を築き上げてきた人類の発達の道筋に重なり合う。一人の人間の誕生から成人するまでの発達も人類の発達に沿っているのである。ゆえに、乳幼児期に手の活動を保障し、何かをつくりだすことを体験しておくことは、一人の人間が人間になるために極めて重要なことである。ここに幼児期の造形教育の根幹的な意義を指摘することができる。

人間は元来ものをつくることが好きである。そこに喜びを見出さないのなら、今日の人間の繁栄はあり得なかったであろう。しかし、大人の中には、絵を描いたり、ものをつくったりすることをしない、あるいは嫌いな人もいる。原因は様々であろうが、そういう大人がいることは問題ではない。造形作品をつくるのではなく、見るのが好きという知的な芸術へのかかわり方も素敵なことである。一方、子供が絵を描いたり、ものをつくったりすることをしない、あるいは嫌いであるとなると、これは大いに問題である。

子供時代は芸術適応期と呼ばれる。彼らは日々新鮮に世界と出会っており、感情と手が直結しているかのように、迷いなくのびのびと造形活動に取り組むことができる。子供時代は、生涯の中でも特に創造性が活発に、そして豊かに発達する時期である。子供が子供として子供らしく子供時代

を謳歌し、やがて一人の人間として世界を創造的に切り拓いていくために、造形活動は欠かせない要素を含んでいる。そして、その人間の創造性が人類の文化、文明、そして社会を支えていくのである。

## 第2節 幼児造形教育と感覚教育

　幼児期には、知的発達に先行して五感が著しく発達していく。幼児の五感は未分化な状態にあり、五感全てで世界を認識しようとする。ゆえに幼児教育では、五感に基づく教育、すなわち「感覚教育」が重視されてきた。これはフレーベル以来の幼児教育思想に通底している理念とも言える。

　ところで、感覚という働き、あるいはその働きによって感じ取られた意識を能力として捉えると「感性」ということになる。現在の幼稚園教育要領等の領域「表現」が「感性と表現に関する領域」とされていることからも、幼児教育において感覚、感性の教育が意識されていることが理解できる。感性は、かつては知性を支える下位概念として位置づけられていたが、近年では知性が感性を補助するとも捉えられるほど、その概念の重要性は増している。

　造形活動は、色、形、材料を介して、五感のすべてを動員する行為である。五感の起動は表現の基盤となるものだが、幼児の造形活動において、このことが十分に理解され実践されているとは言い難い。視覚の優位性が確立されていない段階で「よく見て描きなさい」と強要したりする誤謬がある。

（松岡宏明）

## 第3節 人間の発達と造形活動

　アメリカの心理学者ジョイ・ギルフォード（J. P. Guilford, 1897-1987）は「知性には、与えられたものから決まったものを効率よくつくり出す集中的思考と、新しい考えを導き出す拡散的思考があり、後者が創造的な思考に必要である」としている。子供には、当然双方の思考力の育成が求められるのだが、この拡散的思考力が、変化の予測できない20年後の社会において、学び続け、問題を解決し、能動的に活躍できる大人の礎となるのである。従前から造形教育や美術教育ではクラス全体で一つの答えを導き出す収束的思考ではなく、個人の中で、様々な方向へ広げて考えていく拡散的思考の保障が重要視されてきた。五感の発達が著しい乳幼児期に、感覚を総動員する造形活動の中で、それぞれが自分なりの答えを導き出し、それが認められるという拡散的思考を育む営みは、子供の発達に寄与する部分が大きいのである。

　造形表現によって発達が促されるのは、創造性の育成に限られるものではない。子供の心身の発達は5つの側面から捉えることができ（R. Schirrmacher, 2001）、造形活動はそれらを保障していかなければならない。1つ目は「身体機能の発達（手指、目、筋肉）」である。造形活動は手指や関節はもちろん、体全体を使った活動である。その活動が自由で楽しく、充実すればするほど、身体を用いた働きかけが増え、身体機能の発達を促す。

　2つ目は「認知機能の発達（思考、判断、言語）」であり、周囲の出来事をその子供なりに認識し、自分ならではの方法で表そうとする際に、様々な工夫を試し、決断し、言葉を発しながら、内面に広がる世界を色や形、素材を媒体として表現するのである。また、つくり出したものを視覚的に認識することの繰り返しが、面や立体物、そして空間の発見を促し、さらには「もの」と「もの」との相互関係への気づきを活性化するのである。

　3つ目は「創造性（独創性、想像性）の発達」である。これは自ら工夫して新しいものをつくり出す力である。また、目の前の問題に、様々なアイデアを試し、解決しようとする力でもある。描いたりつくったりする中で、もっとこうしたいと願い、どうすれば理想に近づくかと試行錯誤を繰

図1　全感覚で環境に働きかけようとする子供たち

図2　人的環境とかかわりながら表現活動を行う子供

り返す中で育まれる力である。保育者は、子供がものや形、画面を生み出す際に感じられる特有の面白さに出会いながら、意欲をもって自分なりの表現を楽しむ過程を認めていきたい。

　4つ目は「感受性や感情の発達（感情表出、自己抑制、個性）」である。感受性や感情は自分の周囲のものごとやできごとに関心や興味をもつことからはじまり、驚いたり、気づいたり、大切に思ったりしたことを描いたりつくったりすることで深く味わい、感じたことを表現したり伝えようとすることによって発達が促される。

　5つ目は「社会性の発達（人間関係）」である。造形活動では、他者とコミュニケーションを交わしながら自らの表現活動に没頭する場合が多い。その際、言葉を発したり、物語を紡いだりしながら社会性を涵養している。保育者が人的環境となって適切にかかわることで、社会性をより発達させるツールとなりえる。また、複数の幼児が同じ場所で同じ遊びをしながらも、かかわりを持っていないような場合も、自らの表現に没頭する中に、他者への働きかけを内在化させているのである。豊かな造形活動を展開するために、保育者は子供が孤独を強いられることのないよう、言葉や行為で働きかけたり、場合によっては子供同士の関係や活動を見守ったりするなどの配慮が必要である。

## 第4節　遊びと造形

　「人は遊ぶものである」と説いたのはホイジンガ（J. Huizinga, 1872-1945）である。一般的にほかの動物と比較し、「知恵があるから人間である（ホモ・サピエンス）」という言葉が用いられることが多い。また「ものをつくるから人間である（ホモ・ファベル）」と定義することもある。それに対して、ホイジンガは遊びの形式的特徴を定義し、遊ぶ存在であることが、ヒトが動物ではなく人間であることの本質であり、宗教や法律、戦争や芸術等あらゆる文化の基底をなすと説いている（『ホモ・ルーデンス』1938）。また「遊びの要素を表現することができる言葉は、大部分が美的な領域に属している」と述べ、遊びの特性と、ヒトが人間であり遊ぶこと、そして美を探究する活動との接点を見出している。

　また、日本の幼児教育学者である小川博久（1936-）は、子供の遊びの性質として、遊びの「自発性」、「自己完結性」、「自己報酬性」、「自己活動性（自主性）」の4つを挙げている。つまり「子供の遊び」は、子供自身から始まる、子供自身の自主性による活動であり、苦労してもやり、ほかの目的があるわけではなく、活動することで満足するものと定義付けたのである。

　乳幼児にとって生活の多くは遊びであり、遊びの充実によって、様々な発達や学びを無自覚のうちにしている。造形活動も、このような「遊び」として行われ、その遊びとしての要素が保障される環境を、保育者は物的、人的、活動的側面から整えなければならない。

　2018年4月施行の「保育所保育指針」では、「乳幼児期にふさわしい体験が得られるように、生活や遊びを通して総合的に保育すること」（第一章

総則）とあり、保育所保育の各内容は遊びを通して展開するとしている。

　また、2018年4月施行の「幼稚園教育要領」と、「幼保連携型認定こども園教育・保育要領」では、「幼児の自発的な生活としての遊びは、心身の調和のとれた発達の基礎を培う重要な学習である」として、「遊びを通しての指導を中心として」（第一章総則）教育を行うことと示されていることからも、「遊び」が保育・幼児教育において、その根幹をなす営みであることが分かる。つまり、造形活動によって培われる資質・能力は、子供の意欲が触発される遊びという形態で行われる。その中で生成される思いや言葉、表現を、保育者が積極的に受け止め、活動がより能動的で豊かなものになるよう人的環境として機能することによって子供たちは遊びにより没頭できるようになる。

　遊びとは、主体的で自由な行為であることが前提であるが、各所・園において行われる保育は意図的、計画的な営みでなければならない。つまり、「自己表現だから、子供の勝手にさせればよい」とか、「知識を与えたり、技術の指導をしたりしてはいけない」ということではない。保育者は子供たちのこれまでの生活や活動の積み重ねから、次の活動のねらいを設定する。ただし、その「ねらい」が子供たちにそのまま伝わり、理解される必要はない。大切なことは保育者のねらいや願いが、いかに子供の自発的な遊びに転換させられるかであり、保育者の力量が問われるところである。また、必ずしも保育者自身が造形表現することに得意意識を持っている必要はない。保育者に求められることは、子供を的確に捉える力、子供が感じている楽しさに共感し、応答する力、そしてその楽しさが広がる活動を個人や集団に対してプロデュースできる力である。子供にとって「やらされる」課題に取り組むことはすでに遊びではなく、「やってみたい」「またやりたい」という気持ちからスタートする活動とは学びの質が異なるのである。

　集団のルールを守ったり、いわゆる躾を行ったりする場面まで遊びによる保育展開をすべきというわけではないが、感性と知性とを一体化させる

図3　遊びに没頭する子供たち

ことによって涵養される創造性の体得をねらいとする活動の場合には心得ておく必要がある。

　また乳幼児の造形活動は、その行為自体が楽しかったり、繰り返してみたくなったりして、遊びに没頭し、それが作品として結果的に残ったり残らなかったりする。そのプロセスの中で、子供は気づき、試し、つくりかえ、失敗と挑戦を繰り返す中にこそ学びがあり、それを大切にしなければならない。したがって保育者は、始めから「子供に作品をつくらせよう」とか、「作品として残さなければならない」と過剰に思わないことが大切である。

（福井一尊）

【参考文献】

- 小川博久（2010）『遊び保育論』萌文書林
- 槇英子（2008）『保育をひらく造形表現』萌文書林
- 松岡宏明（2009）「第Ⅱ部 幼児造形教育」、大橋功、新関伸也、松岡宏明、藤本陽三、佐藤賢司、鈴木光男編著『美術教育概論（改訂版）』日本文教出版
- 松岡宏明（2018）「幼児教育と造形教育」、神林恒道、ふじえみつる監修『美術教育ハンドブック』三元社
- J.Huizinga 著、高橋英夫訳（1973）『ホモ・ルーデンス』中央公論社
- Schirrmacher, R. (2001). Art and creative development for young children.NewYork : Delmar

【画像協力】

- 松江市立川津幼稚園（島根県）

# 第3章 幼児造形の理解

## 学習のポイント

**1** 幼児造形教育の優先課題は「幼児造形の理解」であることを確認すること。

**2** 4つの側面から幼児の造形を理解することの重要性に気付くこと。

**3** 幼児造形を4つの側面から考察し、後の章の学習に生かせるように整理すること。

---

　幼児の造形には、幼児期特有の発達や特徴などがあり、一般的な大人の造形とは全く違う。異文化といってもよい。1歳児には1歳児の、3歳児には3歳児の、5歳児には5歳児の、それぞれ固有のコードが存在する。

　保育者には、造形指導の方法を考えていく前に、幼児の造形を理解していくことが要求される。それをベースにした造形指導でなければ、幼児にとって不適切なものになる。指導者が幼児を使って、自らの表現を代理させるような指導に陥ってしまう上に、それを保育・教育だと勘違いすることにもなりかねないからである。幼児造形指導とは、大人の美術を噛み砕いて、幼児にも分かるように指導することではない。

　本章を、第4章以降における幼児造形表現の指導の記述より前に位置づけているのは以上の理由からである。

　幼児の造形をみていく際には「発達的側面」、「特徴・特質的側面」、「造形的・美的側面」、「心理的側面」の4つの側面からのアプローチが考えられる。保育者は、それら各側面を意識しながら多角的に子供を理解していく必要がある。

## 第1節 発達的側面からのアプローチ

　幼児の造形の発達は、一人一人そのペースに違いはあるにしても、ほかの心身の発達と同じように基本的には皆同じ道筋をたどる。だからこそ、個による違いにも注目することができるのである。
　まず絵画表現の発達についてみていく。

### (1) 絵画表現の発達段階

　以下の絵画表現の発達段階は、ローウェンフェルド（V. Lowenfeld, 1903-1961）や、かつての文部省（1970）『幼稚園教育指導書領域編絵画製作』、東山明ら（1983）、鳥居昭美（1985）、金子一夫（1998）などの見解を参考にしながら、現代の日本の子供たちに合わせて設定している。

● 造形能力の基礎形成期（誕生から1歳半頃まで）

　この時期における子供の心身の発達には目を見張るものがあり、以下のような点で造形活動との関連がみられる。

・視覚の著しい発達

「眼けん反射」にはじまり、1か月で「瞳孔反射」、「明暗の反応」、そして「凝視」、「注視」、「追視」がはじまり、3か月くらいには色の識別も可能になる。5か月でほぼ眼球の運動は完成し、1歳半頃にもなると、言葉の発達とも相まって、赤や青といった色の名前が言えるようになる。

・五感の協応

　3か月頃から手やおしゃぶりを口にもっていったり（触覚と味覚）、ガラガラを振って音を楽しんだりする（触覚と聴覚）。4か月頃からは、差し出されたおもちゃに手を伸ばしてつかもうとする。はじめは空を切るが、次第に手をまっすぐ伸ばしてつかむようになる（触覚と視覚）。

・探索活動（いたずら）のスタート

　7か月頃から「腹ばい」、8か月頃で「ひとりすわり」、9か月頃に「つかまり立ち」がはじまり、ものをつまむことができるようになる（「拇指対向性」の確立）。10か月頃から「四つんばい」、「腰高四つ足ばい」、11か月頃から「立ち上がり」、そしてやがて「つたわり歩き」と進む。自分で移動が可能になると、「食卓あらし」を代表とするように、たたく、ひっくりかえす、破る、開け閉めする、放るなどの「探索活動」が始まる。大人にとってはいわゆる「いたずら」であるが、これらはものの特性を知る（存在・材質・感触・機能・色を確かめる、空間・大小・遠近を認識する）など、認知面での成長に欠くことのできない重要な行動である。「探索活動」は、主に触覚とのかかわりが深く、この時期は「触覚の時代」と呼ぶこともできる。

● なぐり描き期（錯画期、乱画期、スクリブル[scribble]期）（1歳頃から3歳頃まで）

　早い子供で11か月くらいから、ゆっくりした子供でも1歳5か月くらいから、大人が目の前で紙に鉛筆などで線を描いてみせると、真似をしだす。はじめは点を打ち付ける程度だったのが、横線、縦線、ぐるぐるの円、そして閉じた円が描けるようになってくる。これは体の発達と呼応している。人間の体は中央から末端へという順序で発達していくが、肩がコントロールできるようになると横線が、肘がコントロールできるようになると縦線が、手首が十分動くようになるとぐるぐるの円が描けるようになる。そして指先が制御できるようになると円が閉じられるようになる。注意しなければならないのは、この時期はまだ、運動感と触覚感を味わう程度で、何かを描くという意識は薄いということである。それでも、当初は単なる運動であったものが、イメージをもったなぐり描きへと変化していく。手の運動感となぐり描きの線からくる運動が結びつくことによって、たとえば「ブーブー」と言いながら線を引いたりするようになる。ただし、まだ線のはじまりと終わりは意識されてはおらず、独立した形は現れない。やはり運動や感触の方に関心が強い。

● 命名期（2歳頃から）

　円が閉じられるようになることで、紙の上には偶然ひとつの独立した形が出現することになる。なぐり描き期とは違い、命名期の線は閉じられて図を形成する。「図」が「地」から突如立ち現れ

図1　1歳児（なぐり描き期）

図2　2歳児（命名期）

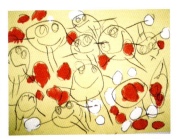

図3　〈みんなでたまいれたのしかったよ〉
3歳児（前図式期）

るわけである。その「図」が諸物の存在と結びつき、イメージを生成する。このことは、言葉を発すると事物が脳裏に立ち現れる感じに似ている。そして、その円に名前をつけるようになる。命名によって図と言葉が結びつくのである。この行動は芸術の本質的行為の開始とも捉えることができよう。しかし、描いた円に名前を後付けするのであるから、何かを描こうとして円を描いたのではない。ゆえに、再度問うと違う名前を言ったりする。また、なぐり描き期のように線を積み重ねず、平面的に形がおかれ、画面の中に形が収められていて、はみ出ないようになる。

● 前図式期（カタログ期）（3歳頃から）

丸に線をつけ加えたり、別な丸を組み合わせたりして描くようになる。大人が聞くと、それが何であるか納得できる基本構造を有するようになる。しかしまだ、ある場面空間を表現しているという意識はない。画面は均質な空間であり、上下や内外の区別はない。これはまだ空間感覚が十分に発達していないからである。描かれるそれぞれのモノが同一の空間にあるとは意識されておらず、モノとモノの間に関係（「お話」）がない。ゆえに、この時期を「カタログ期」とも呼ぶ。子供が最初に描くモチーフはたいてい人間であるが、この時期の表現は「モヤモヤとした空間にフワフワと人間が浮いている」感じである。

● 図式期（4歳半頃から8歳頃まで）

太陽、花、木、家、人間などを、いつものパターンで記号的に描くことから図式期と呼ばれるのがこの時期である。年中組の中盤から小学校2年生頃までつづくこの時期は、まさに子供の絵の花盛りの時でもある。

画面の上下、内外の区別をするようになり、非均質な場面空間を表現する。ただし、まだ奥行きは表現できないのでモノは重ならない。

フランスの心理学者リュケ（G. H. Luquet, 1876-1965）が述べたように、この時期の子供は「見たものを描く」のではなく、「知っているものを描く」（知的リアリズム）。体全体で知り得た対象や出来事について、視覚的にではなく全感覚的、主観的に描いていく。それがこの時期の子供にとっての真実の描写なのである。「基底線」「集中構図」「レントゲン描法」「展開図描法」など、子供の絵の特筆すべき特徴の多くがこの時期の表現である。（第2節を参照）

図式期の子供は自分の姿を描く。描かなくてもその場面に入り込んだような気持ちで描く。自分が画面の中で大活躍するのである。世界の中の物語に自分が登場人物として存在する喜びを感じていると言えよう。

この時期の子供の絵は、絵だけで内容を伝えきるものではなく、「お話をすることで完結する」ので、子供の話に耳を傾けることが肝要である。

● 前写実期（7歳頃から11、12歳頃まで）

この時期は、第Ⅱ部の対象範囲ではないが、園児が小学生になり、絵がどう変化していくかについて知り得ておくことは、見通しをもって幼児の指導にあたるという意味からも重要である。

前写実期を迎えると、これまでの線描中心だった表現は、色面構成的になってくる（drawing［素描］から painting［彩画］へ）。しかし、まだ明暗は意識されず、対象の色彩を面として表現する。3年生後半から4年生のはじめに転換点があり、画面に自分の姿を描かない児童が増え、無邪気に自分を描いていた児童も少数派になっていく。絵の中から自分が飛び出してきて、その絵の光景を見つめる自分へと変化するのである（「存在する自己」から「観察する自己」へ）。絵は、部分的には詳しく細かいところまで描くが、全体的には構図のバランスが狂い、プロポーションに矛盾があったりする。しかし、それがかえってダイナミックな魅力を醸し出すことがある。

## (2) 色彩使用の発達段階

絵画表現とも密接に絡んでくるが、色彩使用の発達段階について大橋（2006）の調査・研究などを参考にまとめてみたい。

● 3歳前期（色に無頓着で、色で遊ぶ時期）

まだ表現するイメージに特定の色彩を結びつけて使用している様子はなく、色に無頓着な段階だ

と言える。しかし、なぐり描きの時期の子供も、色を楽しみ、色で遊ぶ様子が見られる。

- **3歳〜4歳半頃（単純な固有色を使い、多色を自由に使う段階）**

  色に無頓着な状態は継続し、対象の現実の色彩との整合性はまだない。しかし、果物など単純にイメージと色彩を結びつけられるようなものから徐々に、対象を意識した固有色を使うようになってくる。まだ形への関心が優先し、線を楽しむ時期が続くが、複数の色を使って線を引いたり、色を塗ったりすることを楽しむようになる。

- **4歳半頃〜5歳以上（表現意図に応じて色を使う段階）**

  この段階でも、色彩で遊び、楽しむことに変わりはないが、色彩を自分なりの表現に生かして、意図をもって使うようにもなる。そして、現実に整合させた色彩が使えるようになってくる。しかし、色彩の認知発達に比例して使用するわけではなく、その時々によって気まぐれな面がある。必要だと感じたところにのみ色彩を意識して塗ったり、時には何の抵抗もなく一色で描き続けたりすることもある。

### (3) 立体表現の発達段階

幼児の立体表現の発達は、基本的には絵画表現の発達と同じ道筋を辿るが、絵画表現に比べると少々遅れた形でその特徴が出現してくると考えると理解しやすい。ここでは、立体表現として、粘土、砂、紙工作、積み木といった素材を想定して捉えていく。

- **1、2歳頃**

  この段階は、絵画表現の「なぐり描き期」と同様、何かをつくろうという意識は低く、様々な素材に触ったり、変形させたりなどして、感触を味わい、行為自体を楽しんでいる時期である。そんな活動を通して、素材の性質を知り、興味や関心をもつことによって、行為を持続させ、ものをつくることへと誘われていく。

- **3歳頃**

  引き続き、様々な材料に触れて遊ぶことを喜び、つかんだり、破ったり、積み上げたり、掘ったり、切ったり、丸めたりといったかかわり方をしていく。紙では、色紙、段ボール、包装紙、古新聞など様々な素材に関心を示す。はさみにも興味をもつ。まだ当初から目的や計画をもってつくったり、構成したりすることは少なく、偶然できたものに様々な名前をつける（絵画表現の「命名期」と同じ）。粘土では、こねたり、丸めたりして、お団子やヘビに見立てていく。積み木などでは、次第に複雑な形を積めるようになるが、他の者には何

図4 粘土による造形（0歳児）

図5 粘土による造形（1歳児）

図6 粘土による造形（2歳児）

図7 粘土による造形（3歳児）

図8 粘土による造形（4歳児）

図9 粘土による造形（5歳児）

をつくったか分からない場合が多い。遊び方は、一人遊び、並行遊びが主である。後半には、何か形にしていくこともはじまる。

● 4歳頃

材料の色や形からヒントを得て目的を見出し、完成の喜びを知るようになる。自分で考えながら創意工夫する力もついてくる。最初から目的を持ってつくるようにもなるが、まだ計画性はない。また、作品にしていこうという意識もあるが試作的で、「つくっては壊し、つくっては壊し」を繰り返す。数多くつくる場合は、あれこれと関連なくつくるが、これは絵画表現の前図式期（カタログ期）と共通している。一人で遊ぶよりも、友達と遊ぶことを好むようになり、2〜3人のグループでつくることに楽しみを感じる。また、遊びは全身運動的になり、砂場で山やトンネルをつくることに熱中し、大型シャベルなどの用具の使用を喜んだり、ダンボールなどを使った空間的な遊びを展開したりする。手先を使う折り紙などにも興味、意欲を示す。つくる過程では補助材料を探したり、要求したりするようになる。活動を中断することを余儀なくされた場合、また後で続きをするというが、そのまま忘れてしまうことも多い。

● 5歳頃

最初から明らかに目的を持ってつくるようになり、つくられたものに関連性が見られるようになる。つくったものを用いての遊びは長くなり、積み木で構成した迷路やダンボールでつくった基地での遊び、つくったお家でのままごと遊びなどは2〜3週間から時には1ヶ月も発展させながら続けることもある。立体的な表現は複雑化し、きれいな作品をつくろうとする意志を持つようになり、模様や図案などにも興味を示し、装飾的になる。材料は自分のめあてをもって探すようになる。友達との共同製作を指導者が提案すれば、意欲的に乗ってくるようになり、5〜6人、時にはそれ以上で協力してつくるようになる。その継続時間も長くなる。午前と午後にまたがってつくったり、また次の日に続きをして完成させたりすることを自らの意志で行うことができる。完成した作品を壊さずに置き、そのまま違う活動にも自然に移行できる。

以上、幼児の絵画表現、色彩使用、立体表現の発達段階をみてきたが、これらは一般的な段階であることに留意したい。発達を固定的に考えるべきではないのは当然である。発達は一本のものさしだけでは測れないものであり、さらに個人差も大きい。それを了解してこそ、一般的な発達段階の知識は意味を成してくるのである。一般的な段階から離れていることにのみ囚われ、問題視しては、子供の現実に寄り添いながらの指導を誤るので注意が必要である。

## 第2節 特徴・特質的側面からのアプローチ

幼児の絵は万国共通である。ローダ・ケロッグ（R. Kellogg, 1898-1959）は世界各国の幼児の絵を100万枚以上集め、分析し、その共通性を発見した（**図10**）。

ここでは幼児の絵画表現の特徴を9つあげる。幼児は、何を見て、どのように感じ、どう表現するのか。その世界観を見誤ると、幼児が理解できないばかりか、余計な指導を行い、健全で豊かな育ちを阻害してしまう。また、造形表現に対して苦手意識や嫌いだという思いを持たせてしまうことになりかねない。

● 頭足人

丸い部分は一見、人間の頭部を示しているようだが、幼児にとっては頭と胴体の両方をイメージしている。頭と胴を含めた体の塊から、手足といった突起物が伸びているという感覚である。**図11**の手の位置からも判断できる。正確には頭胴足人ということになるが、ならばわざわざそう呼ぶ必要もない。

● アニミズム

万物に生命があり、人間と同じように感情を持っているという捉え方をアニミズムという。幼児にとっては石ころも花も太陽も人間と同じよう

に感情を持って生きている。それらに顔があり、表情があるのは当然なのである。また、幼児は動物も含めて、その顔立ちをまるで人間のように表現する（図12）。

● 基底線

　図式期の子供たちは、まず画面の下部に横線を一本引いてから絵を描き始めることがある。この線を基底線（Base Line）といい、ローウェンフェルドが名づけた。これは地平線や水平線ではない。ゆえに、この線のすぐ上の部分は空ではない。空は画面の上部にしか存在しない。子供たちは原則として雲や太陽を画面の上部にのみ描く。基底線と空との間は、何も存在しない透明空間なのである。時には、基底線を2本3本と引くこともある。基底線の下は、地中（海を描いている場合は海中）であり、広がる地表ではない。ゆえに、たとえば基底線の下に描かれているイモは、地面に置いてあるのではなく、地中に埋まっているのである（図13）。

● 集中構図

　幼児は、描きたいものを大きく描くことが多い。それは、当初から描きたいものを大きく描こうと意識しているわけではなく、まず印象に残ったもの、描きたくなったものをとにかく画面いっぱい描いてしまうといった方が正確だろう。そして、そこに集中して描き込んでいく。最初に大きく描いてしまったおかげで、狭くなった残りのスペースに描かれるものは極端に小さくなったり、簡略化されたりする。結果的には、画面に大小や強弱、アクセントやリズムが生まれ、魅力的な作品になる。（第3節を参照）

　また、たとえば、雲梯をしている手を現実にはあり得ないほど伸ばして描く。ザリガニのハサミに指を挟まれたことがある子供は実際よりもはるかに大きいハサミを描く。クワガタ虫の足に興味をもった子供は、何十本も足を描く。そのように部分的に誇張、強調して描くのも「集中構図」である。幼児の中では、それで「全てうまくいっている」（図14）。

● レントゲン描法

　図式期の子供たちは、たとえばお腹の中の食べ物や建物、乗り物の中の人物など、見えないものでも見えるように描く。本人にとっては十分真面目であり、リアルな世界を描いているにすぎない。そう描けば効果的であるということを知っているのではなく、そういうふうに捉えているのである。リュケのいう「知的リアリズム」を特に強く感じる幼児の絵である（図15）。

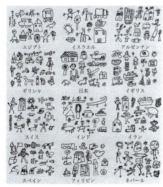

図10　子供の絵は万国共通

図11　《たまいれ　たのしかった!!》頭足人（3歳児）

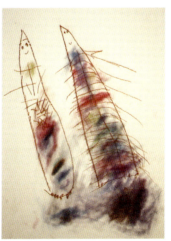

図12　《たけのこさんが なかよしで にょきって はえていたよ》アニミズム（4歳児）

図13　《ひがんばなで ネックレスつくりたい》基底線（5歳児）

● 展開図描法

　池の周りに咲く花、机を囲んで牛乳を飲んでいるみんな、綱引きの様子など、子供たちは画用紙を回転させながら描いていく。そうして出来上がった絵は、真上からその場面を捉えていて、まるで展開図のようにペタッとモノや人物が倒れているように表現される（図16）。

● 積み上げ遠近法

　図式期の子供は、上下左右の空間認識を絵において表現することができるが、まだ奥行きは表現できないため、モノとモノは重ならない。向こう側にあるものは、画面の上へ上へと描いていくことで遠近を表現する（図17）。

● 多視点構図

　たとえば機関車を描く時、機関車の前部は正面から、車体は横から、車輪は左右両側から、線路は上から見た様子を一つの平面の中に再構築する。立体派とよばれたピカソ（P. Picasso, 1881-1973）の描き方と同じである。これも幼児にとっては対象物の真実を素直に描き出しているということである（図18）。

● 正面構図

　動物を描く時など、幼児は「体は横を向いていても顔は前」という表現の仕方をする。多視点的な捉え方なので「多視点構図」に含んでもいいのかもしれない。古代エジプトの壁画に多用されている「体は正面向きで顔は横」とは逆の表し方であることは興味深い（図19）。

　さて、上にあげた特徴の中で、基底線、展開図描法、レントゲン描法、多視点構図などは、図式期の子供たちの眼の位置、すなわち視点を如実に示している。

　基底線を描く時は、目の前の世界をばっさり垂直に切り取った断面図を示している。この場合子供の視点は、基底線の高さ、すなわち真横にあるということになる。展開図描法では真上から見ている。レントゲン描法では、見えないものを見るという透視の視点である。多視点構図では視点が固定されず、様々な場所から見た様子を一つの画面に描き出している。

　これらの視点は、いずれも想像的視点であることが理解される。実際にその視点からものを見られるはずはない。それでも子供たちは、共通してその視点をもっている。彼らの生きている世界を垣間見ることができる特徴である。

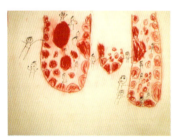

図14 《お父さんザクロとお母さんザクロと赤ちゃんザクロ、みんなでブーランブーランしたりのぼったりしてあそんだよ》集中構図（5歳児）

図15 《うしのあかちゃんが おなかから はやくでたいよーっていってるよ》レントゲン描法（4歳児）

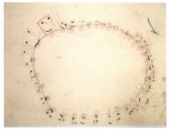

図16 《みんなで牛乳のんだよ》展開図描法（4歳児）

図17 《たまいれ、みんながおうえんしてくれたよ》積み上げ遠近法（5歳児）

図18 《トンネルにトロッコれっしゃがはいるよ》多視点構図（5歳児）

図19 《おかあさんうしがめをつむってねむっていたよ》正面構図（4歳児）

この事実は、子供たちがまだ自分の眼の位置から世界を見ておらず、自由に空間を浮遊できるかのようである。ゆえに、子供たちは自分の姿を見ることができる。だからこそ子供たちの絵には自分が登場し、大活躍するのである。木の実を摘む自分、怪獣と戦う自分、ローラー滑り台を滑る自分などを嬉々として描き出す。まるで、自分をも含めたこの世界を、どこか別のところから眺めているかのようである。これは客観的に世界を見ているということではなく、自分と世界が一体化していて、まだその境界が曖昧な状態であるということを表している。

しかし、図式期を終える頃に、視点は徐々に定まっていき、自分の眼の場所へと固定されていく。そうなると描く絵の情景を自分が見つめている、すなわち絵の中から自分が消えることになる。これが写実期の始まりである。子供たちは、たいてい小学校3、4年生の頃にその時期を迎える。

## 第3節 造形的・美的側面からのアプローチ

子供の表現が固有の価値を持ち、芸術的なものとして捉えられるようになった歴史は極めて浅い。人類が遺した大人の絵は、何千年も前から受け継がれるとともに大切にされているものがたくさんある。しかし、子供の作品となると、せいぜいこの百年レベルでしか残されておらず、実際評価もされてこなかった。ちなみに日本において、子供の美術に学術的な関心がもたれるようになったのは大正時代の自由画教育運動以降であり、本格的に注目され研究され始めたのは、第二次世界大戦後である。

それに先立つ西洋においては、19世紀の終わりから20世紀の初頭において、新しい教育研究の動向があった。フロイト（S. Freud, 1856-1939）の精神分析学やユング（C. G.Jung, 1875-1961）の深層心理の研究を援用して子供理解を深めていこうとする考えや、モンテッソーリ（M. Montessori, 1870-1952）による「子供は自らを成長・発達させる力をもって生まれてくる。大人は子供の要求を汲み取り、自由を保障し、子供たちの自発的な活動を援助する存在に徹しなければならない」という子供主体の教育観などが提示された。そこでは子供は子供として、小さくて未熟な大人ではなく、大人とは質的に違う存在であるという「子供の発見」がなされた。

この「子供の発見」は美術教育においても決定的な方向の転換を誘発する。リュケやケロッグなどによる児童心理学や発達心理学の研究が進んでいく中、ウィーンのフランツ・チゼック（F. Chizek, 1865-1946）が開いた子供のための画塾によって、子供の美術に一躍脚光が浴びせられることになる。彼は子供たちと一緒に絵を描いているうちに、子供たちの絵の中に、大人のそれとは全く違う固有の魅力を見出し、「子供自身に成長させ、発展させ、成熟させよ」と主張したのである。古典的な美術観を否定した彼がロンドンで開いた子供の作品展は大きな反響を得た。ルソー（J. -J. Rousseau, 1712-1778）やペスタロッチ（J. H. Pestalozzi, 1746-1827）などの児童中心主義的な新しい教育が求められようとしていた時代だったことが追い風となった。

さらにその勢いは、人間の根源的なところから美術を捉えていこうとする当時の美術運動とも呼応したのである。単なる視覚を超えて感情を表出し、直感的な捉え方をしたゴッホ（V. Gogh, 1853-1890）、対象を様々な視点から捉えそれを画面に再構成したキュビスムのピカソ、具体的な意味のない色や形で抽象絵画を描いたカンディンスキー（W. Kandinsky, 1866-1944）、心の奥底に潜むメッセージを取り出して描いたシュルレアリスム（超現実主義）のダリ（S. Dali, 1904-1989）などの近代美術の流れは、まさにそれまで稚拙だとしか思われていなかった子供の表現の中に、その価値や魅力を意識させることにつながったのである。ここに近代美術（モダンアート）と子供の表現の「出会い」があったわけである。

このように、教育全般および美術教育に新たな視点が導入されたことと美術界における革命が加

速していった中で「子供の美術」は発見され、そ
れはその後の子供の作品の意味や指導の方法に画
期的な変化をもたらしたのである。

　さて、子供の美術を造形的・美的な側面からア
プローチしてみよう。子供の作品は芸術か。

　かつて、ルドルフ・テプファー（R. Topffer, 1799-1846）は、「なぐり描きをする幼いミケラン
ジェロ（Michelangelo, B, 1475-1564）と不滅の
芸術家のミケランジェロの間の差は、徒弟時代の
ミケランジェロと不滅のミケランジェロの間の差
よりも小さい」と述べた。幼児の時のミケラン
ジェロと芸術家として完成したミケランジェロの
間には、それほど大きな差がないというのであ
る。ピカソは、「かつて私はラファエロ（Raffaello, S, 1483-1520）のように描いていた。しかし子供の
ように描くのを身につけるのに、一生涯かかっ
た」（1974）と語った。それほどまでに子供の作
品は魅惑的であり、「子供の絵」が発見されて以来、
多くの人々の心をとらえてきたのである。子供の
作品は、芸術家の場合と同じく、外の世界の圧力
から解き放たれているからであろう。

　しかしながら、確かに子供の作品は「芸術的」
ではあるが、「芸術」とは呼ぶことはできない。「子
供と芸術家では、主題と形式あるいは主題と構成
の関係に対するアプローチの仕方が異なっている
……子供と大人ではこの根本の経験が異なる」（ナ
ンシー・スミス、N. R. Smith, 1929-1990）から
であり、「子供はしばしば芸術的だが、芸術家で
はない。なぜなら、その才能が彼を支配している
のであって、彼が才能を支配しているのではない
からである」（アンドレ・マルロー、A. Malraux, 1901-1976）。

　まるで子供の絵かと見間違うような絵を描いた、
パウル・クレー（P. Klee, 1879-1940）も次の
ように述べている。「私の作品を子供たちのそれに
移し替えてはいけない……。二つは別々の世界な
のだ……。子供は芸術について何も知らないとい
うことを忘れてはならない。芸術家はこれに対し、
自分の絵の意識的な形式的構成にたずさわってい
る。絵の表象的な意味は、無意識の連想を経て、
意図をもって現れる」。

　子供たちの作品は確かに美しいが、子供は大人
と質的に違い、異文化といってもいい世界を生きる、
別の存在であることを改めて確認しておきたい。
だからといって子供の作品に価値がないということ
ではない。むしろ、大切にされなければならない
のである。

　さて、そのような前提に立って、子供の作品を
見つめてみると二つの美しさが浮かび上がってく
る。一つは、その時々の子供の心情が十分に表れ
た「内容美」であり、もう一つは、色や形が純粋
に魅力的な「造形美」である。

　内容美を備えた作品とは、その子のその時の感
情や思いがストレートに表出された作品のことで
ある。生きる喜びがほとばしるような作品、伝え
たい思いが溢れんばかりの力強い作品である。し
かし、そのような望ましい生活や心情が表れた作
品だけでなく、その時のその子の辛い思いや悲し
い感情が素直に出てくることもある（第4節参
照）。私たちは子供に幸福であってほしいし、喜
びに満ちた作品をつくってほしいと願ってはいる
が、負の感情をストレートに表出した作品も、子
供にとっては描くことを通して思いをはき出し、
発散し、癒されていくという点において内容美を
備えた素晴らしい作品なのである。しっかりとそ
の美しさを受け容れることが望まれる。

　かつてピカソは、暴力反対、戦争反対の意志を
込めた大作《ゲルニカ》（1937）を描いた。《ゲ
ルニカ》には見ていて心地よい、表面的なきれい
さとは全く反対の悲惨さ、無残さが鮮烈に描き出
されている。ピカソは、その抑えようのない怒り
をこの作品にぶちまけたのである。しかし、そこ
には純粋な自己表現としての価値がある。そこに
は、「美的」世界が創出されており、世界中の人々
の心に強烈なインパクトを刻み込む内容美を有し
ているのである。ここにも確かに「美」は存在す
る。その美を受けとる場合と同じ感性を、子供た
ちの描く、一見稚拙や粗雑に感じられる表現に対
しても持つべきだろう。

　一方、造形美を備えた子供の作品がある。その

色や形、構成、線、筆使い（タッチ）、絵肌などが純粋に美しさを有している場合である。私たちは、それらに出会った時、子供の内面に豊かで望ましい世界が広がっているだろうと憶測する。しかし、ここでは注意が必要である。前述したように、必ずしもその子供が意図をもって表現した作品とは限らないからである。子供特有の表現アプローチによって偶然にできた形や色であるかもしれないのである。あるいは、オートマチズムやテクニカリズムに負っていることがある。

オートマチズムとは、ある考えの下に手が動いているというよりも、自動的に色や形が生み出されているかのような状態を指す。子供の場合、描きたいイメージと描き出す手の間にはほとんど矛盾はなく、渾然融合の状態にあるといえる。テクニカリズムとは、技法によって自ずと美しく魅力的な画面が生み出されることを意味する。

それらは表面上、大人の造形感覚を豊かに刺激する魅力に満ちた作品である。子供の絵を見て触発され、芸術活動が生まれることもあろう。しかしながら、子供の作品の表面に造形美が出現しているからといって、子供たちがその美を自覚し、その美しさを通して何かを表現しようとしていると思わない方がいい。これらの美しさは否定されるものではないが、少し距離を置いて、冷静に見つめていないと、その美しさについ溺れてしまう。注意が必要である。

もちろん、上記は大人の造形美の世界に幼いうちに出会わせることを否定するものではない。美的感覚を刺激し、本物を志向する基礎的感覚を養うことは極めて重要な働きかけであることは付け加えておきたい。

さて、子供の作品展では、上述した子供の作品の中で、「内容美を備えていて、かつ子供として望ましい生活が表されている作品」、あるいは「造形美を備えている作品」が選出されることが多い。やはり大人は、悲しさや困難のある生活がにじみ出ている絵を選ぼうとはしないものである。しかしながら、見るからに辛そうな絵であっても、それが内容美に溢れた作品であるかもしれないことは前述した通りである。また、造形美に溢れた作品であっても、それはオートマチズムやテクニカリズムに負っているだけで、必ずしもその子の生活が望ましいものであるとは限らないことも忘れてはならない。作品展に選ばれる作品は、よい絵の一部にしか過ぎないことを保育者は理解しておくべきである。

## 第4節　心理的側面からのアプローチ

子供の作品には確かに子供の心が現れている。しかし、その心が常に「何かを表現したい」、「何かを伝えたい」という目的を持った強い意志に満たされているとは限らない。子供の表現は、その心性が出発点であり、自身の本能や衝動、欲求に基づいて行われる活動である。必ずしも子供が「伝えたい」と自覚して表現しているわけではない。

さらに、子供が「伝えたい」と思って描いている絵の場合にも、「伝えたい」ことのほかに「伝わってくる」ものがある。子供は自分の経験や思いを描いたりつくったりするだけでなく、心の深層、無意識の世界を無自覚的に表現することがある。それが、色や形、構図などに現れてくる。

図20は4歳男児が描いた絵である。この子は父親の転勤で、幼稚園の年長クラスに上がる際に転園せざるを得なくなった。その子が新しい園に入って五日目に描いた絵がこれである。中央の大きなものはお芋であり、右側に自分を描いている。大きなお芋を掘り起こそうとするのだが、お芋は抜けない。そこで父親（画面左側）に応援を頼むのだが、それでもお芋は抜けない。そこでさらにウルトラマンに応援を頼むことに（画面中央上）。この子は、以上のようなことをつぶやきながら、この順序でこの絵を描いていった。

実はこの子は当初新しい園でなかなか友達ができなかったのである。本人もそのことを両親に訴えていた。その精神的ストレスを表出し、発散しようとしているのがこの絵なのである。本人にもよく分からないモヤモヤしたしんどい気持ちが、

お芋掘りという形に無意識的に喩えられたわけである。

図21は、4歳の男児が描いた絵である。ひまわりのような花、黄色く輝く星、にこやかなちょうちょうに僕。一見、明るくて何の問題も感じられない作品のように見える。果たしてそうであろうか。放射状型の花は太陽と共通したイメージがあるが、これは父親を象徴する場合が多い。例え花であっても人物よりも上部に配置されるのが子供の描き方の常である。それが顔よりも下側の最下部に描かれている。本来、頭の上にある星も同様に下部に描かれている。ちょうちょうは別離を象徴することがある。人物の体も描けるはずのこの子は足すら描こうとしていない。押さえつけられたような頭の形。点在する黄色。

実はこの子は、両親が離婚し母親と暮らしており、その母親からは普段は忙しくてあまり遊んでもらえない状況にありながら、その反面、過剰な干渉を受けながら育っている。父親のいない寂しさと母親への甘え、不満を訴えているのである。後日、園の親子での造形活動の際に、この子は母親と一緒に、壁面に貼られた特大の模造紙に大きな黄色の機関車を描いた。この日この子は、母親にたっぷり甘えることができたのである。その顔は大きな満足感と安心感に満ちあふれていた。

次に、連続した3枚の絵を見てみる（図22〜24）。これらも4歳の男児が描いた絵である。この3枚は連続した三日間に一枚ずつ描かれた。どのように変化しているだろうか。いずれも登場人物が一人いる。それは間違いなく「自分」である。1枚目では、「自分」は三角屋根の家から少し離れたところに立っている。次の日に描いた2枚目の絵では、家にずいぶんと近づいている。そして三日目に描いた絵では、「自分」は家の中に入っている。

三角屋根は父親を示すことが多いが、家に自分が近づいていったということから、何らかの理由でこの子が父親に距離感を感じていたのだが、三日間の内にその距離がなくなったということが推測される。指導された担任の先生からは以下のような話があった。実は、この子の母親がつい最近再婚をして、新しい父親が家にやって来たということであった。それで、1枚目の絵は、新しい父親が来た初日に描いたもの、2枚目が二日目に描いたもの、3枚目が三日目に描いたものだったのである。新しい父親への距離感がそこに表されていたのである。初日は、家（父親）との距離感、違和感を持っていたのであろう。それが二日目には少し近づき、三日目には中に入ることができた。どの顔もニコニコしたいい顔をしているので、その新しい父親のことを嫌がっている様子は感じられない。その距離感は、緊張感によって生み出されていたのだろう。だからこそ、3日という短い時間の中で、この子は父親の中に飛び込むことができたのである。

図20 《大きなおいもはなかなか抜けません》（4歳児）

図21 一見健康的な絵に見受けられるが……

図22 一日目

図23 二日目

図24 三日目

子供の作品に、要求や感情、人格が投影されるという研究は、1900年頃からはじめられ、多くの心理学者や教育学者によって展開されてきた。その結果、子供の絵の意味、内容はかなり明らかなものとなってきている。幼児の描画とパーソナリティについては、アルシューラ（Alshuler,R.H.）とハトウィック（Hattwick, La, B.W.）の研究が先駆的で有名である。（『Painting and Personality』1947）日本でも、霜田静志や宮武辰夫、浅利篤らの日本児童画研究会などの多くの研究がある。

　ごく簡単にその一部を紹介する。形の象徴機能としては、放射状のもの（太陽など）、とがったもの、塔のようにそびえたもの、照らすものなどが父親を、乳房のようななだらかな山、子宮が原型と考えられる乗り物や家、大きく優しそうな動物などが母親を、小動物や虫、ロボットなどが子供自身を表すという報告がある。色の持つ意味としては、赤―活動・興奮、黄色―依存・求愛、緑―疲労・鎮静、青―服従・自制、紫―疾病・障害・死、白―失敗感・警戒心、黒―恐怖・抑圧などの報告があり、また色の組み合わせとして、黒と黄―父親への求愛、黒と赤―母親への求愛、赤と青―嫉妬・競争、赤と緑―性的関心などの報告がある。また、それらの形や色を画面のどこに使うかによって心理や身体状態を診断するという報告もある。

　いずれにしても、上に挙げたようなことは、比較的高い確率でそういう傾向があるわけであるが、あくまでそれは傾向に過ぎず、公式化したり、思いこみや速断したりすることについては十分戒めておきたい。実際、絵を見なくても、その子の活動を何分か観察していれば、その子の性格や心理状態は自ずと分かってくる。子供の絵の中に心理的なものが隠されているからといって、それを見つけること自体は目的ではない。子供本人を知らずして絵によってのみ判断しようとするのは危険である。占いや烙印を押すような見方は保育や教育とは呼べない。大切なのは、その子のほかの活動も含めて総体的に分析しながら、よい所は伸ばし、課題点は改善していけるように指導のヒントにしていくことなのである。加えて、子供の心理は刻一刻と変化している。絵一枚だけで判断するのではなく、その子の活動の連続性の中で分析していきたいものである。

（松岡宏明）

【参考文献】

- 浅利篤監修、日本児童画研究会編著（1998）『原色子どもの絵診断事典』黎明書房
- 大橋功（2006）「幼児期における色彩教育カリキュラム開発についての研究」『色彩教育』vol.24、色彩教育研究会
- 香川勇、長谷川望（1997）『子どもの絵が訴えるものとその意味』黎明書房
- 金子一夫（1998）『美術科教育の方法論と歴史』中央公論美術出版
- 鳥居昭美（1985）『子どもの絵の見方、育て方』大月書店
- 東山明、東山直美（1983）『子どもの絵―成長をみつめて―』保育社
- 松岡宏明（2017）『子供の世界 子供の造形』三元社
- H. Gardner 著、星三和子訳（1996）『子どもの描画―なぐり描きから芸術まで―』誠信書房
- Rhoda Kellogg 著、深田尚彦訳（1971）『幼児画の発達過程』黎明書房
- V. Lowenfeld 著、竹内清、堀ノ内敏、武井勝雄訳（1995）『美術による人間形成』黎明書房

【作品協力】

- 島根県保育所（園）・幼稚園造形教育研究会
- 社会福祉法人袖師保育所（島根県松江市）ほか

# 第4章 幼児の造形活動の範囲と分類

---

**学習のポイント**

**1** 幼児の造形活動の範囲と分類について、図や表などに整理して、理解すること。

**2** 「造形遊び」と「造形表現」の特徴やつながりを理解すること。

**3** 「鑑賞」活動の特徴と「造形遊び」や「造形表現」とのつながりを理解すること。

---

## 第1節 造形遊びと造形表現

　保育とは、意図的・計画的な営みであるが、園生活の全てが保育者の意図と計画の下に管理・展開されているわけではない。子供たちは、自由に園の環境に働きかけて遊ぶ時もあれば、保育者の明確な「ねらい」がある活動の中で遊ぶ時もある。よって、園における保育としての造形活動は、「自由遊び」と「設定遊び」の2つに分類できる。
「自由遊び」の造形活動とは、子供たちが園生活での自由な時間に、室内や園庭などの材料や道具、自然素材（動植物や土砂など）に働きかけながら、描いたりつくったり、モノ遊びをすることである。「自由遊び」の造形活動では、保育者の直接的な働きかけが顕在化しない場合が多いものの、場の背景には、子供が十分に遊び込めるような保育者の物的・空間的・時間的な準備や援助がある。
「設定遊び」の造形活動とは、保育者が明確な「ねらい」をもって題材化した活動である。そのため保育者の直接的な働きかけが顕在化する。保育者は、子供が興味・関心を示したり、発想・構想などを生み出しやすくしたりするために、様々な働きかけ（材料や道具や場の設定、提案や誘導、技法や行為などの教授や援助など）をする。保育の形態は、「一斉」「グループ別」「個別」のような展開の仕方がある。
　花篤、岡田、辻（1994）は「設定遊び」の造形活動を、「造形遊び」と「造形表現」に分類する。「造形表現」とは、「表したいこと（発想・構想・目的など）」を絵や立体的な造形物（作品）に表すために、材料や用具を使ったり、表し方を工夫したりする活動である。「造形遊び」とは、素材・材料や道具や場所に直接的に働きかけて、そこから生じる自分なりのイメージを基に、発想や構想を繰り返したり、技能を発揮したりする活動である。
　「造形遊び」と「造形表現」の性格的な相違を明らかにするために、松岡（2009）が述べる造形活動を構成する3つの要素を採り上げる。
A「発想」・「構想」・「目的」
B「素材」・「材料」

C「技法」・「行為」

　この3要素の組み合わせにより、造形活動の展開パターンは、6通りが想定できる（**図1**）。

　通常、大人はAからスタートする。大人は、先ず発想・構想・目的を持たないと、造形行為を始められない傾向が強い。一方、幼児期の子供がBやCからスタートすることは、日常茶飯事である。子供は素材・材料の特性（形・色・感触など）の発見を楽しんだり、塗る・切る・貼るなどの技法・行為に夢中になったりする。

　そこで、BやCからスタートする造形活動を「造形遊び」、Aからスタートする造形活動を「造形表現」と捉えると理解しやすい。ただし、実際の子供の活動では、「造形遊び」と「造形表現」は分離対立するものではなく、連続したり、相互に重なり合ったりしており、様々な展開が考えられる。

　この2つの分類は、自ら設定した保育の「ねらい」や内容、指導や援助を明らかにすることや、自らの保育の工夫・改善、子供の表現世界の多様性や発展性などを捉えることを目的とした保育者のための分類である。

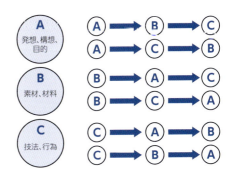

図1　幼児のいろいろな造形過程

図2　空間遊び

## 第2節　造形遊びの種類

　「造形遊び」とは、身近にある自然素材や人工の材料、道具や場所に直接的に働きかけて、形や色や感触などを捉え、そこから生まれる自分なりのイメージを基に、発想や構想を繰り返したり、技能を発揮したりする造形活動のことであり、遊びのもつ能動的で創造的な性格を有する。「造形遊び」で生じた造形物は、結果的に作品となる場合もあるが、はじめから作品をつくることを目的とはしていない。だたし「造形遊び」は「自由遊び」ではなく、「設定遊び」の造形活動である。このことは小学校での「造形遊び」と同様である。

　さらに「造形遊び」は、「空間遊び」「材料遊び」「構成遊び」「操作遊び」「模倣遊び」に小分類できる。この小分類は、連続したり、相互に重なり合ったりする。くわえて、子供は自らの行為が「造形遊び」であることや小分類を意識してはいない。

### a「空間遊び」

　場や物的環境（自然素材、人工物、動植物など）へ全身を使って働きかける動きが特徴の造形活動である。子供は場や物的環境に触発されて、全身を伸ばしたり屈んだり、跳んだり、潜ったりすることを楽しみつつ、自分の身体や物的環境や場の尺度（長さ、面積、数量など）を感じ取る。

　図2は、「ごっこ遊び」のために円形に並べたイスに触発されて、イスに跳び乗り続け、イスと自分（円周と中心）の距離感や跳び乗る身体の働かせ方を全身で感じ取る子供の事例である。

### b「材料遊び」

　素材・材料とのかかわりそのものが遊びとなる造形活動である。子供は素材・材料とかかわり、様々な特性（形、色、感触、においなど）や機能を発見したり、特性別に収集したりする。

　図3は、緩衝材（荷物を箱に梱包するためのもの）の感触（柔らかさ）や質量（軽さ）などを

図3　材料遊び

図4　操作遊び

図5　構成遊び

図6　模倣遊び

全身で感じて楽しむ子供の事例である。

#### c「操作遊び」

材料や用具の機能そのものを楽しむ操作（技法）が中心の造形活動である。子供は材料や用具とかかわり、様々な機能（切る、貼る、塗る、繋ぐ、線を引く、型を取るなど）に親しんだり、自分なりの操作（創造的な技能）を生み出したりする。

図4は、クリップ（二方向連結型）の機能（連結）に親しみ、紙製のコースターを次々と繋ぐことを楽しむ子供の事例である。

#### d「構成遊び」

素材・材料を並べたり、重ねたり、組み合わせたりする構成が中心の造形活動である。子供は素材・材料とかかわり、形や色の組み合わせを工夫したり、独自の記号や絵をつくったり、場や体を飾ったりして、新たな見方や感じ方を発見する。

図5は、紙コップの特性（形、色など）に親しみながら、並べたり積んだりして平面的・立体的な形（円形、ハート形、直方体、円柱、三角錐など）をつくることを楽しむ子供の事例である。

#### e「模倣遊び」

実際のモノに近付けたい、似せたいという願望と多分に重なる造形活動である。子供は目の前の素材・材料や造形物と身の回りの環境との関連性（形・色・感触・機能など）に気づいて「見立て遊び（形見つけ）」をしたり、何事かの場の登場人物になりきる「ごっこ遊び」をしたりして、新しい見方や想像の世界などを楽しむ。

図6は、ジョイント式マットの特性（形、色、感触など）や、「繋ぐ」という操作に親しみながら、できた形を「お風呂＆ベッド」に見立てて、実際に使って楽しむ子供たちの事例である。

## 第3節　造形表現の種類

「造形表現」とは、はじめに「表したいこと（発想・構想・目的など）」がある程度明確な造形活動である。子供は「表したいこと」を、材料や用具を使ったり、表し方を工夫したりしながら絵や立体的な造形物（作品）に表すことを楽しむ。た

だし、子供の「表したいこと」は、表現過程で変化したり更新されたりすることは日常茶飯事であり、自然な現象である。さらに「造形表現」活動は、「心象表現」と「適用表現」に分類できる。

## (1)「心象表現」

自分の「表したいこと」を描いたりつくったりする造形活動である。大人の造形活動の分類では、「絵画」や「彫刻」に相当する。さらに「心象表現」は、「観察による表現」「経験による表現」「お話・空想による表現」に小分類できる。

### a「観察による表現」

子供にとっての観察（見ること）は、視覚のみに頼ったものではなく、全身の諸感覚（主に五感：視覚、聴覚、嗅覚、味覚、触覚）を使った「見ること」である。子供は「見ること」を通して、対象となる人や物的環境や場の特性（形や色、働きや機能、性格、自然現象、社会的事象など）を発見し、その喜びや驚きなどを大人や友達に伝えたがる。その「見ること」による気付きがきっかけとなる表現が、「観察による表現」である。

図7は、子供たちが園庭にビオトープをつくり、植物や生き物（オタマジャクシ、カエルなど）が成長・変化する様子を観察して、「自分たちのビオトープ」を絵や立体に表した事例である。

### b「経験による表現」

子供にとって日々の園生活は、家庭とは異なる経験が多い（衣食住、行事や諸活動など）。園生活における子供の発見・喜びなどは、表現することへの興味・関心や意欲となり、造形活動も豊かとなる可能性がある。保育者はそのことを留意して、造形活動の設定や援助をすることが重要である。

図8は、自分の「表したいこと（ケーキ）」を実現するため、必要な材料（クリームに使える白く柔らかい粘土、スポンジケーキに使える円形のベニヤ板、果物に使える綿球など）を自ら集め、組み合わせ方を工夫した事例であり、さらに「ケーキ屋さんごっこ」（「適用表現」）に発展する。

### c「お話・空想による表現」

子供は「お話・空想」の世界を思い描きながら、描いたりつくったりして、自らの表現世界に浸りきる姿を見せる。「お話・空想」のきっかけは、子供の直接的経験、大人の「お話」、マスメディア（絵本、テレビなど）からの情報がある。園では、保育者が絵本を読み、子供が絵本の印象に残った場面を描く活動があるが、留意すべきことがある。絵本は子供の年齢・発達や興味・関心に即しているのか、表したい場面選択の主体は子供か、単に絵本の一場面を再現させる絵の活動ではないのか、保育者は自らの保育を省察する態度が必要である。

図9は、保育者の「お話（宇宙）」をきっかけとして、「ロケット」の形や色、機能（入口、翼、

図8　経験による表現

図7　観察による表現

図9　お話・空想による表現

図10 用途を考えた表現

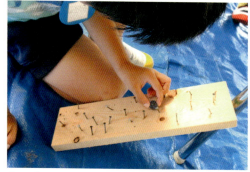
図11 機能を考えた表現

運転席、食堂など)や一緒に旅行したい人(家族、友達など)を工夫して表現した事例である。

## (2)「適用表現」

用途・機能を備えたものを描いたりつくったりする造形活動である。大人の造形活動の分類では、「工芸」や「デザイン」に相当する。

さらに「適用表現」は、「用途を考えた表現」「機能を考えた表現」に小分類できる。

子供にとっての「適用表現」は、「子供の表したいこと(興味・関心、楽しさ、夢、ねがい、物語など)」と関係がある方が、試行錯誤や創意工夫が豊かとなる場合が多い。また、子供が使って遊びながら、機能・用途やルールなどが変化したり、更新されたりすることは自然な現象である。

### a「用途を考えた表現」

目的や用途(贈る、飾る、演じるなど)に合わせて、描いたりつくったりする造形活動である。具体例として、「お店屋さん」の商品、「双六」のゲームボード、「お祭り」の衣装などがある。

図10は、園の行事である劇発表会までの約一ヶ月間の事例である。この事例で子供たちは劇を演じたい仲間とグループ(5〜6人程度)となり、人形劇のテーマ(「学校の冒険」)、台詞、演出、人形(女の子、動物など)、小道具などを話し合いながら、日々の新たな発見(演出、役割、必要な小道具など)、それを実現するための工夫を重ねる「劇づくり」そのものを協同的に楽しんでいる。

### b「機能を考えた表現」

機能性(動かす、浮かべる、音を出すなど)を求める造形活動である。具体例として、車輪で動く「乗り物」、容器の浮力を生かした「船」、容器に豆などを入れた「楽器」などである。

図11は、自分の「表したいこと(ビー玉転がし)」を実現するために、釘を打った板の角度を変えてビー玉がスムーズに転がる速度を調整したり、コースの状態(釘の間隔、ビー玉が転がる道順)を発見・改善したりする事例である。

当初この事例は、金槌で釘を打つことを楽しむ「造形遊び(主に操作遊び)」であった。さらに子供は材料コーナーの様々なモノ(釘、金槌、板、毛糸、ビー玉など)から発想・構想を広げ、自分の「表したいこと(ビー玉転がし)」を生み出し、「適用表現(機能を考えた表現)」へと発展する。

以上のように、子供には「子供の表したいこと」があり、「造形遊び」と「造形表現」は分離対立せずに、双方が連続したり、相互に重なり合ったりする場合がある。

## 第4節 幼児の鑑賞活動

幼児期の子供の「鑑賞」とは、身近な物的環境、絵本、自分や友達の作品、美術作品などを見て、形・色、主題や物語などに対する自分なりの見方や感じ方を発見したり深めたりすることである。

幼児期の子供の「鑑賞」の特徴を3つ述べる。先ず、子供の「鑑賞」は、全身の諸感覚を使っていること。次に、子供にとって「表現」と「鑑

図12　幼児の鑑賞活動

図13　鑑賞活動から絵に表す活動へと展開

賞」は、分かちがたく一体化していること。最後に、子供の「鑑賞」は、幼児期の言語能力の発達と密接に関係していることである。そのため「鑑賞」活動は、「見ること」「話すこと」に対する自己効力感と自分の見方・感じ方が周囲に認められているという自己肯定感を子供が実感できるようにすること、保育者や友達の話を聞こうとする意欲や態度を育てること、言葉に対する感覚を豊かにすることなどを留意する必要がある。

鯨岡（2013）は、保育の場における重要な大人（保育士、教師、保護者など）の2つの働き（「養護の働き」と「教育の働き」）が、子供の心の育ちの鍵を握ると述べる。「養護の働き」とは、子供の「思いを受け止める」「存在を認める」「存在を喜ぶ」「意図を支える」という働きである。「教育の働き」とは、子供が大人に「なる」ことに向かう気持ちを見定めて、何かしらの願わしい活動に「誘う」「導く」「促す」「教える」、あるいは好ましくない活動を「制止する」という働きである。「鑑賞」活動においても保育者には2つの働きが求められる。「養護の働き」としては、保育者自らが子供の身（目）になったつもりで、子供の「感じる」「気づく」「できる」「考える」「試す」「工夫する」などを感受したり、認めたり、喜んだり、支えたりすることである。「教育の働き」としては、子供との対話的なやりとりをして、子供の見方や感じ方を引き出したり、話の文脈を推測して内容を補ったり整理したり、子供同士の話を関連付けたり、比較したりすることである。保育者は、この2つの働きをヤジロベエのようにバランスをとりながら「鑑賞」活動をして、「子供一人一人のよさ（驚き、喜び、不思議、物語など）」を子供たち自らが実感できるようにすることが重要である。

**図12、図13**は、園庭のクスノキ（通称：ながいきさん）の「鑑賞」の事例である。子供たちはクスノキを「鑑賞」して、その特性（形、色、感触、においなど）や木の洞に住む昆虫を発見したり伝え合ったりする。さらに樹木に関する絵本を保育者に読んでもらい、木に住む昆虫の生活の仕方やそこでの物語などを想像して、「昆虫や自分などが住む木」を絵に表すことを楽しんでいる。

（村田　透）

【参考文献】

- 鯨岡峻（2013）『子どもの心の育ちをエピソードで描く―自己肯定感を育てる保育のために―』ミネルヴァ書房
- 花篤實、岡田憼吾、辻正宏編著（1994）『造形表現　理論・実践編』三晃書房
- 槙英子（2008）『保育をひらく造形表現』萌文書林
- 松岡宏明（2009）「第Ⅱ部 幼児造形教育」、大橋功、新関伸也、松岡宏明、藤本陽三、佐藤賢司、鈴木光男編著『美術教育概論（改訂版）』日本文教出版

【作品・資料協力】

- 国立大学法人滋賀大学教育学部附属幼稚園
- 大津市立石山幼稚園（滋賀県）
- 富田林市立錦郡幼稚園（大阪府）

# 幼児造形表現指導の要点

**学習のポイント**

**1** 造形活動を成立させる3つの側面と「画一化」や「放任」に陥らない指導の関係を理解すること。

**2** 子供の発達段階と表出内容の関係を捉え、原則的な題材配列のための視点を理解すること。

**3** 造形表現指導における評価の基本を捉え、適切な評価活動を展開することのできる視点を身につけること。

## 第1節 保育者と幼児造形教育

　描いたり、つくったりすることを不得意だと自覚している保育者が、造形活動を避ける傾向も見受けられるが、保育者自身の造形能力は、造形教育に全く影響を及ぼさないと考えてよい。不得意だと考えるときに想定している造形の力は大人のそれであり、造形が得意であっても、その力を幼児に適用する意味はないのである。むしろ、適用してはいけない。幼児と大人の造形は全く異質なものだからである（第3章参照）。幼児の造形がどのようなものであるかについては、学習することで確実に理解がすすむ。理解が進めば、幼児の造形を受容し、共感し、その心情を共有することにもつながる。賞賛や激励の言葉も身につく。そして、次にどのような手立てや援助をすれば、子供たちの思いをより表現させることができるかの方法が見えてくる。その過程が、子供たちとの素敵な造形活動の時間をつくるということである。

すなわち、自ら造形することが苦手な保育者でも、素晴らしい造形教育を提供できるのである。いや、むしろ優れた実践ができる可能性が高いといってよい。描けない子供の気持ちが理解できるからである。一方、得意だと自覚している保育者ほど、自らの描き方、つくり方に子供たちを呼び込んでしまいがちなので注意が必要である。

## 第2節 幼児造形教育の基本的視点

　第2章でも触れたように、幼児造形教育では、子供の自発的で自由な表現や鑑賞の活動を支えていくことが中心的な課題となる。しかしながら、それは「好きなように勝手に自己表現させていればいい」とか「知識を与えたり、技術の指導をしたりしてはいけない」というように誤解されてはならない。それでは「放任」にほかならず、保育・教育であるとはいえない。「自由」とは、知識や技術、表現力の獲得と向上によってもたらさ

れるのである。技術指導や知識を与えることを放棄するのもまた、自己表現を阻害することになるということは留意しておきたい。一方、技術指導や知識を与えることが主眼になってしまうと、そこには強制性が生じてしまい、自発的な表現とはほど遠いものになってしまう。さらにその造形指導が、あらかじめ指導者が抱いているイメージに近づけようとするものならば、画一化された完成作品が並ぶことになる。

　放任することなく、意図的・計画的に指導しながらも、子供たちにとっては画一的な表現を押しつけられるのではなく、十分に自由が保障され、個性豊かな創造が奨励される造形活動を提供したいところである。指導を入れれば画一化が起こり、指導を控えれば放任になってしまうという状況に陥らないように留意したい。

　造形指導の際は、①何を〈what〉（主題、テーマ、題材、モチーフ）、②何を使って〈by〉（材料、用具）、③どのように〈how〉（技法、表現様式[スタイル]）の三つの側面を設定することになるが、この三つ全てを保育者が決めると画一化しやすく、全てを自由にすると放任になりやすい。その時々の保育のねらいを明確にして、3点のうち何を自由にし、何を固定するのかを考えることが重要である。いずれにしても、保育者のねらいが子供たちのやりたい気持ちに変換されるように展開していくことは基本である。ただし上記3側面のうち、1点なり2点を自由にさえすれば、それだけでよいというわけではない。

## 第3節　発達段階に合わせた指導

### (1) 発達段階と自己表出・指示表出

　幼児教育・保育は、1歳児には1歳児の、3歳児には3歳児の生活を保障していくことがその要諦である。造形指導についても同じように、命名期には命名期という時期を、図式期には図式期という時期を充分に謳歌させてやることこそが重要であり、そのことによって初めて、子供は自分の力で次のステージへと上がっていく。子供によって発達のペースに違いはあるにしても、第3章でみたように、造形の発達段階はおおむね年齢に対応して考えることができる。以下、発達段階に合わせた指導の原則を明らかにしてみよう。

　まず各発達段階の表現の質的内容について了解しておく必要がある。金子（1998）の「自己表出と指示表出の度合いの概念図」に従って発達に合わせた造形指導を考えてみる。

　この**図1**の「自己表出」とは、自分の気持ち、感情の表出である。縦軸がその度合いを示している。「指示表出」とは、それが何であるかを指し示す表現である。横軸がその度合いを示している。

　なぐり描き期は、全くの自己表出である。その線に何らかのイメージが付与されることもあるが、基本的には特定の何かを描いているわけではない。触覚感や運動感を楽しんでいる時期である。この時期には、自己表出の欲求を気持ちよく満たしてあげることが課題となる。2歳頃からはじまる命名期には、それは多くの場合、円を描くことからはじまるが、その円に名前をどんどん後付けしていく。ここでは一気に指示表出的となる。この時期は、言葉の発達も絡んでくるが、描いたものにいろんな言葉を付加していくことを充分に保障していきたい。

　なぐり描き期と命名期は、いずれにしても反応、受容、賞賛、激励が指導の基本となろう。

　次の段階に注目したい。前図式期と図式期である。先に図式期（4歳半頃～8歳頃）を考察してみる。（図1）が示すように図式期は指示表出の強い時期である。絵を見せにきて一生懸命お話をしてくれる時期である。「子供の絵はお話をもって完結する」というのは、この時期を見事に言い表している言葉であろう。一方、3歳頃から4歳半頃の前図式期は、傾きが45°である。自己表出と指示表出が拮抗している時期といえよう。すると、前図式期と図式期を比較するならば、前図式期の方が自己表出の強い傾向があるということができる。

　自己表出が強い時期は、表現方法の深化に取り

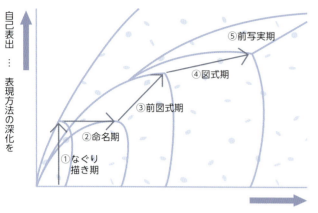

図1 自己表出と指示表出の度合いの概念図（部分、筆者再作成）

組むべきである。様々な材料に出会わせ、その効果の違いを体験させたり、様々な画材に触れさせたり、様々な技法を試してみることがよいであろう。一方、指示表出が強い時期は、題材を拡大する必要がある。テーマを豊かにするということである。造形活動を通してたくさん「お話」したくなるような様々な出来事に出会わせたいところである。

そうすると、年少から年中（前図式期）までは、表現方法の深化を目指しやすい「造形遊び」を大切に、年中から年長（図式期）では、題材の拡大を図りやすい「造形表現」に重点を移していくという図式が導き出される。

「造形遊び」の中で、形や色、材料に対しての感覚が磨かれ自己表出の機会を十分に与えられていると、その経験を基礎として、年長児になったときに、たくさんの「お話」が聞こえてくるような造形活動が、自然に、そして楽しく展開されてくるのである。

### （2）題材配列のための視点

では、題材をどう配列していけばいいだろうか。もちろん、「はじめに題材ありき」であってはいけない。何かおもしろい題材はないだろうかと探して、それを取りあげて目標を後付けし、幼児に提供する保育が、しばしば見受けられる。活動や題材の羅列が保育の履歴となっているケースである。その場しのぎの「点」の保育ではなく、意図的・計画的な保育を心がけていかなければならない。最初に題材があるのではなく、あくまでも保育のねらいを達成するために題材は導き出される。その認識の上で題材配列を考えるようにする。

本項では、具体的な題材名を例示する紙幅がないので、題材を設定するための基本的な視点を、大橋（2006）の考えを参考に提案してみたい。

活動主題の性格によって、題材設定の視点をまず4つに分類してみる。

A　材料との出会いや行為そのものを楽しむ遊び
B　見立て遊び（材料・技法・形・色からの発想）
C　身近な人や動物などへの思いを持って描く、つくる
D　自分の思いや願いを伝える表現

これらを3歳、4歳、5歳にどのように対応させればよいかというと、図2のようになる。3歳児にはA、Bの題材を重視し、4歳児は平均的に、5歳児ではC、Dに力点を移していく。

前項において、園生活の前半は「造形遊び」を中心にし、後半は「造形表現」に重点を移していくとよいことを確認したが、この移行をよりスムーズにするために、題材に4段階のステップを設けてみたということである。

Aは全くの造形遊びである。Aでは、はじめから何らかの表現主題を与えることはしない。材料との出会いや技法、行為そのものを目的にした遊びである。Bの見立て遊びも、あらかじめ持っているイメージからではなく、目の前の色や形、材料などから見立てて想像を広げていく活動なので、造形遊び的である。このBの題材を挟み込むことによって、Cへの移行が容易になってくる。Cでは造形表現的になってくるが、あくまで対象は身近な人や動物をとりあげるようにし、子供が自分の思いを抵抗なく表現できるように導いていく。その経験を十分積ませた上で、Dへと移行し

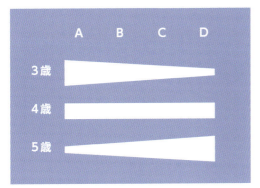

図2 幼児の造形における題材の深まり

ていくのである。Dでは、観察や経験、お話や空想といった分野へと表現主題を拡大し、それをきっかけとして抱いた思いや願いを伝えようという内容を扱っていく。

以上の題材配列のための視点については、もちろん固定的に考えてしまうのは適切ではないが、子供の発達の段階に即した題材配列のための大筋として捉えておけばよいだろう。これを原則としながら、目の前の子供たちの現状に合わせて具体的な題材を設定していきたい。

## 第4節 造形活動の評価

時折、「保育所や幼稚園では子供の造形活動を評価するべきではない」などといった発言を聞くが、これは明らかに間違いである。評価なくしては、それは保育でも教育でもない。確かに園では、相対的な観点から子供たちの作品を一つの物差しで測ったり、「評定」を出したりすることはしない。しかし、それは3段階や5段階にランク付けする「評定」を下さないということであって、「評価」活動を放棄するわけではない。評価を狭い意味で捉えてはいけない。できあがった子供の造形作品の優劣を見出すことが評価だと捉えるのは、最も反省されるべき評価観である。

### (1)「基準」による評価の分類

評価を、どこに基準をおくかによって、相対評価、絶対評価、個人内評価などの分類が可能になる。

相対評価では、評価の基準は「他者」にある。他者よりも優れているか、劣っているかがその尺度となる。たとえば5段階相対評価は、子供たちの学力が正規分布することを仮定して、クラスや学年の子供たちの10％が評定5と1、20％が評定2と4、40％が評定3などとする。

絶対評価は、評価者が設定した目標に準じて基準を設定する評価のことである。相対評価は、例え目標を設定しなくとも実施可能な評価方法であるが、絶対評価では目標が必ず設定される。指導者は、この目標を子供たち全員が達成できるように指導をしていく。常に目標に照らし合わせて評価するので、指導者は自らの指導について省みる機会に恵まれる。ちなみに、絶対評価の中でも、評価者の内的目標・基準ではなく、外的客観的目標・基準に則って評価していく評価は到達度評価と呼ばれている。

個人内評価は、当人の過去の実績、状況、成果をその基準とする評価のことである。他者と比較するのでもなく、評価者の内的・外的基準に照らし合わせるのでもなく、かつてのその子と今のその子との変化に注目する評価方法である。相対的、絶対的にはまだ不十分なところがあっても、その子としては十分に頑張った際には高い評価が与えられ、逆にその子の力ならもっとできたはずなのに取り組み方が不十分ならば、低い評価にとどまる。

さて、幼児造形指導の際にはどの評価を適用すればよいだろうか。まず相対評価については、場面によっては有効なこともあるのだが、子供同士の差を比べることが、序列の過剰な重視や競争を煽ることにつながるなど、従来から批判がある。少なくとも幼児教育の現場には全くなじまない。まして、造形活動のような「互いの違いを味わい合う」分野に当てはめることは避けるべきである。ともすると、私たちは差を比べる物差しを知らない間に身につけてしまっている傾向にある。保育・教育実践の中にそれを持ち込まないように意識していく必要があろう。そこで、絶対評価と個人内評価を組み合わせながら、それぞれの評価方法の良さを引き出し、常に省察を繰り返しながら、

幼児にとっての最善を探っていきたいものである。そのためにまず、目標を設定することは必須である。そして、目標に対して評価者の内的な基準によって評価しているのか、外的な基準によって評価しているのかを自覚する。そのことによって、内的基準の設定によって陥りやすい感情的で主観的な評価や、外的基準の設定によって陥りやすい心の通わない事務的、客観的な評価から脱することができるだろう。また、一人一人にとっての最善の導きが行えるように、一人一人の子供にしっかり目を向け、その子個人の過去と現在と未来に責任を持つ個人内評価の観点を常に持ち続けようとする努力が必要であり、その姿勢が幼児に安心感と信頼感を与えることになるだろう。

### (2) 「時系列」による評価の分類

つづいて評価を時系列で分類すると、診断的評価と形成的評価、そして総括的評価の3つの場面が挙げられる。

診断的評価とは、活動の前に下す評価のことである。活動の前に何を評価するのかと思われるかもしれないが、大切な視点である。すなわち、これから何らかの活動を展開していくにあたって、子供たちはこれまで何を経験して、どんな力を身につけていて、指導により次に何を身につけることのできるかを割り出すことである。保育案では、「子供観」や「指導観」の部分に反映されることになる。

この評価活動を怠ると、子供の欲求にそぐわないばかりか、子供にとって活動が容易すぎて物足りなかったり、あるいは難しすぎてねらいを達成できない子供の割合が高くなったりする。新しく出会う子供たちを担任することになった場合に、その子たちは前年度にどんな活動を経験してきたのか、何ができるようになっているのかを理解しておかなければならない。毎日の活動の中でも、先週はどうであったか、昨日はどうであったかをしっかり頭に入れて、今日の保育に臨むことである。さらに、個々の子供について、それぞれ診断的評価をしておくことも望まれる。

幼児造形表現指導において、中でも重要なのが形成的評価である。形成的評価とは、活動の過程で行う評価のことである。幼児造形指導が、結果主義や作品主義に陥らないためにも、特に重視したい。例えば、子供たちにテーマを示して、描き方やつくり方を説明して、後は「できあがったら先生に見せにきてね」では、重要な評価活動を放棄していると言っても過言ではない。形成的評価は、まさに指導過程において指導と一体化して行われる評価活動のことである。

たとえば、活動中の子供のつぶやきをしっかり受容する。そして子供の思いに共感する。また賞賛や激励を行う。さらに、次への見通しを子供に持たせる。これらは全て、極めて重要な形成的評価活動なのである。

総括的評価とは、活動の後に行う評価である。導入、展開、まとめという保育の流れは機能していたか、効果的なものであったか、あるいは子供たちが取り組んだ活動の様子はどうであったか、生み出された作品（格闘の跡）は目標と照らし合わせてどうだったか、様々な視点から総合的に振り返るのが総括的評価である。それはそのまま、次の活動への診断的評価活動でもある。

いずれにしても、評価は、子供たちの能力を値踏みするために行う活動ではないことを理解したい。それは、活動を望ましい形に進めていくための途上のチェック機能であるとともに、保育・教育の目的に照らし合わせ、その目標設定が適切であったか、指導は適切であったかを検証するためのフィードバック機能である。そうであるならば、保育にとって欠かすことのできない活動であることは当然だと理解されよう。

幼児の自己評価力はまだまだ不十分であり、それを要求する必要もない。それだけに、幼児教育・保育の現場における評価とは、小・中学校に比較してもより厳しく指導者に向けられている活動なのであるということを肝に銘じておきたい。

### (3) 具体的な言葉がけ

形成的評価の一環として、子供たちにどのような言葉をかけていくべきなのか、最も重要な評価の場面である。

基本は、受容、共感、賞賛、激励ということに

なる。子供が描いた青空を見て、「空を塗ったんだね。きれいだね」と反応したとして、それだけでは、とても「受容」「共感」できたとは言えない。「この空の青は透き通っていてきれいねえ。ここにいたら空気がおいしいでしょうね。先生、この空の下で花を摘んだり、かけっこしたりして〇〇ちゃんと一緒に遊びたいなあ」と言葉に出し、その世界を「共有」（保育者である「私」と〇〇ちゃんが共通して味わったもの・こと）できたならば、子供の喜びは全く違ってくる。子供はそうして受け入れられてこそ、自信をつけ、世界を信じ、他者とのつながりを求めるようになるのである。

ほめ言葉については注意が必要である。「すごいね」「上手だね」「きれいだね」という言葉は、耳に優しく聞こえ、無難なように感じられるが、逆にどこも見ていないというメッセージを子供たちに伝えることになる。それらの言葉ばかりを連発されても、子供たちは心からは嬉しくない。どこがどういいのかを具体的に話してくれる保育者を子供たちは求めている。ほめ言葉を発すれば、それでほめていると勘違いしてはいけない。保育者がほめ言葉を発することは自身の思考停止につながる可能性を持っていることを理解しておく必要がある。

第3章で学んだ、子供たちの造形活動や作品における発達、特徴、心理、造形美をしっかりと理解できていると、具体的そして個別的に反応する言葉は自ずと出てくるであろう。しかし、それだけではまだ不十分である。具体的・個別的にほめていく際に重要なのは、保育者自身が五感を働かせて作品や活動を受け止め、「私の見方」としての言葉を出していくことである。「このお城からは甘い匂いがしてくるね」「〇〇ちゃんが描いたレモン、食べてみるね。うわーっ、すっぱい！先生の顔、くしゃくしゃになってしまう。先生の顔、触ってみて、ほら」「力強い電車だね。車輪からゴトゴトゴトゴト重い荷物を引っ張っていく音が聞こえてくるよ」というように。保育者は、自らの感性を磨いていく必要がある。

子供がそれを意識して描いたかつくったかということが重要なのではない。子供本人が気づいていないような点もどんどん掘り起こしていくのである。保育者がそのよさを発見し、意味づけてあげることが求められる。アートとは、あらかじめ作品の中に閉じ込められているものではなく、見る人が起こすものである。子供の作品をアートにするのは保育者である。保育者は、子供たちにとって、いちばんはじめの、いちばんの鑑賞者でなければならない。

さらに、保育者が発する言葉が、子供に理解されるかどうかはそれほど重要なことではない。リズム、コントラスト、アクセント、構図、空間、余白など、美の要素に関する言葉をどんどん使っていけばいい。子供にとれば「先生は、何だか難しいことを言っていたけど、どうやら僕の絵はすごいらしい」と感じ、「いっぱいほめて、ニコニコしてくれている先生が僕は嬉しい」のである。

言葉がけでは、以上のことを心がけるとともに、自然とそうである保育者を目指していきたいものである。それはそのまま保育者の素敵な生き方でもある。

（松岡宏明）

【参考文献】

- 東山明、大谷恵子、東山直美（1988）『乳幼児の造形教育』同朋舎出版
- 梶田叡一（1992）『教育評価』有斐閣双書
- 花篤實（1993）『子どもの「思い」をどう引き出すか』サクラクレパス出版部
- 金子一夫（1998）『美術科教育の方法論と歴史』中央公論美術出版
- 大橋功（2006）「幼児期における色彩教育カリキュラム開発についての研究」『色彩教育』vol.24、色彩教育研究会
- 松岡宏明（2017）『子供の世界 子供の造形』三元社

# 第6章 幼児造形の材料と用具

## 学習のポイント

**1** 幼児の造形活動で扱う造形材料を知ること。

**2** 幼児の造形活動に必要な用具の種類と特徴を理解すること。

**3** 幼児の造形活動に用いる技法を理解すること。

　幼児期においては、素材とのかかわりや表現を楽しむ体験を通して子供の豊かな感性を育み、創造性を豊かにすることが期待されている。「幼稚園教育要領」等には、いろいろな素材に親しみ、その特徴や表現の仕方などに気づき、工夫して遊ぶことが示されている。また、用具などを整え、様々な素材や表現の仕方に親しめるよう保育者が工夫することも明記されている。

　美術教育研究の進展に寄与したアメリカのローウェンフェルド（V.Lowenfeld,1903-1961）は、著書『子どもの絵－両親と先生への手引－』のなかで、子供と材料や用具との関わりについて、適切な道具は子供の発達段階によって異なるので、自由な表現を妨げないよう適切な時期に提供するよう記している。また『美術による人間形成』では、子供の表現への要求を支える材料か、抑制してしまう材料かを見極める能力が指導者には必要であるとも述べている。

　保育者は、状況に応じて適切に材料や用具を子供に提供するための十分な知識を持つことが必要であるとともに、子供が安全に活動することができるよう環境を整備し、事故を未然に防ぐ配慮も怠ってはならない。

　以下、幼児のための造形材料と用具について記載するが、併せて第Ⅴ部の「資料」も参照したい。

## 第1節 幼児のための造形材料

　造形材料は、第4章の「造形遊び」と「造形表現」のねらいや内容に合わせて、子供が進んで働きかけ、関心をもつようなものを選ぶ。造形材料は自然材と人工材に分けることができるが、さらに分別して、子供が活用しやすいよう、透明のトレイ等に材料を常に整理しておくことが望ましい。

　以下、幼児のための基本的な造形材料について紹介する。

● 「紙」…植物などの繊維を主原料にした紙製品は、手触りが優しく加工し易いものが多いため、幼児に提供する素材として適している。

● 「土粘土」…掘り出した粘土を工場で精製し製造したもので、用途によって土の色や粗細が異なる。幼児の造形活動で扱う場合、粘土と水の配合で柔らかさが変わるなどの、天然素材の繊細な感触の変化も楽しみたい。

● 「油粘土」…土、ワックス、油脂などを混合した粘土で、子供が扱いやすい粘土として普及している。手に粘土がつきにくく硬化しないのが特徴で、温めると柔らかくなる。

● 「紙粘土」…パルプに水や接着剤などを混合した粘土で、乾燥することで硬化する。水彩絵の具や粉絵の具を粘土に練り込むことで色を付けることもでき、硬化後に着彩することもできる。硬化前は、水を加えると柔らかくなる。紙をミキサーで粉砕し、木工用ボンドを加えることでつくることもできる。

● 「小麦粉粘土」…小麦粉を水で練った粘土で、食用油を加えることで手触りが滑らかになる。粘土の着色に食紅を使うなど、食品のみを使用した場合、子供が口に入れても害は少ないが、アレルギーへの配慮は必要である。

● 「蜜ロウ粘土」…蜂の巣から採れる蜜ロウを用いた粘土で、手で温め、柔らかくして使用する。蜜ロウ特有の香りと、粘土の透明感が特徴である。

## 第2節 幼児の造形のための用具

● 「はさみ」…子供用のはさみには、刃先に丸みがあるもの、刃がプラスチック製のもの、持ちやすいようにハンドルが工夫されているもの、刃を開く動作を補助するためにスプリング機能が付いたものなどがある。ギザギザ型や波形などを切ることができる紙工作用のはさみもある。

〈はさみの扱い方〉

はさみの形状によるが、基本的には3本の指で持ち、はさみが常に身体と垂直の位置になるよう腕を脇につけるようにする。脇が空いていると上手く切ることができないため、保育者がうしろから肘を押さえると良い。はさみの練習の段階は、「1切り落とす」、「2切り進める」、「3ちょうどいいところで止める」、「4曲線を切る」の順に進める。幼児は、短冊状の紙を切り落とすことで、断ち切る楽しみを味わうことからはじめ、はさみの刃を口に見立て、線を食べるように「チョキチョキ」と声に出し、遊んで練習を進めると良い。

● 「のり（でんぷんのり）」…「水のり」とも呼ばれ、紙類、布などの接着に使用できる。人差し指と親指は対象をつかむために使用し、中指やヘラはのりをつけるために使用することを保育者が

図1　自然材

図2　人工材

図3　左からボール紙、厚紙、クラフト紙、画用紙、段ボール

図4　油粘土、蜜ロウ粘土

図5　子供用はさみ

図6　のり、木工用接着剤

図8 左から割り箸ペン、竹ペン、葦ペン、平筆、丸筆

図9 左からマーブリング液、版画用絵の具、水彩絵の具、粉絵の具

図7 パス（左上）、クレヨン（左下）、パステル（右）

子供に伝えると、活動が円滑に進む。

- 「木工用接着剤（木工用ボンド）」…紙・厚紙・木材等に使用できる。水溶性のため水で薄めることもでき、水の蒸発によって固化する。
- 「粘着テープ」…セロハンテープ、布テープ、クラフトテープ、OPPテープ、両面テープ、マスキングテープ、ビニールテープなどがあるので、対象や用途によって使い分ける。
- 「クレヨン」…ロウの分量が多いため透明感があり、重色に向いている。硬く、先が細いため線描に適している。
- 「パス」…クレヨンより油分を多く含み、メーカーによってクレパス、オイルパス、ネオパステルなどと呼ばれる。クレパスは商品名なので注意が必要である。油分が多いため柔らかく、描き心地が滑らかで、しっとりとした色合いが特徴である。不透明で、混色にも向き、形が円柱のため広い面を塗ることに向いている。クレヨンとパスは水を弾くことも特徴である。
- 「パステル」…パステルは、色の粉を精製して棒状に固めたものである。混色の仕上がりが美しく、不透明で鮮やかな色調であることが特徴で、そのまま描く、指・掌・ガーゼ・筆などで擦る、押さえつけるなどの表現を楽しむことができる。完成後は専用の定着液で定着させるか、パラフィン紙やトレーシングペーパーで包み、静かに保存する。
- 「色鉛筆」…色鉛筆は、芯の先端を立てると点描や線描をすることができ、斜めにすると広い面を塗ることができる。異なる色の色鉛筆で線を並べたり、交差させたり、重ねたりすることで、視覚上で混色することもできる。描いた後、水で溶かすと水彩絵の具のような表現のできるものもある。色は淡く、細やかな線描に向いている。
- 「プラスチック色鉛筆」…プラスチック色鉛筆は、顔料と合成樹脂でつくられた全芯の色鉛筆である。折れにくく、クレヨンのような発色が特徴で、細やかな線描に向き、消すことができる。
- 「葦ペン・竹ペン」…葦や竹の先を斜めに切りとったものや、使わなくなったすだれ、割り箸の先を尖らせたものに、墨・インク・絵の具などをつけて描くと、特有の線描を楽しむことができる。
- 「マーキングペン」…マーカーには、透明・不透明、油性・水性のものがあり、正確にはマーキングペンと言う。速乾性に優れている、手を汚しにくい、摩擦に強い、他の描画材との併用がしやすいなどの利点がある。一方で、キャップをきちんと閉めないとインクが揮発して使えなくなってしまう、広い面積を塗ることに適さない、混色ができないなどの欠点がある。
- 「筆」…水彩画用の筆には、丸筆と平筆がある。丸筆は、抑揚のある描線、濃淡を生かした表現に向いている。穂先のみを使うと細い線、根元まで使うと太い線を描くことができ、角度を変えるなどしても表現が広がる。平筆は、均一な描線やベタ塗りに向いている。筆の角度や向きによって太さを変えることができ、大きな面を均一に塗ることにも向いている。
- 「水彩絵の具」…チューブに入った練り絵の具タイプ、半固形タイプ（パン）、固形タイプ（ケーキ）がある。絵の具の種類には、透明水彩絵の具、半透明水彩絵の具（薄く塗ると透明に、厚く塗ると不透明になる）、不透明水彩絵の具がある。
- 「そのほかの絵の具」…マーブリングや染め物

遊びに使用される専用の絵の具、木版や紙版などの版画活動の際に使用する版画用絵の具、水に溶かすとポスターカラーになる粉絵の具などがある。

## 第3節　幼児の造形のための技法

　幼児の造形活動で、素材とのかかわりや表現を楽しむための描画技法には、次のようなものがある。活動を通して感性を育み、創造性を豊かにすることが目的であるため、単なる技法の習得のみに陥ることがないよう注意したい。

- 「スタンピング」…スポンジに絵の具を付けるなどしてスタンプ台をつくり、野菜の切り口、石、木、ゴム、身の回りのものなどを紙にスタンプしてその特徴や形を写し取る。
- 「フロッタージュ（擦り出し）」…形や凹凸面を写しとる技法。対象に薄手の紙を置き、クレヨンや色鉛筆などで凹凸面を擦りだす。
- 「バチック（はじき絵）」…ロウが水をはじく効果を利用した技法。はじめにクレヨンやパスなどで絵を描き、その上から水性絵の具を塗ると、ロウ分が絵の具の水分をはじいて、クレヨンやパスの色が浮かび上がる。
- 「マーブリング（墨流し）」…マーブリング用の絵の具や墨を水面に浮かべ、紙に写しとる技法。技法名は、出来上がった模様が大理石（マーブル）の柄に似ていることに由来している。
- 「デカルコマニー」…表面が平滑なケント紙やアート紙などに絵の具をおき、2つ折りにしてから開くと独特な模様が得られる。マックス・エルンスト（Max Ernst, 1891-1976）などのシュルリアリストの画家により活用された。
- 「ステンシル（合羽版）」…紙などに模様を切り抜いた型紙をあて、パス、パステル、絵の具などで彩色する。1つの型で同じ絵柄が複数つくれることも魅力であり、型を動かすことで連続した表現を楽しむことができる。
- 「スクラッチ」…紙にパスを塗り、その上から濃い色のパスで均一に塗る。その後、先の尖ったもので表面を削り取ると下地の色彩が現れる。
- 「ドリッピング」…絵の具を画面にしたらせる技法。アメリカ人の画家、ジャクソン・ポロック（Jackson Pollock, 1912-1956）の作品が広く知られている。
- 「吹き流し」…絵の具のしずくを画用紙におき、ストローなどで吹くと、独特な表現を楽しむことができる。
- 「ローラー遊び」…広い面を均一に塗る、角度をつけて細い線を引く、型紙を使って転写をするなど、筆とは異なった表現を楽しむことができる。
- 「コラグラフ」…凹凸のある素材を貼り合わせ、写しとる技法。表情の異なった素材を用意し、台紙に糊で貼った後、版画用インクを塗り、刷りとる。
- 「折り染め」…障子紙などの和紙を屏風折りにして、様々な色の染色液につけて広げると、独特な染色の模様が現れる。折った場合、端（コーナー）を染色液につけると効果的である。
- 「スパッタリング」…紙に型紙などをのせ、金網に絵の具を付けてブラシなどで擦り、絵の具の粒子を霧状に飛び散らせる。型紙を動かすことで、模様を繰り返す表現を楽しむこともできる。

（水谷誠孝）

【参考文献】

- アンドリュー・グレアム＝ディクソン著、樺山紘一日本語版監修（2009）『世界の美術』河出書房新社
- 佐善圭他（2015）『造形のじかん』愛智出版
- 清水靖子（2005）『クレパス画辞典』サクラクレパス出版部
- フランソワ・ドラマール、ベルナール・ギノー著、柏木博監修、ヘレンハルメ美穂訳（2007）『色彩一色材の文化史』創元社
- 益田朋幸、喜多崎親（2005）『西洋美術用語辞典』岩波書店
- 町田市立国際版画美術館著（1994）『版画の技法と表現（改訂版）』町田市立国際版画美術館
- 森田恒之他（2004）『絵画表現のしくみ』美術出版社

# 第7章 幼児造形表現指導の計画と実践

## 学習のポイント

**1** 保育におけるカリキュラム・マネジメントの意義を理解すること。

**2** 幼児造形表現指導の年間計画と保育案指導計画の構造を理解すること。

**3** 幼児造形表現指導の研修の意義を理解し、研修計画の方法を知ること。

## 第1節　保育者と幼児造形教育

### (1) カリキュラム・マネジメント

　平成29年3月に公示された幼稚園教育要領、幼保連携型認定こども園教育・保育要領では、「カリキュラム・マネジメント」という言葉が示された。これは、「幼児期の終わりまでに育ってほしい姿」を踏まえ、教育課程を編成すること、その実施状況を評価して改善を図ること、体制を確保すること、組織的・計画的に保育・保育の質向上を図ること等とされる。

　保育所保育指針においては、カリキュラム・マネジメントという言葉は使われていないが、第1章 総則 3 保育の計画及び評価 (5) 評価を踏まえた計画の改善（ア）と（イ）にあるように、保育の計画に基づく保育、保育の内容の評価、改善により保育の質の向上が図られるよう全職員で取り組むことが求められている。

　保育の内容を評価する際は「保育の全体的な計画」に問題はなかったか、あったならばどこが問題だったか、「保育案」はねらいや目標に合致するものであったか、「選択した遊びや活動」は子供の発達段階に適合し、準備した環境は適切であったかなどを振り返りたい。そのためには、子供の姿を可能な限り詳細に観察・記録したり、保育ポートフォリオや保育ドキュメンテーション（保育の様子が整理され可視化された記録）を活用したりするとよい。

　以下では、計画、実施、評価、改善のPDCAサイクルを繰り返すカリキュラム・マネジメントに必要となる、幼児造形指導の年間計画、保育案、研修について述べる。

### (2) 目標の階層化

　目標の設定には、松岡（2009）が述べる「目標の階層化」という視点をもちたい。「目標の階層化」とは、まず「①園の保育・教育目標（理念、哲学）」があり、その下に「②学年、クラスの年間保育・教育目標」、「③この季節、時期、月の目

標」、「④この活動の目標」、「⑤本時の目標」というように、各段階の目標が縦に位置するという概念である。「⑤本時の目標」は、「①園の保育・教育目標」から順に導き出されるのである。これは逆方向に捉えると、「⑤本時の目標」を達成することが④を達成することにつながり、それが③、②、①の達成へとつながっていくというように意識される。①～⑤の目標間をエレベーターのように上下する意識をもつことによって、今指導していることが、園全体の教育・保育の中に明確に位置づいていく。点の指導がしっかり線として機能することにつながるのである。

① 園の保育・教育目標（理念、哲学）

② 学年、クラスの年間保育・教育目標

③ この季節、時期、月の目標

④ この活動の目標

⑤ 本時の目標

図1　目標の階層化

### (3) 造形活動の年間計画表

年度当初に年間指導計画表を立案しておくと、全体計画の中で現在行っている指導がどこに位置するのか明確になるとともに、見通しを持って指導を展開していくことができる。また、年度が変わって担任が替わった場合も、前年度にどのような活動が行われたかを引き継ぐことが容易で、どのような課題があるのかを明確にすることもできる。ただ、実施する際は子供の実態や興味・関心を捉えつつ修正できるように、弾力性を持たせることが大切である。

### (4) 保育案の作成

造形表現指導をする際には、子供たちの予期せぬ行動や思いがけない発話、保育者が想定していない子供の発見や失敗がある。入念に保育案を立ててもその通りに保育が進むわけではないことは、当然のことである。しかしながら、保育案を立てることには重要な意味がある。松岡（2009）は保育案の捉え方を次のように述べている。「保育

表1　幼児造形指導年間計画例（部分）

| | 4月 | 5月 | 6月 | 7月 |
|---|---|---|---|---|
| 3歳児 | パスを使って描こう（造形遊び・技法、道具） → | | シャボン玉（造形遊び・材料、素材） | 水　色水 |
| | | 新聞紙遊び（造形遊び・材料、素材） | シャボン玉で描こう（造形遊び・材料、素材） | フィンガー |
| | 粘土遊び（自由活動） → | ハサミで1回切り（こいのぼり）（造形遊び・技法、道具） | | スタンピング（夏野菜を使って） |
| | 砂場遊び（自然物も使って）（自由活動） | | | はじき絵（造形遊び・材料、素材）（造形 |
| | お絵描き　ぬり絵（自由活動） → | 水　砂　泥（造形遊び・材料、素材） | | にじみ絵（水性ペン・絵の具）（造形 |
| 4歳児 | 粘土で遊ぼう（造形遊び・材料、素材） → | | 色水、せっけんで遊ぼう（造形遊び・ |
| | 砂場で遊ぼう（造形遊び・材料、素材） | | 水　土　泥（造形遊び・材料、素材） | |
| | クレヨンで描こう（造形遊び・技法、道具） → | | クレヨンや絵の具で描こう（造形表現・技 |
| | | 色々な材料で遊ぼう（造形表現・適用表現） | | 絵の具で遊ぼう（造形遊び・材料、 |
| | | | | スタンプで遊ぼう（造形遊び・技 |
| 5歳児 | 自由画 → | 光洋の里まつり作品作り（造形表現） | シャボン玉（造形遊び・材料、素材） | |
| | 粘土遊び（自由活動） → | 水　砂　泥（造形遊び・材料、素材） | | ボディーペインティ |
| | ぬり絵（自由活動） → | | はじき絵（造形表現・技法、道具） | |
| | お絵描き（自由活動） → | | | 水　色水　泡（造形 |
| | | 廃材を使って（造形表現・材料、素材） | | 朝顔で色水（造形遊 |
| | 誕生会のプレゼント作り（造形表現・適用表現・用途） → | | 未満児へのプレゼント（造形表現・適用表現・用途） | |

案とは保育を進めるにあたっての材料である。すなわち、計画とは実践のための資源である。保育案に縛られて、目の前の子供の動きに対応できないということでは本末転倒であり、一方で保育案を立てることがいい加減であると、実践の軸がぶれてしまうことになる。保育案はしっかり立てて、実践では柔軟に対応していくことが重要である。」

　以上のことを前提に、目標の階層化を意識しながら保育案を作成する。以下は、一つの形式例として参考にされたい。

● 活動（遊び）名

　活動名は、必ずしも子供に示すものではないが、子供も保育者も好奇心の湧くような活動名を付けることで、保育者自身も楽しく造形表現指導を進められる。

● この活動（遊び）のねらいと位置づけ

　年間指導計画全体の中において、この活動（遊び）がどのような位置づけになるか、どのような意義があるのかについて明確にすることで、保育者はより高次な視点から自分の保育を捉えることができる。

● 指針・要領との関連

　領域「表現」を中心としながら、ほかの領域も意識すること。この活動（遊び）が要領等のどこに対応しているかについて、実際に要領等の記述を引用しながら、保育の質が担保できていることを保育者自らが確認するために記す。

● この活動（遊び）の設定理由

○子供たちの現状と課題（子供観）

　決して最初に教えたい内容があるわけではないのが幼児教育である。まず「子供観」を記すことで、この活動が子供の現状や実態から導き出された内容であることを確認する。対象年齢の一般的傾向、このクラスの現状と課題を考察し、必要に応じて特定のグループや幼児にフォーカスすることも有効である。

○この活動の意義（活動・題材観）

　この活動が、いかに子供たちの高めたい能力や与えたい新たな経験などを提供し得るのかを具体的に記述し、その魅力や意義を示す。

○保育者の願い（保育・指導観）

　子供たちに新たな経験を与え、新たな能力を身につけさせるためには、どのような声かけをすれば良いかなどを、指導上の留意点を押さえながら示す。

● 展開

○今日の活動のねらい

　何回か、あるいは何日か、この活動が継続してきた中で、「今日」はどのような位置づけとなるのかを明確にし、さらに「今日」固有の具体的なねらいを示す。

○環境構成及び図

　必要な用具、材料および机や椅子の配置、保育者の立ち位置などを、子供の活動の流れや反応をイメージし、働きかけを意識して図などに示す。

○展開

　保育者の働きかけの計画を軸としながらも、子供の反応を予想しながら、活動の流れを子供の視点で記す。

○評価の観点

　ここでの評価は、子供の活動や作品に優劣をつけることではなく、自身が展開した今日の保育の評価である。今日の活動のねらいに対応しているはずである。「描くことへの関心、意欲を十分に引き出せたか」、「一人一人の自己表現の過程に寄り添うことができたか」、「材料や環境は適正であったか」など。適切な評価が次回の保育の改善と計画に生きてくる。

## 第2節　造形表現指導の研修

### (1) 保育者研修の必要性

　専門性の向上を目指す研修の必要性は近年、高まりつつある。研修とは、知識や技能などを修得することがもともとの意味だが、一般的には職務上必要な能力を修得する講習会などの場を指す。企業内研修では、講習会形式で行う集合研修だけでなく、職場内で実施する教育、個人が自分で自己啓発を行う学習までを含むとされている。保育

者研修もまた、一般的には園内と園外に分けられる。

教員研修は、法令等において、その充実の必要性が以下のように示されている（下線は筆者）。

○**教育基本法（教員）**
第九条
法律に定める学校の教員は、自己の崇高な使命を深く自覚し、<u>絶えず研究と修養に励み</u>、その職責の遂行に努めなければならない。
2　前項の教員については、その使命と職責の重要性にかんがみ、その身分は尊重され、待遇の適正が期せられるとともに、<u>養成と研修の充実が図られなければならない</u>。

○**教育公務員特例法　第4章　研修**
（研修）
第21条　教育公務員は、その職責を遂行するために、<u>絶えず研究と修養に努めなければならない</u>。
2　教育公務員の任命権者は、<u>教育公務員の研修</u>について、それに要する施設、研修を奨励するための方途その他研修に関する計画を樹立し、<u>その実施に努めなければならない</u>。
（研修の機会）
第22条　教育公務員には、<u>研修を受ける機会が与えられなければならない</u>。

児童福祉施設についても、下記のような法令上の義務がある。

○**児童福祉施設の設備及び運営に関する基準**
（児童福祉施設の職員の知識及び技能の向上等）
第七条の二　児童福祉施設の職員は、常に自己研鑽に励み、法に定めるそれぞれの施設の目的を達成するために必要な<u>知識及び技能の修得、維持及び向上に努めなければならない</u>。
2　児童福祉施設は、職員に対し、その資質の向上のための<u>研修の機会を確保しなければならない</u>。

## (2) 保育者研修の意義と種類

保育者研修の意義は、研修を受ける保育者個人の専門性の向上はもとより、研修で学んだ知識や得た情報、体験を園に持ち帰り同僚と共有することで、保育者の協働による園組織としての教育力を高め、園及び地域の幼児教育の質を高めることである。

保育者研修には、大きく分けて法定研修と選択（任意）研修の2種類がある。公立幼稚園の教員には、法定研修として「初任者（新規採用者）研修」、「10年経験者研修」があるが、私立幼稚園の教員や保育士にも、法定研修の参加を認めている自治体もある。

さらに、公立幼稚園の場合は、各自治体が独自に受講を指定している研修もあり、たとえば行政の強みを生かして幼稚園、保育所の年長児担任と小学校1年生担任を対象に合同の研修を実施し、小学校との連携について研修を行っている自治体もある。

選択（任意研修）には、次のような研修を実施している自治体がある。

・園長、設置者研修　　　・主任保育者研修
・特別支援教育研修　　　・乳児保育研修
・5年経験者研修　　　　・15年経験者研修
・20年経験者研修　　　　　　　　　　　など

## (3) 造形表現指導の研修実施方法と内容

ここでは、実際に造形表現指導の研修を行うための計画と準備についてまとめる。研修の質を高めるためには、担当者のデザイン力が重要な鍵となる。

①**日程の確定**

保育者が研修に参加する際の課題として、「日程の調整」、「時間の確保」、「代替職員の確保」が挙げられる。研修の日程を決めるには、各園の実情に応じて時期や時間、研修方法を工夫する必要がある。幼稚園教員であれば、夏休みは勤務ローテーションの調整が比較的行いやすいが、勤務体系が異なる幼稚園教員と保育士が共に研修する際は、夜間の講座を設けたり、土曜日開催の研修を実施したりするなど、保育者の参加しやすい日程を組むことが求められる。

造形表現指導の研修では、屋外での実施や、光や風、自然を素材にした題材も考えられるため、季節や時間帯を考慮して、講師と日程・時間を調

整する必要がある。

②場所、会場の選定

　研修時間の確保が難しい保育者を考慮して、交通の便のよい、参加しやすい場所にするなども研修を成功させる大切な条件となる。

　研修形態によって準備や留意点が変わってくることがあるので、講師との打ち合わせが必要である。講義の際は、必要な機材（ホワイトボード、プロジェクター、スクリーン、ビデオ）が整っているか。実技演習の場合は、実施する作業を事前に確認し、作業が安全に行える広さや設備があるかを確認する。講義形式からグループ演習、実技演習に移行する場合は、机が移動しやすい会場だと機能的である。

③講師への依頼

　講師は、研修の目的に応じて決めることが大切である。講師を選ぶ際は、候補の講師の専門分野を把握することはもちろん、著書や論文などに目を通して、幼児造形指導における教育観、保育観を理解しておくことも大切である。全国的に活躍されている著名な講師を遠方から依頼することも良いが、地域の教育に理解のある近隣の保育者養成校の教員などに依頼して、継続的に研修にかかわってもらうことも大きな利点がある。

　また、講師を依頼する際には、研修の目的、テーマのみではなく、研修の対象者が若手か管理職かなど、受講者の状況も講師に伝えておくことが必須である。

④研修テーマの決定

　知識などを講師から一方的に受けるのではなく、園や保育者の日頃の課題や疑問を改善するものにしたい。そのためには、研修担当者は、研修前に受講者に造形表現指導に関する課題や、学びたい内容、知りたい情報をヒアリングし、研修テーマを設定すると良い。そのことで、研修者の期待と意欲を高めることができ、より目的に合致した講師を的確に選択、選任できる。

　幼児の造形表現指導の研修で考えられる研修テーマの例を以下に記す。

○**子供の造形表現の理解**

　子供の造形表現を「発達的側面」、「特徴・特質的側面」、「造形的・美的側面」、「心理的側面」の４つの側面から捉え、保育者が多角的に子供を理解できる力を養う（第３章参照）。

○**造形材料の理解と応用**

　材料の可能性を多面的に体験し、保育者の材料の応用力を高め、子供の活動できる幅を広げ、子供の反応に柔軟に対応できる力を養う。

○**造形表現指導の内容と計画の見直し**

　「造形表現指導の内容が、園の伝統や保育者の得意不得意によって偏りがないか」、「造形活動の計画や内容が、行事や作品の完成度に目がいきすぎ、子供たちの発達や多様な興味・関心に応えられず、子供の育ちを保障できない内容になっていないか」、「どのような環境を準備し、保育者が援助すれば、より質の高い活動になるかを見直す」など。

○**造形表現指導における小学校との連携**

　要領等では、保育と小学校の連続性への配慮を強く求めている。造形表現指導において幼児教育と小学校教育を円滑に接続させたカリキュラムを編成する上で必要とされることとは何かを探り、造形表現指導の接続方法を見直す。

### (4) 研修後の振り返り

　次回の研修に生かすために、研修を計画した担当者、研修受講者が研修の成果を振り返ることは重要である。今後の課題を明確にでき、研修を計画した担当者が意図する研修が達成できたかを評価する指標として活用できる。

　研修を計画した担当者は、受講者に研修の成果をアンケートやヒアリングを実施してまとめる。また、アンケート用紙を作成する際は、「はい」、「いいえ」で答える質問だけでなく、受講者がこれまでの自身や研修での学びを振り返るきっかけになるような記述式の確認項目も含めることが大切である。

　たとえば、「自身の中で更新されたことは何か」、「どのような気づきがあったか」、「保育に生かせると思った点は何か」、「今後、受講したい研修内容についての要望」などが考えられる。これらの

アンケートの結果を園内で共有しながら、研修の内容を実践にどう生かしていくか、アイデアを出し合う。また、明日から取り入れられるものと、長期的な計画で取り入れることができるものを話し合いながら整理し、組織的に保育の質の改善に取り組んでいくことが重要である。

アンケートの結果は、講師にとっても客観的に講義を振り返るきっかけになったり、受講者が研修の内容を理解できたかを確認したりすることができるため、厳しい意見があったとしても研修担当者から講師に伝えることが肝要である。

### (5) 記録のまとめと活用

研修の内容を広く活用できる状態にするために、また次の研修の計画に生かせるように、研修の記録をまとめておく。記録の質を保つために、講師、受講者に事前に許可を取り、研修内容を録音、録画する。また、事前に記録用紙の形式を作成し、記録者を複数にしておくとよい。研修の内容と評価を記録として残し、成果を積み上げることが研修の質を上げるためにも大切である。

さらに、記録した内容が講師の意図とずれていないか、理解しやすい表現になっているかを講師、研修担当者に確認する。講師に了解を得れば、記録を冊子にして配布したり、ホームページで公開したりすることも可能である。受講者の振り返りができると同時に、当日受講できなかった保育者にも研修の内容や成果を活用してもらうこともできる。

### (6) 研修後の展望

研修の意義は、受講した本人の成長だけにとどまらず、受講者が学んだことやそれを生かした実践の改善を園全体に波及させて、最終的には園や地域の幼児教育の質を高めることにある。そのために、受講者は研修で学んだ知識や指導方法を自分たちの園や地域の園と合同で実践研究する会を開くなどして、研修を受けていない保育者にも広く共有する機会をつくることが重要である。

また、研修を担当した講師を研修後も継続的に園に招き、教育目標や教育課程、保育課程の編成などを共に見直すことも計画したい。

子供の育ちを願い、保育の質を向上していくためには、保育者は園内で十分に意見を交わし、試行錯誤を繰り返すことが大切である。さらに、園内だけで考えるのではなく、外部からの提案や助言、協力を得て、保育者は保護者や地域、小学校と情報を共有し伝え合ったり、地域の保育者養成校や保育の専門家と研修をしたりしながら、多様な視点で、計画、実施、評価、改善のPDCAサイクルを組織的に繰り返すことが重要である。年間計画、保育案、研修を活用して重層的なカリキュラム・マネジメントの構築を目指したい。

(新實広記)

### 【参考文献】

- Benesse 次世代育成研究所(2011)『保育者研修進め方ガイド―地域の子どもの健やかな成長のために―』
- 保育総合研究会監修(2018)『平成30年度施行 新要領・指針 サポートブック』世界文化社
- 槇英子(2008)『保育をひらく造形表現』萌文書林
- 松岡宏明(2009)「第Ⅱ部 幼児造形教育」、大橋功、新関伸也、松岡宏明、藤本陽三、佐藤賢司、鈴木光男編著『美術教育概論(改訂版)』日本文教出版

### 【資料提供】

- 境港市立保育研究会

# 第8章 領域「表現」と造形

## 学習のポイント

**1** 「幼稚園教育要領」「保育所保育指針」「幼保連携型認定こども園教育・保育要領」における幼児教育(保育)の基本的視点を理解すること。

**2** 保育内容の5領域と造形活動の関連性について把握すること。

**3** 領域「表現」の中に造形活動がどのように位置づけられているか確認すること。

## 第1節　5領域と造形活動

　「幼稚園教育要領」「保育所保育指針」「幼保連携型認定こども園教育・保育要領」には、子供の育ちを見る窓口として5つの視点が示されている。これらの視点は5領域として総称され、「健康」「人間関係」「環境」「言葉」「表現」で構成されている。

　各要領・指針に示されている「領域」は、小学校における教科と同様に扱ったり、特定の経験や活動と対応させたりするものではなく、幼児の生活全体を通して総合的な指導を行うための視点である。すなわち、造形活動においても、これら5つの領域と常に関連させながら考えていく必要がある。

　本節では、5領域の「ねらい」及び「内容」と造形活動の関連についてみていきたい。なお、以下には平成29年に改訂された「幼稚園教育要領」の領域「表現」の「ねらい」及び「内容」の項、「保育所保育指針」の「3歳以上児」の保育に関する領域「表現」の「ねらい」及び「内容」の項、「幼保連携型認定こども園教育・保育要領」の「満3歳以上」の園児の教育及び保育に関する領域「表現」の「ねらい」及び「内容」の項の記述を取りあげている。

　領域「健康」は、「心身の健康に関する領域」である。「ねらい」の一つには、「明るく伸び伸びと行動し、充実感を味わう」とあり、「内容」には、「いろいろな遊びの中で十分に体を動かす」ことや「様々な活動に親しみ、楽しんで取り組む」ことなどが示されている。造形活動は、体全体を使って世界に挑んでいく活動であり、その過程を楽しみ、生きていることの充実感を味わうものである。

　領域「人間関係」は、「人との関わりに関する領域」である。「ねらい」の一つには、「身近な人と親しみ、関わりを深め、工夫したり、協力したりして一緒に活動する楽しさを味わい、愛情や信頼感をもつ」とあり、「内容」には、「友達のよさに気付き、一緒に活動する楽しさを味わう」こと、「友達と楽しく活動する中で、共通の目的を見い

だし、工夫したり、協力したりなどする」こと、「共同の遊具や用具を大切にし、皆で使う」ことなどが示されている。造形活動は、それ自体がコミュニケーションの一種であり、さらに他者との関係を豊かに育み、工夫したり協力したりしながら、表現する楽しさや喜びを与えてくれるものである。

領域「環境」は、「身近な環境との関わりに関する領域」である。「ねらい」の一つには、「身近な環境に自分から関わり、発見を楽しんだり、考えたりし、それを生活に取り入れようとする」とあり、「内容」には、「自然に触れて生活し、その大きさ、美しさ、不思議さなどに気付く」こと、「生活の中で、様々な物に触れ、その性質や仕組みに興味や関心をもつ」こと、「身近な物や遊具に興味をもって関わり、自分なりに比べたり、関連付けたりしながら考えたり、試したりして工夫して遊ぶ」ことなどが示されている。造形活動は、自然を含む身近な環境の中から不思議なものや面白いものを発見し、それを遊びや表現に取り入れ、変化させ、再構築していく活動である。

領域「言葉」は、「言葉の獲得に関する領域」である。「ねらい」には、「自分の気持ちを言葉で表現する楽しさを味わう」や「人の言葉や話などをよく聞き、自分の経験したことや考えたことを話し、伝え合う喜びを味わう」などとある。「内容」には、「いろいろな体験を通じてイメージや言葉を豊かにする」ことや「絵本や物語などに親しみ、興味をもって聞き、想像をする楽しさを味わう」ことなどが示されている。言葉の源になるのは、経験でありイメージである〈ピアジェ（J. Piaget, 1896-1980)やブルーナー（J. S. Bruner, 1915-2016)による〉。造形活動は、それ自体が様々な経験を包含しており、他者との会話を豊かにする役割を果たす。造形活動が言語活動と密接に関係していることは、つぶやきながら描いたりつくったり、あるいは描いたりつくったりしたものについて懸命に話す幼児の姿からも理解できるであろう。

領域「表現」は、「感性と表現に関する領域」であり、造形活動と最も関連していることは言うまでもなく、詳しくは次の節で述べることとする。

以上の通り、造形活動は単に領域「表現」だけに対応する活動ではないことは明らかである。保育者は、設定保育などの場面において材料や道具を準備し、導入を行い、描かせたりつくらせたりすることだけが造形活動であるという限定的な認識をしてはいけない。造形活動は、5つの領域全てに絡んでおり、指導計画を立てる際には、5領域全体との関連を考えながら行うことが重要である。さらに実際の指導や援助の際には、このことを十分に理解した上で、実践していく必要がある。その時にこそ幼児にとっての造形活動の意義が最大限に引き出されるのである。言い換えれば、園の生活や遊びにおけるあらゆる場面に造形活動の要素は潜んでいるともいえよう。

## 第2節 領域「表現」の変遷と課題

領域「表現」は、平成元年改訂の「幼稚園教育要領」、平成2年改訂の「保育所保育指針」において、「感性と表現に関する領域」として編成された。それ以前の「幼稚園教育要領」では「絵画製作」と「音楽リズム」が、「保育所保育指針」では「造形」と「音楽」が保育内容として位置づけられており6領域であった。5領域になったことによって、音楽と造形が総合されて領域「表現」が生まれたように感じるが、そうではない。「表現」とは、『広辞苑』には「心的状態・過程または性格・志向・意味など総じて内面的・精神的・主体的なものを、外面的・感性的形象として表すこと。また、この客観的・感性的形象そのもの、すなわち表情・身振り・動作・言語・作品など。表出。」（第七版/岩波書店/2018）と示されており、人間の日常の活動や生活そのものが表現であると捉えることができる。「客観的・感性的形象」として「表情・身振り・動作・言語・作品など」があげられているように、表現は「造形表現」と「音楽表現」に限定されるものではなく、「身体表現」や「劇的（ごっこ）表現」「言語表現」など

も包含している。その意味では、平成2年の改訂によって、造形や音楽などを含めた表現全般が「表現」として位置づけられたことの意義は大きい。

その後、平成10年及び平成20年の再改訂を経て、平成29年3月に改訂「幼稚園教育要領」が文部科学省から、改定「保育所保育指針」が厚生労働省からそれぞれ告示された。また、平成26年4月には、新たに「幼保連携型認定こども園教育・保育要領」が内閣府・文部科学省・厚生労働省から告示され、平成29年3月に改訂「幼保連携型認定こども園教育・保育要領」が告示された。各要領・指針においては、領域「表現」の名称は、ほかの領域（健康、環境、人間関係、言葉）とともに、そのまま継承されている。

平成29年3月の改正では、幼児教育の内容の整合性を図ることに力点が置かれており、構成においても同一化されている。これに伴って「保育所保育指針」の改正では、「第2章　保育の内容」「2　1歳以上3歳未満児の保育に関するねらい及び内容」を、「幼保連携型認定こども園教育・保育要領」の改正では、「第2章　ねらい及び内容並びに配慮事項」「第2　満1歳以上満3歳未満の園児の保育に関するねらい及び内容」を、それぞれ5領域で表すことになった。

「表現」という言葉には、「表す」と「現す」という2つの意味が含まれている。前者は心の中にあるものが外に表出することであり、表現する行為や過程を指す。後者は実際に姿や形が出現することであり、結果として表現されたものを指している。目に見える形として作品や姿に「現す」ことは、ひとつの手段や方法に過ぎない。目に見えない内的世界を目に見える形として外的世界に「表す」という行為や過程にこそ、「表現」の本質的価値がある。「表現」の意味や重要性を認識することは、保育における造形表現の理解を深めていくための基盤になるといえよう。

幼児の表現は未分化であり、総合的なものである。だからこそ、幼児期には日々の生活を通して、領域の枠を超えた総合的な活動や遊びを意図的かつ計画的に展開していくことが求められる。

## 第3節　領域「表現」と造形

造形に直接、そして最も関連する部分としては、「幼稚園教育要領」では「第2章　ねらい及び内容」の「表現」の項が、「保育所保育指針」では「第2章　保育の内容」の「オ　表現」の項が、「幼保連携型認定こども園教育・保育要領」では「第2章　ねらい及び内容並びに配慮事項」の「表現」の項があげられる。

それぞれの冒頭には、「感じたことや考えたことを自分なりに表現することを通して、豊かな感性や表現する力を養い、創造性を豊かにする」と記されており、これは領域「表現」の目標と位置づけられる。また、各要領・指針には、領域「表現」の「ねらい」が3点示されているが、いずれも同一化されている。

ちなみに、平成29年3月の改正では、これまでの「保育所保育指針」に示されていた「3歳未満児」が「乳児」と「1歳以上3歳未満児」、「幼保連携型認定こども園教育・保育要領」に示されていた「3歳未満児」が「乳児期」と「満1歳以上満3歳未満」に分けられ、それぞれの教育的な観点が明示されるようになった。

「保育所保育指針」の「1歳以上3歳未満児」の保育に関する領域「表現」の「ねらい」の項、「幼保連携型認定こども園教育・保育要領」の「満1歳以上満3歳未満」の園児の保育に関する領域「表現」の「ねらい」の項には以下の3点が、「内容」の項には以下の6点が示されている。

〈ねらい〉
(1) 身体の諸感覚の経験を豊かにし、様々な感覚を味わう。
(2) 感じたことや考えたことなどを自分なりに表現しようとする。
(3) 生活や遊びの様々な体験を通して、イメージや感性が豊かになる。

〈内容〉
①水、砂、土、紙、粘土など様々な素材に触れて

楽しむ。
② 音楽、リズムやそれに合わせた体の動きを楽しむ。
③ 生活の中で様々な音、形、色、手触り、動き、味、香りなどに気付いたり、感じたりして楽しむ。
④ 歌を歌ったり、簡単な手遊びや全身を使う遊びを楽しんだりする。
⑤ 保育教諭（「保育所保育指針」では「保育士」）等からの話や、生活や遊びの中での出来事を通して、イメージを豊かにする。
⑥ 生活や遊びの中で、興味のあることや経験したことなどを自分なりに表現する。

　また、「幼稚園教育要領」の領域「表現」の「ねらい」の項、「保育所保育指針」の「3歳以上児」の保育に関する領域「表現」の「ねらい」の項、「幼保連携型認定こども園教育・保育要領」の「満3歳以上」の園児の教育及び保育に関する領域「表現」の「ねらい」の項には以下の3点が、「内容」の項には以下の8点が示されている。

〈ねらい〉
(1) いろいろなものの美しさなどに対する豊かな感性をもつ。
(2) 感じたことや考えたことを自分なりに表現して楽しむ。
(3) 生活の中でイメージを豊かにし、様々な表現を楽しむ。

〈内容〉
① 生活の中で様々な音、形、色、手触り、動きなどに気付いたり、感じたりするなどして楽しむ。
② 生活の中で美しいものや心を動かす出来事に触れ、イメージを豊かにする。
③ 様々な出来事の中で、感動したことを伝え合う楽しさを味わう。
④ 感じたこと、考えたことなどを音や動きなどで表現したり、自由にかいたり、つくったりなどする。
⑤ いろいろな素材に親しみ、工夫して遊ぶ。
⑥ 音楽に親しみ、歌を歌ったり、簡単なリズム楽器を使ったりなどする楽しさを味わう。
⑦ かいたり、つくったりすることを楽しみ、遊びに使ったり、飾ったりなどする。
⑧ 自分のイメージを動きや言葉などで表現したり、演じて遊んだりするなどの楽しさを味わう。

　なお、「保育所保育指針」の乳児保育に関わるねらいの項、「幼保連携型認定こども園教育・保育要領」の乳児期の園児の保育に関するねらいの項には、「健やかに伸び伸びと育つ」（身体的発達に関する視点）、「身近な人と気持ちが通じ合う」（社会的発達に関する視点）、「身近なものと関わり感性が育つ」（精神的発達に関する視点）の3つの視点が示されている。
　いずれも造形に関連する視点であるが、中でも「身近なものと関わり感性が育つ」には、造形に関連するねらいや内容が多く示されている。冒頭には、「身近な環境に興味や好奇心をもって関わり、感じたことや考えたことを表現する力の基盤を培う」と示されており、「ねらい」の項には以下の3点が、「内容」の項には以下の5点が示されている。

〈ねらい〉
(1) 身の回りのものに親しみ、様々なものに興味や関心をもつ。
(2) 見る、触れる、探索するなど、身近な環境に自分から関わろうとする。
(3) 身体の諸感覚による認識が豊かになり、表情や手足、体の動き等で表現する。

〈内容〉
① 身近な生活用具、玩具や絵本などが用意された中で、身の回りのものに対する興味や好奇心をもつ。
② 生活や遊びの中で様々なものに触れ、音、形、色、手触りなどに気付き、感覚の働きを豊かにする。
③ 保育教諭（「保育所保育指針」では「保育士」）

等と一緒に様々な色彩や形のものや絵本などを見る。
④ 玩具や身の回りのものを、つまむ、つかむ、たたく、引っ張るなど、手や指を使って遊ぶ。
⑤ 保育教諭（「保育所保育指針」では「保育士」）等のあやし遊びに機嫌よく応じたり、歌やリズムに合わせて手足や体を動かして楽しんだりする。

さて、領域「表現」は、各要領・指針には「感性と表現に関する領域」として示されているように、「感性」という側面が含まれている。「感性」とは「価値あるものに気づく感覚」である。内から外へと表していくことを「表現」とするならば、「感性」は観賞・鑑賞といった性格を帯びているといえよう。注意すべき点は、「表現」は能動的で、「感性」は受動的だということではない。松岡 (2009) は、「『表現』も『感性』もどちらも主体的に世界に関わっていく姿勢にほかならない」と指摘しており、「『表現』と『感性』は表裏一体のものであり、乳児に限らず人は、表しながら感じるとともに、感じながら表しているのである」と述べている。領域名が「表現」だからといって、「表す」「現す」という側面だけに捉われてしまうことのないようにしたい。乳幼児が、五感を通して目の前の世界を受けとめ、認識し、感じていることに留意する必要がある。

一方で、各要領・指針に用いられている「美しいもの」という言葉には注意が必要である。松岡 (2009) は、「美しいか美しくないかといった価値判断を保育者があらかじめ下してしまうことはよくない」と指摘しており、「乳幼児期には世界をまるごとそのまま感じさせるように配慮していくことが必要である」と述べている。また、「人工物より自然物の方が子供たちに出会わせるのに価値がある」とか、「リアルに描かれた絵の絵本より、かわいくほのぼのとしたものの方が子供たちは好むに違いない」などの誤った考え方で、子供たちの感性の幅を狭めてしまうことがないようにしたいと主張する。森羅万象あらゆるものや出来事に対してその「センス・オブ・ワンダー（神秘さや不思議さに目を見はる感性）」〈レイチェル・カーソン（Rachel, Carson, 1907-1964）〉を子供と共に磨き続けていこうとする心構えを保育者は常に持ち続けたいものである。「美しいもの」は、あらかじめ世界に存在するものではない。「美」は発見するものであり、「美」を発見することは、自分の生きる世界に新たな価値を見出すことである。

## 第4節 小学校との接続

幼児期の教育は、遊びを中心とした日々の生活を通して、「生涯にわたる人格形成の基礎」を培うことが基本とされている。

平成29年3月に告示された各要領・指針では、生きる力の基礎を培うために育みたい資質・能力として、以下の3点（3つの柱）が示された。

(1) 豊かな体験を通じて、感じたり、気付いたり、分かったり、できるようになったりする「知識及び技能の基礎」
(2) 気付いたことや、できるようになったことなどを使い、考えたり、試したり、工夫したり、表現したりする「思考力、判断力、表現力等の基礎」
(3) 心情、意欲、態度が育つ中で、よりよい生活を営もうとする「学びに向かう力、人間性等」

1つ目の「知識及び技能の基礎」は、基礎的な知識・技能を獲得していく力だけでなく、何を知っているか、何ができるかを認識し、これまでに獲得してきた既存の知識・技能と関連付けたり組み合わせたりしながら、それらを様々な場面で活用していこうとする力も含まれる。「感じる」「気付く」「分かる」「できるようになる」などの資質・能力は、人生を主体的に切り拓いていくための基礎となり、その根幹を担う豊かな体験のひとつが

造形活動である。

2つ目の「思考力・判断力・表現力等の基礎」は、知っていることやできるようになったことを活用しながら、実現したいことや課題に対して自ら思考し、判断し、表現していく力である。これらの力を育むためには、子供たちが解決したくなる課題や問題と出会う場面を意図的に設定することが求められる。既存の知識・技能を組み合わせたり、新たな知識・技能を獲得したりしながら、試行錯誤や創意工夫を重ね、自分なりの表現方法を導き出そうとする遊びや学びの過程を保障していくことが大切である。

3つ目の「学びに向かう力、人間性等」は、上記2つの資質・能力を働かせながら、どのように社会や世界と関わり、よりよい人生を送るかを決定づけていく力である。こうした力を育むためには、様々な物事に対して主体的に取り組んだり、自己の感情や行動を統制したり、自らの思考や発想のプロセスを客観的に捉えたりすることができる協働的な学びの機会が重要であり、造形活動はその機会を多様に含んでいるといえよう。

以上の3点は、子供たちが人生を主体的に切り拓いていくために必要な資質・能力であり、乳幼児期から高等学校までの18年間の育ちと学びを見通しているものである。乳幼児期の教育は、生涯にわたる人格形成の基礎を培っていることを理解した上で、教育・保育の内容や指導方法などを検討していくことが求められる。

また、各要領・指針で示される「ねらい」及び「内容」に基づく活動全体を通して上記3つの資質・能力を育んでいく上で、保育者が指導を行う際に考慮するものとして、「幼児期の終わりまでに育ってほしい姿」（10の姿）が示された。

・健康な心と体
・自立心
・協同性
・道徳性・規範意識の芽生え
・社会生活との関わり
・思考力の芽生え
・自然との関わり・生命尊重
・数量や図形、標識や文字などへの関心・感覚
・言葉による伝え合い
・豊かな感性と表現

これらは、5歳児クラス後半の様々な活動において現れる姿を示しており、保育者が指導を行う際に考慮するものである。幼児期の育ちと学びを小学校以降の教育へと伝えていくための10の視点であって、子供たちを評価するための観点として扱うものではない。したがって、「できている」「できていない」を判断するための達成目標や到達目標ではなく、向上目標であるということに十分留意しておかなければならない。

そして、領域「表現」や造形活動は、10番目に挙げられている「豊かな感性と表現」のみに対応すると捉えられてしまいそうであるが、そうではない。また、「10の姿」の中のいくつかを領域「表現」や造形活動が担うという考え方でもない。領域「表現」や造形活動は、「10の姿」のすべてに深く関わっており、総合的な指導を進めていくことが求められる。小学校との接続にあたっては、幼児期の経験や学びを小学校教育において受け継ぎ、育んでいこうとする共通の理解が必要となる。そのためには、小学校教諭との情報共有や合同研修の機会を設けるなど、具体的かつ継続的な連携が求められる（第7章参照）。

（藤田雅也）

【参考文献】

❖ 大橋功、新関伸也、松岡宏明、梅澤啓一（2008）『造形表現指導法』東京未来大学

❖ 片岡徳雄（1990）『子どもの感性を育む』日本放送出版協会

❖ 槇英子（2008）『保育をひらく造形表現』萌文書林

❖ 松岡宏明（2009）「第Ⅱ部 幼児造形教育」、大橋功、新関伸也、松岡宏明、藤本陽三、佐藤賢司、鈴木光男編著『美術教育概論（改訂版）』日本文教出版

❖ 松岡宏明（2017）『子供の世界 子供の造形』三元社

# 第Ⅲ部 小学校「図画工作」

# 第1章 図画工作科の意義と目標

> **学習のポイント**
>
> **1** 図画工作科の教育的意義について、その要点を整理して理解すること。
>
> **2** 図画工作科の目標について理解すること。
>
> **3** 小学校学習指導要領における図画工作科の内容構成と、その考え方について理解すること。

　かつて西光寺亨は、現在に連なる教育の歩みを「富の時代の教育改革」と位置づけ、「富の時代には愛と平和に生きる子供を育てなさい。」と唱えた。そして、子供の絵やものづくりを念頭に、
　「子どもは、手が情報をあつめます。
　子どもは、手を使って思考します。
　子どもは、手で想を表現します。
　創造する人間を育てるために、
　手の教育をたいせつにしよう。」
と呼び掛けた。

　こうした先人の呼び掛けを前に、現在世界的に注目を集めるSTEAMスティーム教育（Science 科学、Technology 技術、Engineering 工学、Art 美術、Mathematics 数学）同様、想像的・創造的なアプローチの重要性を改めて考える必要性があろう。世界の美術教育やARTに向ける眼差しは明らかに変化してきている。

　このような新しい潮流が見られる中で告示された平成29年告示学習指導要領では、「主体的・対話的で、深い学び」が目指され、小学校においてもアクティブラーニングへの関心が高まっている。しかし、ここで求められるのは単なるアクティブラーニングといった学習方法の工夫・改善レベルのことではない。時代や社会の大きな変化の中、子供主体の「深い学び」を支える教師の教育観や図画工作科学習に対するカリキュラム観が深いものであることが先ず第一に求められるのである。

　1990年代初頭からグローバル化・情報化は叫ばれていたが、スマートフォンが登場した2000年代後半からの変化は著しく、世界は確実に小さくなった。また、人工知能（AI）の進歩は著しいものがあり、シンギュラリティ（Singularity、技術的特異点）という言葉も一般的なものとなってきた。2005年にレイ・カーツワイル（Ray Kurzweil）が"The Singularity Is Near"（『ポスト・ヒューマン誕生』）でその概念を提唱し、2045年にシンギュラリティが到来すると予言した。経験したことのないスピードで人類社会が変化していく中、大きな教育の転換が迫られている。ましてや「人生100年時代」である〈リンダ・グ

ラットン（Lynda Gratton）『LIFE SHIFT―100年時代の人生戦略』、2016〉。誰にも今後の社会がどのようなものになり、子供たちの未来がどんなものになるか分からない時代を迎えたのである。

既知なるものを教え、伝授・伝達するだけの教育は限界を迎え、西光寺の言う「創造する人間を育てるために」どのような教育が求められるのか。その視点に立って、これからの学校教育の目指すところを理解し、深い図画工作科観をそれぞれに構築し、日々の授業改善に取り組みたいものである。

## 第1節 図画工作科の意義

**"教える"から"学ぶ"授業へ**

基礎的な知識・技術など指導すべき内容を伝授・伝達することに重きを置いた受動的な学習指導に対し、図画工作科は児童の自発的・主体的な表現・鑑賞活動を通してつくりだす喜びや新たな価値を子供自らが創造し他者と共有するという教科の特性をもっている（図1・2参照）。

平成29年告示の学習指導要領では、「何を教えたか」ではなく「何ができるようになったか」を問う「"教える"から"学ぶ"」ことを第一義とした授業改善が目指されており、これまで以上に個性を生かした多様で創造的な活動を促し、主体的に学習する授業像・子供像が求められている。

つまり、結果としての作品のみを問題にしたり、○○式といった定型化・マニュアル化したりした伝授・伝達型の教科学習モデルによる授業から脱却した授業改善が真に求められていると言えよう。

そのため、真に教師と児童がパートナーとなってよりよい表現を求めて創造していく創造型の教科学習モデルを推し進めていくことが必要である。ここでは、従来の伝授・伝達型教科学習モデルのように教師と教材が一体化するのではなく、教材と対峙した児童がどのような学習・活動を展開するかを見取り、見守る教師の姿勢が問われる。

**新たな価値を創造する授業へ**

教育フォーラム「2017 Adobe Education Forum」

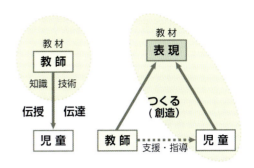

図1 伝授・伝達型の教科学習モデル　図2 よりよい表現を求める創造型の教科学習モデル

において発表された「Gen Z in the Classroom: Creating the Future」により、日本の若者の持つ創造性への認識が各国Z世代の生徒（日本：12～18歳、日本以外：11～17歳）に比してかなり低いことが明らかとなった。「自分たちは創造的である」とした日本の若者はわずか8％であり、各国平均の5分の1という低さとなっている。しかし、この調査の中で、日本の若者や教師も各国の若者・教師同様に「授業では創造性をより重視すべき」と考えていることが明らかとなった。

中央教育審議会答申においても、2030年以降の未来を見据え、「変化の激しい社会の中でも、感性を豊かに働かせながら、よりよい人生や社会の在り方を考え、試行錯誤しながら問題を発見・解決し、新たな価値を創造していく」という子供像を掲げている。

このようなことから、学習過程を通して自ら課題を形成し、資質・能力を育みながら自力で解決し、新たな価値を創造する学習や態度の育成が一層求められているのである。

## 第2節 図画工作科の目標

**三つの資質・能力**

学習指導要領に示された図画工作科教科目標がどのように変わってきているかを確かめてみると、「豊かな情操を培う」、「つくりだす喜びを味わう」ことを大切にしながらも、平成29年告示の学習指導要領においては目標が三つの資質・能力の柱

表1 学習指導要領に示された図画工作科教科目標の推移

| 告示年 | 教科目標 |
| --- | --- |
| 昭和43 | 造形活動を通して、美的情操を養うとともに、創造的表現の能力を伸ばし、技術を尊重し、造形的能力を生活に生かす態度を育てる。 |
| 昭和52 | 表現及び鑑賞の活動を通して、造形的な創造活動の基礎を培うとともに、表現の喜びを味わわせ、豊かな情操を養う。 |
| 平成1 | 表現及び鑑賞の活動を通して、造形的な創造活動の基礎的な能力を育てるとともに表現の喜びを味わわせ、豊かな情操を養う。 |
| 平成10 | 表現及び鑑賞の活動を通して、つくりだす喜びを味わうようにするとともに造形的な創造活動の基礎的な能力を育て、豊かな情操を養う。 |
| 平成20 | 表現及び鑑賞の活動を通して、感性を働かせながら、つくりだす喜びを味わうようにするとともに、造形的な創造活動の基礎的な能力を培い、豊かな情操を養う。 |
| 平成29 | 表現及び鑑賞の活動を通して、造形的な見方・考え方を働かせ、生活や社会の中の形や色などと豊かに関わる資質・能力を次のとおり育成することを目指す。<br>(1) 対象や事象を捉える造形的な視点について自分の感覚や行為を通して理解するとともに、材料や用具を使い、表し方などを工夫して、創造的につくったり表したりすることができるようにする。<br>(2) 造形的なよさや美しさ、表したいこと、表し方などについて考え、創造的に発想や構想をしたり、作品などに対する自分の見方や感じ方を深めたりすることができるようにする。<br>(3) つくりだす喜びを味わうとともに、感性を育み、楽しく豊かな生活を創造しようとする態度を養い、豊かな情操を培う。 |

で示され一見すると大きく変化したように見える（**表1**）。

　この三つの資質・能力の柱による教科目標の整理・構造化は全教科で統一してなされており、平成19年に改正された学校教育法第30条2項に示された学力の要素「習得」「活用」「探求（意欲）」に基づいており、具体的には以下の3つである。
○「習得」知識及び技能（目標の（1）に相当）
○「活用」思考力、判断力、表現力等（目標の（2）に相当）
○「探求（意欲）」学びに向かう力、人間性等（目標の（3）に相当）
　これら三つのどの柱においても、「創造」の2文字が入り、改めて図画工作科は「創造」を担う教科であることを明らかにしている。

**造形的な見方・考え方**
　先の学力の3要素と関連して、廣岡亮三が提案した学力の三層説を見てみよう（**図3**）。廣岡は、学力の中核に「見方・感じ方・行い方」等感性にかかわる点を据えている。
　中央教育審議会答申においても同様に「見方・考え方」を「各教科等を学ぶ本質的な意義の中核をなすものであり、教科等の教育と社会をつなぐものである」と提示している。
　図画工作科においては、これを「造形的な見方・考え方」とした上で「感性や想像力を働かせ、

図3　学力三層説（廣岡亮三）

対象や事象を、形や色などの造形的な視点で捉え、自分のイメージをもちながら意味や価値をつくりだすこと」とし、これまで曖昧になりがちであった図画工作科の意義や本質を明確にし、「なぜ学ぶのか、どのような力が身につくのか」についても明らかにした。廣岡の学力の三層説などのモデルを参考に、具体的な授業像を豊かに描きたい。結果としての作品の出来映えのみに関心を寄せるのではなく、「いいことひらめいた！」「よし、こうしていこう！」といった子供ならではのつぶやきに注目し、感性や想像力を働かせ新たな価値を創造する授業を構想したいものである。
　この題材・授業で、どのような「造形的な見方・考え方」が発揮され、深められ、育まれているのかを評価していく姿勢が教師に求められてい

表2　図画工作科の目標と内容の構成

| 教科の目標 | 学年の目標 (2学年ごと) | 内容の構成 (2学年ごと) ||||
|---|---|---|---|---|---|
| 表現及び鑑賞の活動を通して、造形的な見方・考え方を働かせ、生活や社会の中の形や色などと豊かに関わる資質・能力を次のとおり育成することを目指す。 | (1)「知識及び技能」に関する目標 (2)「思考力、判断力、表現力等」に関する目標 (3)「学びに向かう力、人間性等」に関する目標 | (1) 各学年における、「知識及び技能」に関する目標 (2) 各学年における、「思考力、判断力、表現力等」に関する目標 (3) 各学年における、「学びに向かう力、人間性等」に関する目標 | 領域 | 項目 | 事項 |
| | | | A表現 | (1) 表現の活動を通して、発想や構想に関する次の事項を身に付けることができるよう指導する。 | ア　造形遊びをする活動を通して育成する「思考力、判断力、表現力等」<br>イ　絵や立体、工作に表す活動を通して育成する「思考力、判断力、表現力等」 |
| | | | A表現 | (2) 表現の活動を通して、技能に関する次の事項を身に付けることができるよう指導する。 | ア　造形遊びをする活動を通して育成する「技能」<br>イ　絵や立体、工作に表す活動を通して育成する「技能」 |
| | | | B鑑賞 | (1) 鑑賞の活動を通して、次の事項を身に付けることができるよう指導する。 | ア　鑑賞する活動を通して育成する「思考力、判断力、表現力等」 |
| | | | [共通事項] | (1)「A表現」及び「B鑑賞」の指導を通して、次の事項を身に付けることができるよう指導する。 | ア　「A表現」及び「B鑑賞」の指導を通して育成する「知識」<br>イ　「A表現」及び「B鑑賞」の指導を通して育成する「思考力、判断力、表現力等」 |

るのである。辻田嘉邦は「HOWの視点ではなく、WHATの視点をもつ」ことを説いた。つまり、「いかに指導し表現させるか」よりも「その表現を通して何を学び、何を楽しいとしているか」といった問題意識をもつことの重要性を指摘しているのである。授業内では、この言葉を胸に「子供を探る」ことを大切にしたいものである。

**豊かな生活や社会を創造する**

目標の前文に「生活や社会の中の形や色などと豊かに関わる資質・能力」とあるとおり、図画工作科は楽しく豊かな生活・社会を創造・形成していく基盤となる教科である。子供はその有能な担い手であるという意識を持ち、日常生活の中から子供の本来的な姿や能力を捉え、授業を通して引き出し、十分に育成していく授業づくりが肝要である。子供自身の主体性や能動性に着目し、決して結果としての作品にのみ目を向けることがないように留意しなければならない。

## 第3節　図画工作科の内容構成

前回の学習指導要領で「A表現」を「(1) 造形遊び」「(2) 絵や立体、工作に表す」としてその内容で分けて記していたものを、「(1)「思考力、判断力、表現力等」として発想や構想に関する項目」「(2)「技能」に関する項目」として資質・能力で整理された。そして、それぞれの中に「造形遊び」「絵や立体、工作に表す」という事項を配置している。また、「B鑑賞」は「(1)「思考力、判断力、表現力等」として発想や構想に関する項目」が振り分けられている。

このような新しい構成で整理されてはいるが、その内容に変わりがあるものではない。そこで、本書においても具体的な授業づくりについては「造形遊び」「絵や立体、工作に表す（絵に表す・立体に表す・工作に表す）」「鑑賞」に分けて後述する。

なお、「工作の時数が、絵や立体に表す時数とおよそ等しくなるように計画」するものとされており、工作の時間数を確保することに留意されていることを付記しておく。

（鈴木光男）

**【参考文献】**

❖ 大橋功、新関伸也、松岡宏明、梅澤啓一（2008）『造形表現指導法』東京未来大学

❖ 大橋功、新関伸也、松岡宏明、藤本陽三、佐藤賢司、鈴木光男編著（2009）『美術教育概論（改訂版）』日本文教出版

❖ 追悼文編集委員会　林建造、辻田嘉邦、宮坂元裕（2001）「しなやかな授業論　西光寺亨先生の世界」日本文教出版

# 第2章 図画工作科の学習指導の基本

## 学習のポイント

**1** 図画工作科の学習で期待される資質・能力について整理して理解すること。

**2** 図画工作科の学習で育成すべき造形的な見方・考え方について整理して理解すること。

**3** 共通事項について整理して理解すること。

## 第1節 期待される資質・能力

　学習指導要領では、知・徳・体にわたる「生きる力」を子供たちに育むために、教育課程全体を通して三つの柱で整理された資質・能力の育成を目指すことが示されている。図画工作科の学習において育成を目指すこれらの資質・能力は、相互に関連し合い、一体となって働く性質がある。では、期待される資質・能力の働きとはどのようなものであろうか。学びの様子を「リサイクル動物園に行こう！」の学習におけるA児の姿を例に考えてみる。本題材は身近にある使わなくなったものを活用（リサイクル）して、動物をつくるというものである。

## 第2節 造形的な見方・考え方

　A児は家で見つけた黒いビニールチューブを

表1　育成する資質・能力と目標

| 育成する資質・能力 | 目標 |
|---|---|
| ア　何を理解しているか何ができるか<br><br>生きて働く「知識・技能」の習得 | (1) 対象や事象を捉える造形的な視点について自分の感覚や行為を通して理解するとともに、材料や用具を使い、表し方などを工夫して、創造的につくったり表したりすることができるようにする。 |
| イ　理解していること・できることをどう使うか<br><br>未知の状況にも対応できる「思考力・判断力・表現力等」の育成 | (2) 造形的なよさや美しさ、表したいこと、表し方などについて考え、創造的に発想や構想をしたり、作品などに対する自分の見方や感じ方を深めたりすることができるようにする。 |
| ウ　どのように社会・世界と関わり、よりよい人生を送るか<br><br>学びを人生や社会に生かそうとする「学びに向かう力・人間性等」の涵養 | (3) つくりだす喜びを味わうとともに、感性を育み、楽しく豊かな生活を創造しようとする態度を養い、豊かな情操を培う。 |

大事そうに持ちながら、材料置き場で、でこぼこのある黄色いスポンジを見つけ、「ワニ」をつくること（課題）を思いつく。A児は、ビニールチューブを生かすという自らが設定した課題の解

表2 「リサイクル動物園に行こう！」における資質・能力の働き

| | A児の活動 | 主な資質・能力の働き | つぶやき |
|---|---|---|---|
| | 黒いチューブを大事そうに持って、何をつくろうかと材料置き場を見て回る。 | 学びに向かう力・人間性等（学びの入口での興味、関心） | これを使って、何をつくろうかな。 |
| | 気になった材料を手にとって感触を確かめている。 | 知識・技能（造形的な視点） | でこぼこしてるな。切って使えそうだ。 |
| | スポンジを細く切って、チューブに差し込む。 | 思考力・判断力・表現力等（発想・構想）<br>学びに向かう力・人間性等（発想の喜びとその共有） | ワニをつくろう！<br>友達に「見て！口としっぽができたよ。」 |
| | 胴体の部分を太くしようと材料を探し、紙ひもを見つける。 | 思考力・判断力・表現力等（発想・構想） | ぐるぐる巻いてみよう。 |
| | 紙ひもを巻きつける。 | 知識・技能（創造的な技能）<br>学びに向かう力・人間性等（課題解決への試み） | お腹のふくらんだ感じが出したいな。<br>でも、なかなか太くならないな。 |
| | 小さなタオルを見つけてから、巻いた紙ひもをほどく。 | 思考力・判断力・表現力等（発想・構想の能力） | あっ！いいこと思いついた。これでやったらどうかな。 |
| | チューブの上にタオルを巻き、その上に再度、紙ひもを巻きつける。 | 知識・技能（創造的な技能）<br>学びに向かう力・人間性等（課題解決への試み） | だいぶ太くなったぞ。<br>でも、まだちょっと違うな。 |
| | 製作途中の鑑賞タイム<br>友達と活動を交流する。 | 学びに向かう力・人間性等（対話による課題の明確化） | もっとお腹のふくれた感じがだしたいな。 |
| | プチプチ（気泡緩衝材）を見つける。 | 思考力・判断力・表現力等（発想・構想） | 違う材料でやってみたらどうかな。 |
| | 紙ひもをほどき、再度プチプチを巻いてから、紙ひもを巻き始める。 | 学びに向かう力・人間性等（課題解決への試み） | でも、まだ、思った感じにならないな。 |
| | プチプチを二等辺三角形に切ってから巻いて、ふくらみを表そうとする。 | 知識・技能（創造的な技能）これまでに得た知識や技能を活用し、さらに高める。 | あっ！いいこと思いついた。<br>友達から「すごい」と褒められ「お母さんとクロワッサンをつくった時のことを思い出した。」と答える。 |
| | 針金と厚紙で足をつくる。 | 学びに向かう力・人間性等（対話による学びの共有） | |
| | 一度つくった足やプチプチを外す。 | 思考力・判断力・表現力等（発想・構想） | もっと、ワニの感じが出したいな。あっ、そうだ！ダンボールでやってみよう。 |
| | プチプチに替えて（片面）段ボールでやってみた。 | 知識・技能（創造的な技能） | 段ボールは色もワニらしいぞ。 |
| | 紙の筒を切って、ワニの目をつくる。その後、足も外し、ダンボールも外す。 | 思考力・判断力・表現力等（発想・構想）<br>学びに向かう力・人間性等（課題解決への試み） | あっ、もっといいこと考えた！ |
| | 片面段ボールを手で揉んで、シワをつくった。 | 知識・技能（創造的な技能）これまでに得た知識や技能を活用し、さらに高める。 | シワをつくったら、もっとワニの感じが出るぞ。前に、段ボールで岩をつくったのを思い出した。（指導者にたずねられて） |
| | （授業終了のチャイム） | 学びに向かう力・人間性等（次の学習に向けての意欲） | 早くこの続きがやりたいな。 |

〇数日後に…
後日、その学校の先生がA児からの預かり物として、黒いビニールチューブにスポンジの口と尾をつけたものを届けてくださった。活動を観察しながらメモをとっていた筆者について「きっと、やりたかったのだと思う。」と捉えたA児は、次のような伝言と共に、プレゼントしてくれたのである。
「ぼくは、十分に楽しんだので、プレゼントします。ほかの材料は自分で見つけてください。そこが一番楽しいんだから。」（学びに向かう力・人間性等）
…このコメントとともに、「ワニの胴体」は筆者の宝物となった。

決に向け、材料置き場にある様々な材料を手に取って、色や形、質感などの特徴を捉えつつ自分らしい見方を試しながら、つくりたいもののイメージをふくらませている。そしてそのイメージを具現化するため、まず、ワニのお腹のふくらんだ感じを表現しよう（次の課題）と考えた。はじめに紙ひもを巻きつけて膨らみを表そうとするが、その結果に納得できず、巻きつけた紙ひもを一旦外し、タオルを巻いた上に、再度紙ひもを巻くことを試みる。それでも満足できず、タオルをプチプチ（気泡暖衝材）に替えてやってみる…。これら一連の姿から、A児が常に「感性や想像力」を働かせて活動していることが分かる。つくりたいと思うイメージを具現化するために、感性や想像力を働かせながら、活用できる材料はどれか、一つ一つの材料を形や色などの造形的な視点（見方）で捉えつつ吟味するとともに、それをどのような方法で活用するか造形的に思考（考え方）しているのである。A児が学習のはじめで持ったつくりたいもののイメージは、固定したものではない。製作途中の自分の作品を立ち止まって振り返り、「まだ、思った感じにならないな。」とつぶやいた後に、ワニの胴体を紡錘形にする（次の課題）と自分のイメージに近づくことに気づく。同時に、家庭でパン（クロワッサン）をつくった時に、二等辺三角形の生地を巻いて、紡錘形にしたこと（知識・技能）を思い出し、プチプチ（気泡暖衝材）でやってみると満足する形になったのである。そして、次にワニの足を針金と厚紙でつくるが、プチプチ（気泡暖衝材）の色や質感に納得できず、片面段ボールで試してみる…。

これらの活動から、A児が「もっとこんなふうにつくりたい」という造形に対する思いと自らが次々に設定する課題の解決に向けて、持っている資質・能力を十分に働かせながらそれらを伸ばし、そうすることで「造形的な創造活動の基礎的な能力」を高めていることが分かる。また、自分らしい表し方や見方を試しながら、次々と新しい意味や価値をつくりだしている。そしてその過程で自分の可能性を発揮したり、自分のよさを感じたりしている。つまり「つくりだす喜び」を味わっているのである。

# 第3節 共通事項

## (1) 共通事項とは

共通事項は、表現および鑑賞の活動の中で、共通に必要となる資質・能力である。指導者が、子供たちの活動を具体的に捉えて指導するための視点となる指導事項である。

平成29年告示の学習指導要領ではその内容を、ア　自分の感覚や行為を通して、形や色などの造形的な特徴を理解する「知識」の育成に関するものと、イ　様々な対象や事象について自分なりのイメージをもつ「思考力、判断力、表現力等」の育成に関するものとに整理されている。（表3）

子供は、材料に出会うと、見た感じや触った感じから、これまでの体験をもとに、その造形的な特徴を直感的に捉える。前述のA児が家で黒いビニールチューブを見つけた時に、形や色、手触り、曲げた時の感じを捉えて、何かつくれそうだと捉えたのがそれである。これは、「ア　自分の感覚や行為を通して、形や色などの感じが分かること。」（知識）の事項である。また、次にそのビニールチューブと組み合わせる材料を探している時に、黄色いスポンジを見つけ、「ワニがつくれ

表3　共通事項

| | | 共通事項 |
|---|---|---|
| | | 〔共通事項〕(1)「A表現」及び「B鑑賞」の指導を通して、次の事項を身に付けることができるよう指導する。 |
| ア | 低 | 自分の感覚や行為を通して、形や色などに気付くこと。 |
| | 中 | 自分の感覚や行為を通して、形や色などの感じが分かること。 |
| | 高 | 自分の感覚や行為を通して、形や色などの造形的な特徴を理解すること。 |
| イ | 低 | 形や色などを基に、自分のイメージをもつこと。 |
| | 中 | 形や色などの感じを基に、自分のイメージをもつこと。 |
| | 高 | 形や色などの造形的な特徴を基に、自分のイメージをもつこと。 |

表現及び鑑賞の活動において共通に必要となる資質・能力である〔共通事項〕を、「知識」と「思考力、判断力、表現力等」の観点から整理して示す。

そうだ。」と、つくりたいもののイメージを持った。これは、「イ　形や色などの感じを基に、自分のイメージをもつこと。」（思考力、判断力、表現力等）の事項である。このような、形や色などの特徴を捉えたりイメージを持ったりする力は、造形活動の基となるとともに、将来にわたって、対象を捉え、主体的に思考し、判断してコミュニケーションしていく力のもとになると考える。

## (2)「引き出し」

それまでに得た知識や技能を、自分の思いを表すために、あれやこれやと試したり、そのときの状況に合うように組みかえたり、組み合わせたりしながら新しい知識や技能を身に付けていく過程を、「引き出し」の中に収納されたものに例えると次のようになる。普段は「消す」ために使う「消しゴム」も、たとえばコンテを塗り重ねたところを消す（消してかく）ことにより、形を表すことができる。（図1）このような体験をした児童は、消しゴムのこれまで気づかなかった生かし方を知る。学習が終わって「引き出し」に戻された時には「消しゴム」には新たな価値が加えられている。それは単に「消してかく」という技法としてだけでなく、たとえば、表された線のやわらかさなど、子供自身が納得した「よさ」とともに、次の出番を待つことになる。そして、また別の場面で、生かされるのである。

先に述べたA児の活動でも、ワニの胴体の質感を表現するのに、以前使った片面段ボールのことを思い出し、「引き出し」から取り出して使っている。そして、他の題材で体験し、そのよさに納得して別の「引き出し」の中に入れておいた「丸めてシワをつくる」という表し方と組み合わせたのである。そして、その自然な感じに自分でも満足した。

このように、「引き出し」から出し入れされるごとに、たとえば一つの技法は、より発展的で創造的な技能としてその価値を高め、また一つの材料はその子供にとってのさらに可能性を高めたものになっていくのである。

さらに「引き出し」の中身は様々なものが考え

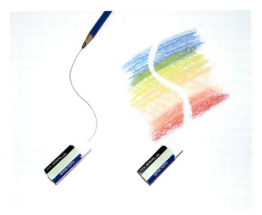

図1　「消してかく」

られる。たとえば、子供たちにとって造形表現活動の中で特に魅力的な素材である「動き」もその一つである。ビー玉の転がる姿や、風にたなびくカラーテープ、そしてクランクなどの仕組みによってつくりだされる楽しい動きなどである。場所や風景、風や雨などの自然現象、地域の職人さんの仕事ぶりなども考えられる。

共通事項に示された「知識」と「思考力、判断力、表現力等」はこれら様々な引き出しの中心となるものである。図画工作科の指導にあたっては、これら「引き出し」の中のこれまでの身に付けた資質・能力を様々な場面で活用することで、それを一層充実したものにすることが重要である。

（藤本陽三）

## 【参考文献】

- 文部科学省（2018）『小学校学習指導要領解説図画工作編』日本文教出版
- 大橋功、新関伸也、松岡宏明、藤本陽三、佐藤賢司、鈴木光男編著（2009）『美術教育概論（改訂版）』日本文教出版

# 第3章 図画工作科の指導計画と評価

**学習のポイント**

**1** 図画工作科の指導計画を立てる際には、どのようなことを考えて構想するのかを理解すること。

**2** 「小学校学習指導要領」を参照しながら、指導計画を作成する上での留意点を押さえること。

**3** 図画工作科における題材構想の仕方と、それに基づく本時の学習過程、評価の仕方について理解すること。

## 第1節　図画工作科の指導計画

**指導計画とは**

　指導計画は、教科の目標や各学年の目標の実現を目指し、各学年での資質・能力の育成に向けた指導を充実させるために作成するものである。

　小学校においては6年間を見通して作成する「年次計画」、各学年の1年間の「年間指導計画」、そして題材ごとの指導計画「学習指導案」などがある。これまでは、どちらかと言えば「何を学ぶか」という学習内容を重視して表記がなされてきた。しかし、平成29年告示の学習指導要領では、全ての教科で育成すべき資質・能力が三つの柱に整理され「何を学ぶか」だけではなく、その学習を通して子供が「何ができるようになるのか」ということが重視されている。図画工作科では、すでに平成20年告示学習指導要領から「何ができるようになるのか」を目指した授業を重視してきている。たとえば、お話の好きな場面を想像して描く「大すきなものがたり」という題材の学習を通して、子供は「発想や構想の能力」「創造的な技能」といった資質・能力を働かせて、それらをさらに高めているのである。

　つまり、図画工作科の指導計画を立てる際に最も大切なことは、図画工作科の授業を通して、子供にどのような資質・能力を育むのかということを明らかにすることである。もちろん、各学校にはそれぞれの教育目標があり、それを実現させるために、各教科の授業が行われているのであるから、学校で目指している子供像の具現化に向けて図画工作科が果たす役割を常に考えながら指導計画を立てることが大切である。その上で教師は、「何のために図画工作科を学ぶのか」ということを常に問い続けながら授業を行いたいものである。

**何のために学ぶのか**

　先述したように平成29年告示の学習指導要領では、全ての教科で目標の書き方が統一された。柱書には「何のために学ぶのか」が明記されている。これまでも教師は、子供にこんな力を付けた

い、こんなことができるようになってほしいという願いを持って年間指導計画を立て、題材を選び構想をしてきた。それは単に、1年を通して造形遊び、絵画、立体、工作、鑑賞といった活動をバランスよく配置すればよいということではない。そこには、各学校の子供の実態がまずあって、図画工作科の授業を通じてその子供たちに、こんなことができるようになってほしい、こんな力を付けたいという教師の子供に対する願いが込められているのである。

　学習指導要領の教科目標柱書には「表現及び鑑賞の幅広い活動を通して、造形的な見方・考え方を働かせ、生活や社会の中の形や色などと豊かに関わる資質・能力を次のとおり育成することを目指す」とある。つまり図画工作科を何のために学ぶのかは、「生活や社会の中の形や色などと豊かに関わるため」であるとされている。指導計画を立てる際には、まずこのことを念頭におき、そのために「知識及び技能」「思考力・判断力・表現力等」「学びに向かう力・人間性等」の資質・能力を育てているということを理解する必要がある。

### どんな力をつけるのか

　さらに三つの資質・能力の中身を見ていけば、たとえば「知識及び技能」については、〔共通事項〕アと技能に関する事項である、というように学習指導要領で該当する学年の指導事項を確認することが大切である。

　指導計画の作成にあたっては、まず年間指導計画の各題材の中でどのような指導ができるのかを学習指導要領の各学年の指導項目や指導事項を確認しながら題材の配列を考えていく必要がある。大切なのは教師が描かせたい絵や、つくらせたいものをつくらせるのではなく、子供が主体的に資質・能力を働かせて取り組み、力を伸ばしていける題材であるかどうかということである。

### 指導計画作成上の留意点

　指導計画を作成する上で、教科書会社が提供する年間指導計画や教科書題材を参考にするが、各学校における児童の実態をどのように把握しているのか、という点で教師の果たす役割は非常に大きい。それは、「社会に開かれた教育課程」を実現していくにあたって、図画工作科の可能性がますます期待されているからである。たとえば、地域の環境、歴史や人材を生かした題材構想であったり、地域の行事と関連付けた題材にしたり、地域の施設（博物館や美術館など）と連携して題材を開発したりするなどが考えられる。児童の学びを教室の中で閉じさせることなく、児童が造形的な視点をもって生活や社会の中の形や色などに、豊かに関わっていけるように、教師は常に創意工夫して題材開発に取り組む存在でありたい。

### 〔共通事項〕の取り扱い

　学習指導要領解説では、第3章　指導計画の作成と内容の取り扱いの中で〔共通事項〕の取り扱いについて次のように示されている。

> 　第2の各学年の内容の〔共通事項〕は表現及び鑑賞の学習において共通に必要となる資質・能力であり、「A表現」及び「B鑑賞」の指導と併せて、十分な指導が行われるよう工夫すること。

　〔共通事項〕は児童の資質・能力の働きを具体的に捉え、育成するための視点となるものである。たとえば、題材の中で児童が、何に着目して発想しているのか、それは形であるのか色であるのか、どういった造形的な視点に気づいたのか、どのような造形的な視点をもってイメージをしたのか、というように、教師が児童の働かせている資質・能力を見取る際の重要な視点となる。したがって、指導計画の作成にあたっては、年間指導計画の中の各題材において、児童が〔共通事項〕に示された資質・能力を働かせながら、それを伸ばすことができるかどうかを考えなければならない。その具体については、学習指導要領解説第4章　指導計画の作成と内容の取り扱い　2内容の取り扱いと指導上の配慮事項の中の、〔共通事項〕(1)アの指導に示されている。〔共通事項〕(1)アは、「知識」に関する指導事項である。それは形や色などの名前を覚えるような知識ではなく、児童一人一人が自分の感覚や行為を通して理解するものでなければならない。各学年の題材において、児童が

何について気づき、何を捉えることができるのかどうかを、年間指導計画や、各題材の指導計画の中に明記し、意識して指導を行う必要がある。

**他教科や幼児教育との関連**

学習指導要領解説では、第3章 指導計画の作成と内容の取り扱いの中で〔共通事項〕の取り扱いについて次のような一文がある。

> 低学年においては、第1章総則の第2の4の（1）を踏まえ、他教科等との関連を積極的に図り、指導の効果を高めるようにするとともに、幼稚園教育要領等に示す幼児期の終わりまでに育ってほしい姿との関連を考慮すること。特に、小学校入学当初においては、生活科を中心とした合科的・関連的な指導や、弾力的な時間割の設定を行うなどの工夫をすること。

ここでは、低学年の他教科等との関連や幼児教育との関連を示した上で、特に小学校入学当初における教育課程編成上の工夫について示している。このように図画工作科においては、他学年でも育成を目指す資質・能力を明らかにした上で題材を選択する時期を他教科との関連で考えたり、図画工作科でつくったものを他教科の時間で使ったりするなどが考えられる。また他教科での学習において、自然や社会などの経験を造形的な発想に生かすことなども考えられる。

## 第2節 図画工作科の学習指導案

学習指導案は、年間指導計画に位置づけられた各題材についての具体的な計画案である。それは、目標の具現化に向け、児童の実態を把握し、どのような題材を通して、どのような資質・能力を育成するのかを明確にした、題材ごとの指導計画である。なお、他教科などでは一定の教育内容のまとまりである教材を「単元」として表すことが多い。これらは、大単元、中単元、小単元といったように分節化できるものである。図画工作科では、分節化せず「学習活動のまとまり」として材料や用具、目標や計画など一体化して捉えることが多いため「題材」とすることが一般的である。単なる作品や教材のみを示すものではないので、「風景画」や「鉛筆立て」などは「題材」とは言えないものである。

学習指導案の形式は特に決められたものはない。その表記の仕方については授業者の授業構想がより伝わりやすいように工夫することが望ましい。また、各学校で行われている校内研修のテーマや手立てなどに沿って書かれることも多く、各学校で表記の仕方をある程度統一している場合もある。ここでは、記述されるべき内容（項目）の一般的なものを以下にまとめる。

- 指導教科名「図画工作科学習指導案」
- 授業者名

1 指導学年学級名（人数）
2 授業日時
3 場所
4 題材名

題材名は、児童が「やってみたい」「こんなことができそうだ」と意欲を喚起させるものが望ましい。

5 指導事項と内容

ここで言う指導事項とは、学習指導要領に示された指導事項のことである。この題材を通じて子供にどのような資質・能力の育成を目指すのかを明らかにするために、構想段階でまず指導事項を確認し、指導案上に明記しておく必要がある。また、本題材で児童がどのような造形的な視点に気づいたり、どのような視点をもつことができたりするのかを明らかにするために、〔共通事項〕についても示しておくとよい。

6 材料・用具

準備する材料・用具を書く。児童が準備するもの、教師が準備するものに分けて書くこともある。

7 題材設定の理由

この部分は、指導案で特に重要となる部分である。児童のよさやここまでに培われた資質・能力についてどのように把握しているか、この題材を通じてどのような資質・能力を育むことができるのか、そしてそのためにはどのような指導をして

いくのかという一連を明確にするのである。

(1) 児童観

「児童はもともと自ら学ぶ力をもった存在である」という肯定的な児童観が大前提である。「何事にも意欲を示さない」「自分の思いを表現できない」など、足りない部分やできていないことに目を向け、児童のことを一面的、断定的に捉えることは教師としてあるべき姿ではない。児童はどの子もよさや可能性をもった存在であり、教師はそれを引き出して高めることが授業づくりの基本である。したがって、日頃から児童に寄り添い、児童の発達段階、関心の傾向、これまでに学んだ題材やそこでどのような資質・能力を身に付けているのかなど、この題材に取り組む前の実態を授業者として分析しておく。その中でたとえ、児童にとってマイナスな課題と思われることがあっても、児童の育っている環境や状況などを踏まえて、この題材を通してどう解決に向かうのかを構想したい。児童は一人一人が伸びていく存在であるという温かな教師の見取りが、児童の資質・能力を引き出し高めることにつながるのである。

(2) 題材観

上記(1)で示した児童の実態の上にたって、本題材がどのような教育的意義を持つのか、題材の価値などについて記述する。また、学習指導要領の指導事項を確認し、本題材の中で児童がどのような資質・能力を働かせることができるのかを明らかにする。その際たとえば、造形遊びであるのか、絵や立体なのか、同じ表現領域でも育成を目指す資質・能力には違いがあることに注意し、児童の活動を具体的にイメージする必要がある。

(3) 指導観

先の(2)で示した教師が期待する一人一人の児童の資質・能力の働きを具現化するために、教師はどのような指導をしようとしているのかを書く。まずは、全ての児童がおおむね満足できると判断できる状況(評価規準)に至るようにするための具体的な指導の手立てや、支援の方法を記述する。その際、一人一人の児童のこれまでの題材での姿を思い浮かべながら、題材の中で児童が悩んだりつまずいたりする場についても予想しておくべきである。

## 8 題材の目標

題材全体を通して児童が具現化する目標について焦点を絞って書く。育成を目指す資質・能力に分けて書く場合と、まとめて書く場合がある。いずれも文末表現に注意して「工夫する」「味わう」など、児童が資質・能力を発揮した姿をイメージできるような表現にする。

## 9 題材の評価規準

学習指導要領における育成を目指す資質・能力に対応させて、「知識及び技能」「思考力・判断力・表現力等」「学びに向かう力・人間性等」それぞれの評価規準を作成する。

## 10 題材の指導計画

この部分は、その題材における児童の活動の流れと、教師の指導の計画が示される、指導案の中心となる部分である。最も重要なことは、児童が自分の資質・能力を存分に発揮できるように題材を構想していくことである。作品を仕上げることが目的になってしまったり、教師の指導のみで児童に自由に考えさせる場面がなかったりすることは避けたいものである。具体的に言えば、児童がやってみたくなるような導入の場面、題材との出合い、一人一人の児童の発想が生かされる場面、困難にぶつかる場面、仲間と対話したり、協力したりする場面など、児童の学習の様子を具体的にイメージしながら構想していくとよい。

## 11 本時の指導

(1) 本時の目標

題材の指導計画における、どのような場面であるのかを考えた上で、題材の目標を達成するために、本時児童がどのような活動を通して、どのような資質・能力を身に付けるのかを設定する。本時の目標は、観点別に書くが、1時間の中で資質・能力が発揮されているかどうかを見取るため、観点にして1つか2つが適当である。

(2) 本時の展開

本時の授業展開について学習過程(導入、展開、まとめ)について教師の投げかけと児童の様子を

中心に、具体的に記述する。特に大切なのは、どのような活動をさせるのかということ以上に、本時で設定した目標である資質・能力を発揮することができた児童の姿を、展開の終末やまとめの場面に具体的に書くことである。この部分を具体的にイメージできていれば、その姿に向かって、児童が何に気づけばよいのか、どんな視点をもって考えればよいのかが明確になってくる。したがって、活動内容や教師の指導も焦点が絞られるのである。また、指導上の留意点や、評価規準、評価方法も書いておく。おおむね満足できる状況に至らないと予想される児童への具体的な支援についても書いておく。

## 第3節　実際の授業

次頁に実際の指導案と授業を例示する。先の説明と合わせて理解を深め、実際の授業の流れに即して指導・支援と評価について述べていく。

**指導・支援と評価**

そもそも評価とは何か。それは、教師が付ける子供の点数のことではない。私たちは児童に資質・能力を育むために、指導計画を立て、題材を開発している。しかし、その題材によって児童に確かに資質・能力が育まれたのかどうかを振り返り、その度に児童のために授業の質を改善・向上させていかなければならない。つまり評価とは、学び手である子供にとっては何ができるようになったのかを知ることができるものであるし、授業者にとっては授業をどのように改善・向上していくかを考えるための資料となるのである。この意味で、指導・支援と評価は表裏一体のものである。

このことを踏まえながら、次頁の具体的な指導案を参照いただきたい。

**形成的評価とは**

評価は大きく分けると、総括的評価と形成的評価になる。前者は学期や単元（題材）の終了時に行うものであり、後者は学習過程において修正の必要な部分を授業者が把握するために行うものである。学び手である子供の立場に立って言うならば、授業が全て終わってから評価を受け「もっと勉強をがんばらなくてはいけない」と思っても、自分のどこをどう改善していけばよいのかわからない。児童も、どこをどうすればもっとできるようになるのかを知りたいのである。他教科の例をあげると、単元の途中に行う小テストや授業の最後に書くまとめなどがそれにあたる。教師は一人一人の学習状況を把握し、次の時間の指導に生かすことができる。

図画工作科の授業ならば、たとえば、発想や構想段階で、児童が行っている活動を見取ること、製作途中の対話などで児童の思いを知ること、児童一人一人の表したいものを知ること、アイデアスケッチの内容なども評価の材料となりうる。これらの資料から、教師は児童の思いや考えを把握し、児童がさらに主体的に資質・能力を発揮できるような手立てを講じることができるのである。

**図画工作科の評価の実際**

図画工作科の研究授業が行われる時に、次のような質問を受けることがある。「図画工作科の評価はどのように行うのですか。」「図画工作科では、子供の何を見取ればよいのですか。」などである。このような疑問が湧いてきた時こそ、まず、図画工作科で育成を目指す資質・能力を確認すべきである。しかし、このような質問が生まれる以前に、子供の作品に教師の価値基準で良し悪しを付けることで評価をしたと勘違いをしている指導者がいたことも事実である。大切なのは、指導も評価も子供のためであると考えることである。

まずは、図画工作科で育成を目指す資質・能力を確認した上で、その題材では具体的に「何ができるようになるのか」を、子供の姿で思い描くことが評価のスタートとなる。そして資質・能力を存分に発揮している題材終盤の子供の姿に向かって、題材の各時間では特にどの資質・能力の発揮を期待するのか、具体的に子供の行為として評価規準を設定する。観点ごとに設定し、「おおむね満足できる状況」（B評価）を示す。評価規準の設定にあたって、参考にするのが「学習指導要

図 画 工 作 科 学 習 指 導 案

指導者 ○○○○

1　学年・組：第3学年　組（男子○名、女子○名、計○名）
2　日時：○○○○年○月○日（○）第○校時　場所　図工室
3　題材名：カラフルフレンズ　〜28ぴきのなかまたち〜
4　指導事項と内容：A表現（1）イ、A表現（2）イ、B鑑賞（1）ア、〔共通事項〕ア、イ
5　材料・用具：画用紙　カットペーパー　発泡スチロール　発泡ウレタン　おはな紙　段ボール　アルミ箔　折り紙　ビニル袋　セロハンテープ　はさみ　のり　等
6　題材設定の理由
（1）児童観
　3年○組の子供たちは、素直で明るく活発であり、殆どの児童が図工を好きと答え、特に絵の具に関心を持っている。色に興味がある児童が多いと思われる。2年生の時には形からの想像「何になるのかな」という題材で思いついた絵を描く学習を楽しんだ。この学習では何度も描く中で自分のオリジナルなものを見つけ、友達との違いに目を向けるような姿も見られるようになっていた。
（2）題材観
　本題材は、身近にある紙などを使って自分の友達をつくる中で一人一人が創造的に学習を展開するものである。ビニル袋に様々な色の紙を詰めていくという行為は、子供たちにとって取り組みやすく、また偶然性や意外性を伴って楽しめるものであろう。袋に詰める紙の量により大きさも変化させることができ、いくつかのかたまりをつなぐことでイメージが膨らみ自分ならではの表現につながっていくことが期待できる。最後に作品をお気に入りの場所に連れて行き撮影することで本題材の価値を共有できるようにする。
（3）指導観
　子供にとって身近な素材である紙の質感や色の組み合わせを楽しみ、どうしたら自分のイメージした形ができるのかと工夫することによって、自分だけのオリジナルな「友だち」を生み出すようにしたい。形や色という造形的な視点から「やさしい○○」とか「かわいい△△」などどんな友達にしたいのか子供の思いを十分に引き出したい。できあがる作品が立体であるということも魅力的で、子供は自分の生み出した「友だち」を大事に抱えたり、仲間と鑑賞しあったりして、自分の作品に対する愛着もわくのではないかと思われる。題材の最後には、お気に入りの場所に連れて行き写真を撮ることで鑑賞できる場を工夫し、自分や仲間の作品のよさをじっくり味わえるようにしたい。
7　題材の目標
・袋や紙など材料の造形的な特徴に気づき、それらの違いを生かして工夫して表している。
（知識及び技能）
・自分のつくりたい「友だち」のイメージを考えたり、材料の質感や色の組み合わせなど造形的な特徴をもとに仲間の作品のよさについて気づいたりしている。
（思考力、判断力、表現力等）
・様々な紙や袋などを使って表現を工夫し自分の「友だち」を進んで表そうとしたり、自分がつくった「友だち」にぴったりの場所を楽しんで探そうとしたりしている。
（学びに向かう力、人間性等）
8　題材の具体的評価規準

| 題材の評価規準 | 評価規準 | 「十分満足」と判断できる状況 | 努力を要する状況への手立て |
| --- | --- | --- | --- |
| 〔観点1〕知識及び技能 | ・袋や紙などの造形的な特徴に気づいている。<br>・色紙やビニル袋などの造形的な特徴の違いを生かして工夫して表している。 | ・袋や紙などの造形的な特徴や、それらを組み合わせた面白さに気づいている。<br>・袋や紙などの造形的な特徴の違いを生かして、自分の表したいものを工夫して表している。 | ・袋や紙などの造形的な特徴の違いや面白さに気づけるよう、できるだけ多くの材料に触れさせる。<br>・形や色の組み合わせを共に考えたり、対話しながらイメージを共有したりする。 |

| 〔観点2〕<br>思考力、判断力、表現力等 | ・自分のつくりたい「友だち」のイメージを考えている。<br>・袋や紙の質感・色などの造形的な特徴をもとに、仲間の作品のよさを感じている。 | ・袋や紙の質感や色の組み合わせから自分なりのイメージをもち、より楽しくなるようつくりたいものを考えたり、仲間の作品のよさについて材料の特徴をもとに気づいたりしている。 | ・つくりたいもののイメージがもてるように、対話を繰り返したり、参考作品や資料から袋や紙など材料の特徴を生かした表現の工夫に気づかせたりする。 |
|---|---|---|---|
| 〔観点3〕<br>学びに向かう力、人間性等 | ・様々な紙や袋を使って自分のつくりたい「友だち」を表そうとしている。<br>・自分がつくった「友だち」にぴったりの場所を探そうとしている。 | ・袋の大きさの違いや紙の色・質感の違いを楽しみながら、表したい「友だち」を表そうとしている。<br>・自分がつくった「友だち」を使って仲間と話をしたり、お気に入りの場所を探したりしている。 | ・紙の色や、質感の違いに気付かせ、袋に入れたときの感じを共に考える。<br>・できあがった「友だち」のよさを具体的に価値付けたり、児童と共にお気に入りの場所を探したりする。 |

9 題材の指導計画（全6時間）

| 時 | 学習活動 | 指導上の留意点 | 評価規準と評価方法 |
|---|---|---|---|
| 1<br>2 | ・色紙を様々な形に変化させ、触感や見た目の違いを味わう | 教師と共に色紙やビニル袋のいろいろな使い方を発見する。また、発見した使い方の面白さを友達と共有することで、次の活動に意欲をもたせる。 | 〔観点1〕（知識）<br>〔観点3〕<br>児童の観察、児童との対話、振り返り |
| 3<br>4 | ・袋を組合せたり、色紙の組み合わせを考えたりして、「友だち」のイメージをもつ<br>・つくりたい「友だち」のイメージを考えながら、袋の形や色紙の組合せを生かして表す | 導入の学習後、材料集めをする。第3時では、用意してきた材料を使いながら、自分のイメージしたものを形に表しながら、つくり出していく。<br>導入の時間で確認した「面白い『友だち』をつくるための視点」を参考にし、友達の作品の工夫の面白さを発見する。そして、自分の作品に生かせるようにする。 | 〔観点1〕（技能）<br>〔観点3〕<br>児童の観察、デジタルカメラでの撮影、作品、振り返り |
| 5<br>6 | ・「友だち」にぴったりな場所を探しに行き、写真を撮り、展覧会を行う | 作品に愛着を持つために、自分の作品にぴったりな場所を探すことを楽しもうとする。<br>自分や友達の作品を見ながら、様々な色や形の組合せや、材料の使い方などよさや楽しさを話し合わせる。 | 〔観点2〕（発想）（鑑賞）<br>〔観点3〕<br>児童の観察、児童の発言、デジタルカメラでの撮影、作品、振り返りカード |

10 本時の指導（3／6）

(1) 目 標
・大きさの違う袋や色紙の組合せを考えて、自分のつくりたい「友だち」のイメージを形にしようと楽しむ。　　　　　　　　　　　　　　　　　　　　　（学びに向かう力、人間性等）
・色紙やビニル袋など材料の特徴を生かして色や形を組み合わせたり、貼ってつなげたりなど自分なりの工夫をして表す。　　　　　　　　　　　　　　　　　　　（知識及び技能）

(2) 本時の展開

| 学習活動　○主な発問　・予想される児童の表れ | ◎支援　※指導上の留意点　◇評価 |
|---|---|
| 1　本時のめあてをつかむ<br>　いろいろな紙や袋を工夫しながら組み合せて、自分だけの「友だち」つくりをしよう。<br>　※授業で使用する場の設定を済ませておく。袋や色紙を選んだり、取ったりしやすいように場の工夫をする。<br>2　つくる時のポイントの確認をしたり、材料の説明を聞いたりし、つくり始める<br>　○いろいろな色の紙を使ったり、いろいろな大きさの袋を使ったりして、どんどん「友だち」のパーツを組み合せていきましょう。<br>　・小さい袋を集めて友達をつくるよ。<br>3　自由交流の時間をつくる<br>　○仲間の作品を見て、どこがいいのか発見しよう。<br>　・○○君の作品は、似た色を集めていていいですね。<br>4　本時の感想や次時への思いを共有する。<br>　・○○君のように似た色を集めてつくってみたい。<br>　・いろいろな大きさの袋を組み合せてつくれた。<br>5　次時の活動を知る。 | ◎イメージがつかめず手が止まってしまっているY子には、前時までにつくった袋のパーツを使いながら、一緒に組み合わせを考える。<br>◇大きさの違う袋や色紙の組み合せを考えて、自分のつくりたい「友だち」のイメージを持っているか。<br>　　　　　　　　　　　（学びに向かう力、人間性等）<br>※製作途中の工夫や試みを認められることで、つくることへの自信を持つことや、製作がうまく進まない児童へのヒントとなるよう交流コーナーを設けて、自由に交流できるようにする。<br>※色や形に着目した児童を意図的指名し、どこが良かったのかを全児童に伝える。<br>◇色紙やビニル袋など材料の特徴を生かして、違う色・形を組み合せたり、貼ってつなげたりなど自分なりの工夫をして表していたか。<br>　　　　　　　　　　　　　　　　　（知識及び技能） |

領」と、「評価規準の作成、評価方法等の工夫改善のための参考資料」である。いずれも資質・能力についての理解を深めることができるとともに、その資質・能力を発揮している児童の姿の具体が行為として示されているからである。

　各時間ごとの評価規準を設定したら、その時間のどんな評価資料（児童の反応や、作品など）を基に、どのような目安で評価するのかを考える。ここで大切なことは、1時間で全ての観点を評価することは難しいため、1時間で評価する観点を1つか2つに設定しておくことである。もちろん、子供が働かせている資質・能力は1時間の中で1つとは限らない。発想や構想をしながら、それをもとに創造的な技能を働かせている児童もいれば、発想しただけでその時間はじっと考え込んでしまう児童もいるであろう。

　その1時間での「おおむね満足できる状況」が、どのような姿であるのかを授業者が明確にもっていることは大切である。そこが明らかになっている授業者は、活動中の児童に対して適切な指導や支援ができる。児童一人一人の状況を把握しながら、その児童の思いや、今発揮しようとしている力を引き出し、高めることが大切である。1時間の中で、指導と評価が一体的に構想され、一人一人の児童の状況を把握し、それに応じて資質・能力を育成すること。その積み重ねこそが教科目標の実現につながっているのである。

（道越洋美）

図1　授業者は、常に児童の姿に目を向け、その児童が何を思い、何を表したいと考えているのかを探ろうと努める。時に声をかけ、時に見守り、児童の気持ちに寄り添う。

図2　今、どんな視点で材料と向き合い資質・能力を働かせているのか。つぶやきに耳を傾けたり、指先の動きに着目したり、視線の先にあるものを追いかけたりする。

図3　個々の児童にあたたかく寄り添い、その児童のために声をかけ支援をしている姿を周りの児童も見ているし、聴いている。個に対する見取りや支援が、全体に広がることもある。授業者は常に全神経を集中させ、感性を働かせながら、学びの姿に目を向けることが大切である。

【参考文献】

- 文部科学省（2018）「小学校学習指導要領解説図画工作編」日本教育出版
- 阿部宏行、三根和浪編著（2017）「新学習指導要領の展開」明治図書
- 大橋功、新関伸也、松岡宏明、藤本陽三、佐藤賢司、鈴木光男編著（2009）『美術教育概論（改訂版）』日本文教出版

【作品協力】

- 静岡県磐田市立豊岡北小学校

# 第4章 造形遊びをする

## 学習のポイント

**1** 「造形遊び」の起こりとその教育的意義について、その要点を整理して理解すること。

**2** 「造形遊び」の指導者のありようを検討し、目標や指導事項を理解すること。

**3** 「造形遊び」で育成される資質・能力を明確にし、それに伴う実践の具体を理解すること。

## 第1節 「造形遊びをする」学習の意義

### 「造形遊び」の起こり

かつてH・リードは「芸術は教育の基礎たるべし」という大きな理念を掲げた。この理念において、「造形遊び」はその最たる意味をなすものであろう。

昭和52年（1977年）7月の学習指導要領改訂で先ずは低学年に「造形的な遊び」として位置づけられたが、西野範夫はこのことに関して「『造形遊び』を子どもたちのための教育の基礎の〈基礎〉として位置づけるという強い考えがあった」[1]と述べている。つまり、教育全体を「造形遊び」によって変えていこうという期待があったのである。

当時、広がってきた遊びそのものを学びと見なす教育の潮流や、絵画コンクール全盛の中いわゆる悪しき作品主義に見られる描画一辺倒の図画工作科のありようへのアンチテーゼ、そしてまた当時の現代美術・環境芸術などの影響もあって「造形遊び」が低学年に位置づけられたことは、教育

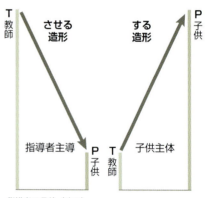

図1 指導者の目線（辻田）

全体の変化を期待通りに起こしたとまでは言い切れないが、教科の変遷を見る中で現在につながる大きな出来事であったことは間違いない。

当時の大阪教育大学附属平野小学校は先駆的に「造形遊び」を開発し取り組んでいた小学校の一つであり、学習指導要領に位置付く以前から実践を提案していた。そして、その中心にあった辻田嘉邦は「子どもにとって遊びは文化である」と主張し、「造形遊びは、子どもの良さに着目しなければならない。遊びは、低次元なものではなく、無

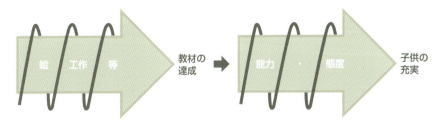

図2　子供に教材を巻き付ける発想への転換（辻田）

益なものでもない」として、指導者側の目線の問題を取り上げている[2]。つまり、指導者の目線を「下から上への目線に改める」ことが「造形遊び」の前提になると指摘しているのである（**図1**）[3]。

**遊びの教育的な意義を踏まえた指導**

「造形遊び」における遊びの教育的な意義の背景には無償性があり、子供の学習は大人の考えるような打算的なものではなく、遊びそのものが学びであると言える。

F・フレーベルは、この遊びの無償性を子供の発達の最高の段階とみて、健やかで善なる成長は遊びから生み出されるとした。つまり、遊び特有の子供の「自発性・主体性・持続性」を第一義のものとして、子供の自由奔放さとその活動の意義と魅力を理解することから「造形遊び」の意義を捉えたいものである。そこには、決して形となる作品が残る絵や立体、工作などの学習とは異なる教師の眼差しが必要となるのである。

**子供主体の「する造形」**

図1にも記したとおり「造形遊び」は「する造形」であり、「させる造形」とは逆の立場をとるものとなる。辻田は「子どもに教材を巻き付ける発想」[4]として、作品をつくることを主眼とするのではなく、子供の造形性が太り充実することを主眼とするのだと述べている（**図2**）。多くの教師の場合、図画工作科の授業後の像を作品像で思い描くことが多い。「この授業では、このような作品をつくらせよう」という意識である。辻田は、「極端な言い方をすれば、教材に子どもを巻き付けるような仕組みで、ひどい場合は、コンクールに入賞する作品づくりが目標になったりした」と指摘している。これを改め、授業後の具体的な像を子供の姿・変容に置き換えるべきとの主張である。「はじめに子供ありき」「子供の側から」など多くの言説が述べられてきたが、こうした伝統的な教育観から抜け出すことは容易ではない。しかし、これからの教育を考えたとき、それは図画工作科学習に限らず、全教育活動において目指すべき課題である。

## 第2節　「造形遊びをする」学習の目標

**一人一人の児童の育ちを保障する道筋と目標**

H・リードは「教育の目的は、基本的に個の独自性と同時に、社会性もしくは相互依存を発達させることでなければならない。独自性とは、見方、思考、発明、意志及び感情の表現の方法が独自であることかも知れない。」[5]という一文も残している。教育の課題は個の独自性と他者との関係による社会性を培うものである。その子ならではの表現が存分に発揮され、互いに受容され、表現を尊重し合う学習が展開されねばならない。

しかしながら、ともすると「教える」ことを重視するあまり児童の思いとは関係なく描きつくる強制された活動になってしまう。あるいは逆に、「育てる」ことを重視し過ぎることで放任となっている活動も散見される。

教え、育てることが教育であるが、この関係性が常に課題となる。教師には「教える」道筋があり、児童には「学ぶ」「育つ」道筋がある。「教える」道筋にのみ目標を据えてしまうのではなく、「学ぶ」「育つ」道筋に十分に目を向けねばならない。そうすることで、双方の道筋が重なり、一本の「教え育つ」太い道筋になるものである。その道筋の先には明確な「教え育つ」目標が位置づけられる。

これまでの造形遊びの学習では、このあたりの理解が不十分で強制、あるいは放任、どちらかになりがちであった。

**育成する資質・能力**

「造形遊び」はつくったもので遊ぶ、つくることで遊ぶといった誤った認識も見られる。つくった紙飛行機を飛ばして遊ぶ、塗り絵で遊ぶといったものである。それはそれで、子供たちが夢中になる一つの遊びであるが、「造形遊びをする」学習はそのようなものとは全く異なる学習である。子供が自ら材料や環境に働きかけ、その行為や活動そのものを楽しみながら探究していくものである。

そこでは自ずから活動の過程も、育まれる資質・能力も異なってくる。学習指導要領では「思考力・判断力・表現力等」について、「身近な自然物や人工の材料の形や色などを基に造形的な活動を思い付くこと」や、「感覚や気持ちを生かしながら、どのように活動するか」を活動や行為を展開しながら考えることと説明している。これに対し、絵や立体・工作は、感じたことや考えたことを基に表したいことを見付けたり、どのように表すか考えたりすることである。技能においても造形遊びでは「活動を工夫してつくること」、そして絵や立体・工作では「表したいことに合わせて表し方を工夫して表すこと」がそれぞれ特徴とされている。

このように、造形遊びと絵や立体・工作では大きな違いが見られる。これらの違いは日本語の「つくる」に相当する英語making・engineering・tinkeringを比較すると分かりやすい。makingは文字通りつくることであり、engineeringは完成品を目指して設計し、それに沿ってつくることである。それらに対し、tinkeringは材料をいじくりまわしたり、場そのものを楽しんだりする中でひらめいたことをもとにつくることである。まさに造形遊びそのものである。我々大人は、どうしてもmaking・engineeringに意識が偏りやすい。しかし、砂浜に行って思わず砂山をつくり、そこから次々に思い付いた活動を展開していくようなtinkeringの意識をもって、改めて造形遊びで育まれる資質・能力を明確にして支援・指導に

表1　平成29年告示学習指導要領の内容構成

| A表現（1）ア | A表現（1）イ |
|---|---|
| 造形遊びをする活動を通して、 | 絵や立体、工作に表す活動を通して、 |
| 身近な自然物や人工の材料の形や色などを基に造形的な活動を思い付くことや、 | 感じたこと、想像したことから、表したいことを見付けることや、 |
| 感覚や気持ちを生かしながら、どのように活動するかについて考えること。 | 好きな形や色を選んだり、いろいろな形や色を考えたりしながら、どのように表すかについて考えること。 |

当たらねばならないのである。

**低・中・高学年それぞれの特徴**

平成29年告示の学習指導要領では、低・中・高学年の発達段階に即して発想や構想に関して何を基に活動を思い付くのかについて、次のように整理し示されている。

　低学年…身近な自然物や人工の材料の形や色などを基に

　中学年…身近な材料や場所などを基に

　高学年…材料や場所、空間などの特徴を基に

これらを踏まえ、低・中・高学年の造形遊びの内容とその取扱いは以下の枠内のように示されている。それぞれの学年の発達を踏まえて検討してみよう。

---

**低学年「A表現」(1) アとその取扱い**

　造形遊びをする活動を通して、身近な自然物や人工の材料の形や色などを基に造形活動を思い付くことや、感覚や気持ちを生かしながら、どのように活動するかについて考えること。

**低学年「A表現」(2) アとその取扱い**

　造形遊びをする活動を通して、身近で扱いやすい材料や用具に十分に慣れるとともに、並べたり、つないだり、積んだりするなど手や体全体の感覚などを働かせ、活動を工夫してつくること。

---

「身近な自然物や人工の材料の形や色などを基に造形活動を思い付くこと」では、扱いやすく子供たちが興味や関心・意欲をもつ砂や土、小石、枝や木の実、水などの身近な自然物、あるいは新聞紙や段ボールなどの人工の材料などの形や色、そして自分のイメージなどを基に、進んで造形的な活動を発想する姿が想定される。

また、「感覚や気持ちを生かしながら、どのように活動するかについて考えること」では、材料を先ずは手にして触ったり、試しに変形させたりして、材料の特徴をその子なりに捉えることが前提となる。そのうちに、様々な試行錯誤を繰り返し、最後には自らの気持ちや思い付いたことを基に積極的に材料に働きかけていく。こうした低学年ならではの未分化な状態を積極的に受け止め、児童の感覚や気持ちと造形が密接につながった活動を大切にしていきたい。そして、新たにひらめき、思い付いたつくり方を考え展開するような「つくり・つくりかえ・つくる」過程を注視し、児童が十分に発想や構想を繰り返していけるよう配慮する必要がある。それらの活動を通して、身近な自然物や人工の材料、はさみ、のり、簡単な小刀類などに十分に慣れ、また並べたり、積んだり、重ねたりなどして手や体全体の感覚などを総合的に働かせていくのである。こうした活動が十分に展開できる材料や場所の準備など学習環境を整えることに十分配慮する必要がある。

> **中学年「A表現」（1）アとその取扱い**
> 　造形遊びをする活動を通して、身近な材料や場所などを基に造形的な活動を思い付くことや、新しい形や色などを思い付きながら、どのように活動するかについて考えること。
> **中学年「A表現」（2）アとその取扱い**
> 　造形遊びをする活動を通して、材料や用具を適切に扱うとともに、前学年までの材料や用具についての経験を生かし、組み合わせたり、切ってつないだり、形を変えたりするなどして、手や体全体を十分に働かせ、活動を工夫してつくること。

　中学年では身近な材料に加えて、廊下や階段など場所も対象として示されている。児童が自らいろいろ試す中で発想が広がるように材料や場所と十分にかかわりながら造形的な活動を思い付くように支援・指導する必要がある。
　また、低学年での学習を踏まえ、材料や用具を適切に扱い、つくりたいことに合わせて材料や用具が適切か判断したり、安全に扱うことに気を付けたりして活動を展開することも大切である。

> **高学年「A表現」（1）アとその取扱い**
> 　造形遊びをする活動を通して、材料や場所、空間などの特徴を基に造形的な活動を思い付くことや、構成したり周囲の様子を考え合わせたりしながら、どのように活動するかについて考えること。
> **高学年「A表現」（2）アとその取扱い**
> 　造形遊びをする活動を通して、活動に応じて材料や用具を活用するとともに、前学年までの材料や用具についての経験や技能を総合的に生かしたり、方法などを組み合わせたりするなどして、活動を工夫してつくること。

　低・中学年以上に進んで材料に働きかけ、思いのままに発想や構想を繰り返し、技能を発揮しながらつくることが望まれる。そして、身を置く場所や空間を三次元的に捉え、高さや奥行きなど広がりある活動となるよう高学年の発達段階に応じた手立てを工夫する必要がある。その際には、時間や環境の変化なども考慮する点の一つである。
　このようなことから、「経験や技能を総合的に生かす」ことや「方法などを組み合わせる」ことが位置づけられ、高学年が追究するに値する手応えのある学習活動を構想し、児童に提案したい。
　そこにこそ、「答えのない問題に協働で立ち向かい、正解ではなくその都度子供なりの最適解・納得解を求め続けていく力の育成」といった21世紀型の教育像がある。その意味で、「造形遊びをする」活動は今後の小学校教育において非常に重要な学習活動であると言えよう。

（鈴木光男）

## 【引用文献】

1) 西野範夫（2018）「子どもたちの世界の学び」、滋賀大学教育学部新関伸也研究室、p.15

2) 辻田嘉邦著作集（2012）「造形美術教育のポートフォリオ」、実践美術教育学会辻田嘉邦著作集作成委員会、p.148

3) 上掲書2

4) 上掲書2、p.149

5) 植村鷹千代、水沢孝策訳（1978）「Herbert Read ; Education through Art 芸術による教育」、美術出版社、p.11

# 第3節 「造形遊びをする」学習の実際

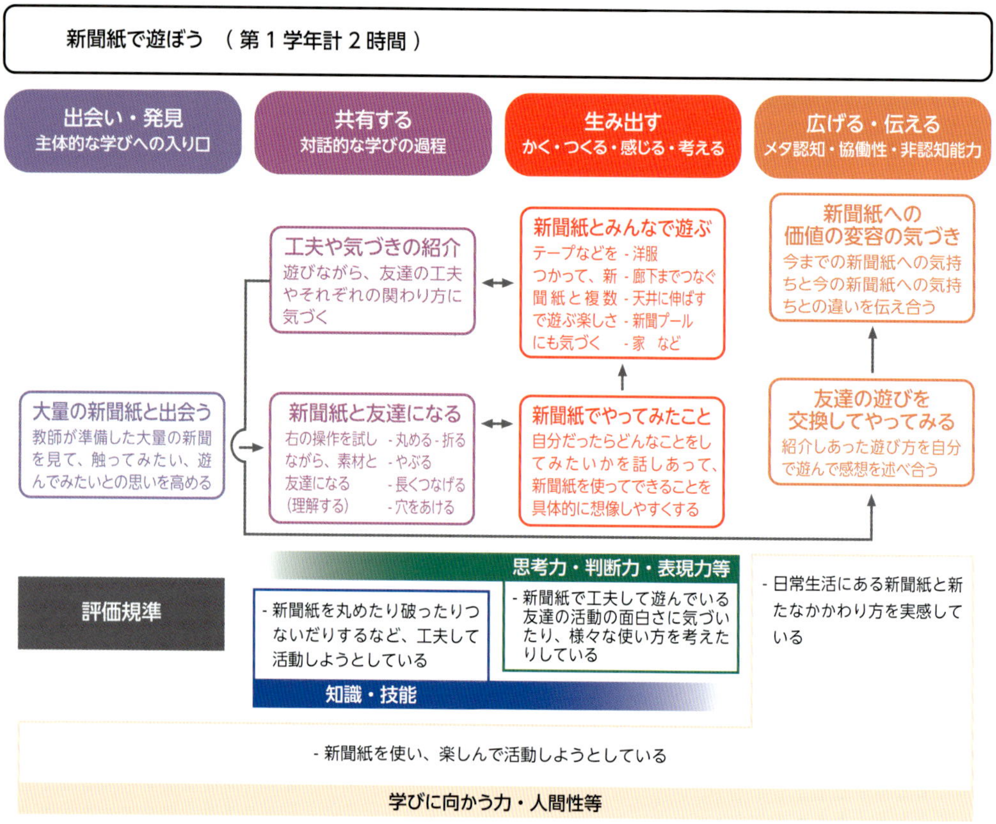

新聞紙で遊ぼう （第1学年計2時間）

| 出会い・発見 | 共有する | 生み出す | 広げる・伝える |
|---|---|---|---|
| 主体的な学びへの入り口 | 対話的な学びの過程 | かく・つくる・感じる・考える | メタ認知・協働性・非認知能力 |

**大量の新聞紙と出会う**
教師が準備した大量の新聞を見て、触ってみたい、遊んでみたいとの思いを高める

**新聞紙と友達になる**
右の操作を試しながら、素材と友達になる（理解する）
- 丸める・折る
- やぶる
- 長くつなげる
- 穴をあける

**工夫や気づきの紹介**
遊びながら、友達の工夫やそれぞれの関わり方に気づく

**新聞紙でやってみたこと**
自分だったらどんなことをしてみたいかを話しあって、新聞紙を使ってできることを具体的に想像しやすくする

**新聞紙とみんなで遊ぶ**
テープなどをつかって、新聞紙と複数で遊ぶ楽しさにも気づく
- 洋服
- 廊下までつなぐ
- 天井に伸ばす
- 新聞プール
- 家 など

**友達の遊びを交換してやってみる**
紹介しあった遊び方を自分で遊んで感想を述べ合う

**新聞紙への価値の変容の気づき**
今までの新聞紙への気持ちと今の新聞紙への気持ちとの違いを伝え合う

## 評価規準

**思考力・判断力・表現力等**
- 新聞紙で工夫して遊んでいる友達の活動の面白さに気づいたり、様々な使い方を考えたりしている
- 日常生活にある新聞紙と新たなかかわり方を実感している

**知識・技能**
- 新聞紙を丸めたり破ったりつないだりするなど、工夫して活動しようとしている

**学びに向かう力・人間性等**
- 新聞紙を使い、楽しんで活動しようとしている

○**授業の概要と目標**

本授業では、日常にある新聞紙を非日常的なほど大量に準備し、日常では感じられない触感やにおいの中で、丸めたり、やぶったりするかかわり方から、多様な遊びや、友達と協力して生まれる遊びなどを楽しむ。教室いっぱいに広がった新聞紙や吊り下げた新聞の下にできる空間を発見して、その空間を活用するなどの遊び方も期待できる。

○**授業の意義**

非日常空間でのかかわりのあと、家庭や学校で日常的に接する道具や素材にもっと楽しめる方法を考えるなど、新鮮な視点で周りの環境を見つめる姿勢を醸成できる。また、新たに発見した遊び方を共有することで、友達と協力して、新たな遊びや、かかわり方のルールなどを自らつくりだす楽しさを味わうことも本授業の魅力である。

図1 教室いっぱいの新聞紙の中に埋もれながら遊ぶ

図2 天井まで伸ばして遊ぶ

図3 割く、ちぎる、穴をあける等、新聞紙に多様なかかわり方で「友達」になる

図4 机と机の間をつないで遊ぶ

## ○授業の流れ

### 出会い・発見 大量の新聞紙との出会い

日常生活にある新聞紙を大量に準備することで、児童を非日常の空間や環境へと導く。非日常の環境であることによって、何かしたい、触ってみたいと思いが生まれる。量によって、新聞紙のにおいや、持った時の重さなど、より五感で感じやすくなる。また、教師が大量の新聞紙を見せ、体にまとったり近くの机に接着してみせたりするなどすることで、児童が新聞紙で遊ぶことへの興味や関心を高める。

### 共有する 新聞紙と友達になる

児童は、新聞紙を丸めたり、やぶいたり、長くつなげたり、折ったり、穴をあけたりして、新聞紙とどのようなかかわりができるのかを遊びをとおして考える。新聞紙をどこまで引っ張れば破れるのか、どこまで擦ればインクが落ちるのかを実感することは、その人がどこまで話せば笑うのか、どこまで触ればくすぐったく感じるかなど、人としてのかかわり方、あるいは人と人が友達になる過程と重なる部分も多い。セロハンテープと養生テープを使って、粘着させてもよいことを告げることで、より活動の範囲が広がる。ただ、低学年の場合、テープを指と指を合わせて切ることを知らない児童も多いため、丁寧に指導することも大切である。

### 生み出す 新聞と新聞のつながりが友達や行為とのつながりに

自分だったらどんなことをしてみたいかと尋ねることで、これから新聞紙を使ってできることを具体的に想像しやすくする。これまで、丸めたり、破ったりと簡単な操作だけの遊びから、次第に洋服や長靴、家をつくったり、つないで天井や廊下までのばすなど空間を自由に使うようになる。

図5 できることや遊びが共有されると友達と協力してつくるようになる

特に、友達とできることの共有によって、図5のように、複数で協力してつくることの楽しさに気づくことができる。友達のつくっている場所を通過するときには、こわさないように気をつけて通ることを助言することで、互いのつくっているものを大切に扱うことに気づくことができるようにすることも大切な指導である。

### 広げる・伝える 後片付けと新たな気づき

新聞紙はリサイクルできることを伝えて、新聞紙をはずしてたたむなど、後片付けをきちんと行うことができるようにする。片付けるときに、先ほどまで空間にあった新聞紙がないなどの気づきから、空間や新聞紙に対しての価値が変化している自分をメタ認知することもある。活動の後には互いに感想を述べたりすることで、日常にあるものへの概念が変化している実感を味わうことも大切である。

（清田哲男・高橋英理子）

布をつないでみると・・・（第３学年　計２時間）

| 出会い・発見 | 共有する | 生み出す | 広げる・伝える |
|---|---|---|---|
| 主体的な学びへの入り口 | 対話的な学びの過程 | かく・つくる・感じる・考える | メタ認知・協働性・非認知能力 |

**大量の布を感じ取る**
400枚以上の大量の不織布に出会い体を包んだり、結んでみたりなど、布の特徴を感じ取る

**友達と一緒に楽しみ方もつなぐ**
友達の持参した布の大きさや色、つなぎ方の工夫や楽しみ方に気づく

**つなぐ方法を伝え合う**
穴あけパンチで穴をあけたり、つなぎ変えたりすることで、新たなつなぎ方を試す

**布をつなげて遊ぶ**
持参した不織布以外の布を組み合わせたり、何度でもつなぎかえたり、新たなつなぎ方を工夫したりして、布の感じや空間の変化を楽しむ

**感じ取ったことからつながりをイメージ**
どのようなつなぎ方ができるかとの発問から、長くつないだり、三角形に布を折り曲げてつないだりするなどの工夫に気づく

**空間の変化の再認識**
片づけをすることで、遊び場が元の姿に戻る過程をとおして、布の存在と空間の変化を感じる

**遊び場の変化を感じ取る**
遊び場全体が見渡せる校舎の2階にあがって、布をつないだことによる遊び場の変化に気づく

**評価規準**

- 布の大きさや色、質感を感じながらつなぎ方を工夫しようとしている　【知識・技能】
- 布のつなぎ方や、つないで変化した場所の面白さに着目し、工夫してつなごうとしている　【思考力・判断力・表現力等】
- 生活空間に、素材と行為を加えることで、新鮮な思いをもたらすことに興味を持つ
- 遊び場を使って、布をつなぐことやつなぎ方に興味をもち、楽しみながら活動しようとする　【学びに向かう力・人間性等】

○授業の概要と目標

　準備された大量の不織布を提示された「つなぐ」という一つの行為から、児童が形や色、大きさなどの造形要素や、空間の環境とのかかわりによる多様な価値の変化の面白さを味わう題材である。また、家庭で使用しているバンダナやほかの素材の布を組み合わせることで、さらに光の透過等の変化、あるいは、直接結んだり、穴をあけてひもでつないだりする時の触覚の違いを感じ取る。
　つなぐことによって生まれる、触覚の違いによる結び難さ、数十枚による重さ、本授業の学びの場となる遊び場（運動場）の遊具に結びつける方法、広い空間での距離の把握等の「抵抗感」が、児童の思考や工夫を導くことが期待できる。

○授業の意義

　友達と一緒に布をつなぐことによって、友達のイメージや友達の工夫もつなぐことになり、協働学習でのつながりが視覚化される。
　また、布をつなぐことで、「点が面に」なり、遊び場の滑り台、手すり、フェンス等を覆う、包むという具体的な目標が生まれる。その達成によって、日常にあるものや空間に新しい価値を見出すことができる（図6）。

図6　布をつなぎ合わせることで児童の日常の空間に新しい価値を感じる

図7 穴をあけて、ひもでつないで、多様な広がりをつくる

図8 面が強く意識され、遊具を「包む」「覆う」等、より協働的な目標が生まれる

○授業の流れ

**出会い・発見** 布と出会う環境

本題材では、400枚以上ある大量の不織布に触れることで、児童が体を包んだり、体をのせてみたり、結んでみたりするなど、布の特徴を感じ取ることができるような環境で素材と出会う。素材との出会いや触れ合いから、新しいイメージや友達との新たな関係が生まれる場合もある。

**共有する** 遊び場で自由に布をつなぐ

不織布には自由に穴あけパンチで穴をあけてよいことや、ほかの布も組み合わせてよいこと、遊び場（運動場）を自由に使ってもよいなどの約束をしておくことで、何度でもつなぎかえることや、新たなつなぎ方をしてもよい安心感を共有することができる（図7）。その自由な安心感の上で、長くつないだり、三角形に布を折り曲げてつないだりするなどの工夫に気づくことができるようになる。さらに、それらの工夫を発表し、共有することで、友達と協働しやすくなり、一人でかかわるよりも布に対してより多様なかかわりができる手立てとなる。

**生み出す** 表現と思いを感じながら

不織布や持参した布の色や大きさを考えながらつないでいる児童を全体へ紹介することで、つなぐ際に形や色などの造形要素を活用した工夫に気づくことができるようにする。お互いの活動を紹介し合う場を設けることで、活動中は互いのつなぎ方のよさや工夫に気づくことができるよう開放的な雰囲気を心掛ける。布をつなぎ合わせる活動で、広い面として意識しやすくなり、布で遊具を

図9 屋根ができることによって、新しい空間が生まれる。下からみれば、光を感じることができる

「包む」ことや、フェンスと遊具をつないで屋根で「覆う」（図8）など、行為により、より協働的で、より具体的な目標を持った活動となる。図9のように、布が空間を覆うことで、布を下から眺めるようになると、光を通す布、影をつくる布との隙間から通る光等に気づくことになり、楽しさの要素が増えていく。

**広げる・伝える** 相互鑑賞から生活の中へ

遊び場全体が見渡せる校舎の2階にあがって、全員で見る時間を設けることで、布をつないだことによる遊び場の変化に気づくことができるようにする。空間の変化が自分たちの行為によって生まれることの実感や、形や色や光によって環境を変化させることのできる実感は、今後の社会や生活環境をこれまでと違った視点で見つめる姿勢も育てる。後片付けを徹底し、遊び場をもと通りにすることで、再度空間の変化を確認できるだけではなく、自分たちの活動に責任をもつことを実感することも大切である。

（清田哲男・高橋英理子）

# 第5-1章 表したいことを絵に表す

## 学習のポイント

**1** 「表したいことを絵に表す」学習の意義を理解すること。

**2** 「表したいことを絵に表す」学習の目標と期待される資質・能力の働きについて理解すること。

**3** 「表したいことを絵に表す」学習内容と題材について整理するとともに、実践例から学び理解すること。

## 第1節 「表したいことを絵に表す」学習の意義

「絵に表す」学習は、子供が生来的にもっている創造的な表現への欲求をもとに、感性を働かせながら、感じたこと、想像したこと、見たこと、伝えたいこと、自分の夢や願いなどの思いを色や形等で表すものである。その学習を通して、つくりだす喜びを味わいつつ、造形的な創造活動の基礎的な能力を培い、豊かな情操を養うところにその意義がある。そしてまた「絵に表す」学習を通して、感じる力、想像する力、見る力、認識する力等を育成するところにも意義がある。

図1は小学校1年生の女子（A児）が描いた「（近所の）おばちゃん」の絵である。絵を描くことが大好きなA児はおばちゃんの家を訪れては、その場で絵を描いてプレゼントすることを楽しんだ。自分の母親より年上のその女性は、おさげ髪でもなく、ミニスカートやブーツも身につけていない。この表現は、典型的な図式期（本書第Ⅱ部第3章参照）のものと考えられる。A児は体全体の感覚を使って「大好きなおばちゃん」を捉え、女性を表すための記号として「おさげ髪」や「ミニスカート」を使って表現したのである。

図1 A児「（近所の）おばちゃん」

もし、仮にその女性に「おばちゃん、こんな髪型してないよ。」と言われたり、図画工作の時間に「そうなふうにはなってないでしょ、もっとよく見てごらん。」と指導されたりしたとすると、A児は描く意欲を無くしていたかもしれない。しかし、「わぁ、こんなに可愛く描いてくれてうれしいな。」の言葉に励まされて、描き続けた。そしてその後、服の色や模様に関心を持って、好きな

色で表現するなどしながら前写実期（同章参照）を迎えたのである。A児は、まさに主体的に表したいことを見付けて、自分なりの技能を活用しながら絵を描き、思いのままに表す楽しさを味わいながら、そのことを通して他者とコミュニケーションしているのである。

## 第2節　「表したいことを絵に表す」学習の目標

### (1) 目指す「表したいことを絵に表す」学習

では、このようなA児をはじめ、全ての児童が、将来にわたって「描くこと」を楽しみつつ一歩一歩自己実現することができる「絵に表す」学習とはどのようなものであろうか。

・子供が感性を働かせて「感じた」ことが大切にされ、新たな「感じ方」を見つけることができる。
・一人一人の「自分らしい見方、感じ方、表し方」が受け容れられ、その違いそのものが価値として認められ、学び合うことができる。
・「こんなふうに表したい」という思いを実現するために、今までに身につけた力を発揮しながら納得できるよう、いろいろ考えたり、試したりしながら、夢中になれる。
・「こんなふうに表したい」という思いを実現するために、自分の中にある「引き出し」から材料や用具、技能などを選んで活用する。そして新たな技能を身につけて試したりしながらできた喜びを味わいつつ、引き出しの中身をより充実させる。
・自分や友達の表現の良さ、工夫したことなどを互いに認め、次の学習でも生かそうとすることができる。

### (2) 学習のプロセスと資質・能力の働き

では、それらの学習を通してどのような資質・能力が育成できるのであろうか。以下は、「絵に表す」学習のプロセスとそれぞれの場面で働きが期待される資質・能力である。

**出会い・発見**　主体的な学びの入り口

児童が「絵に表したい」という思いを持つためには、これまでの「絵に表す」活動において、どれだけ「喜び」や「達成感」を感じてきたかが意味を持つ。発達段階に合わせて、子供が「描きたい」と思って描いた時に感じた喜びや、そのことを周りの人々に認めてもらった時の嬉しさは、活動への自信となって主体的な学びの入口で働く興味、関心、意欲の基となる。このことは前述のA児の姿からも明らかである。

（学びに向かう力・人間性等）

そして、活動の起点はまず「感じる」ことである。子供たちは題材に出会って、様々な対象や事象に感性を働かせて「感じる」「心を動かす」「感動する」ことを始める。ここでは一人一人の児童が「自分なりに感じた」ことが大切にされなければならない。そのことが自分らしい見方や感じ方から始まる主体的な学びへとつながるのである。

（学びに向かう力・人間性等）

**共有する**　対話的な学びの過程

「自分なりに感じる」とは、自分の感覚や行為を通して「面白い形だな」「不思議な色だね」と捉えることであり、このようにして獲得された自分らしい「見方」「感じ方」は図画工作科における知識（造形的な見方・感じ方）として習得される。また、「角度を変えてみると、違った感じだよ」と視点を変えてみたり、触ったり持ち上げたりした感触からその特徴を感じ取ったりすることもある。また、たとえば物語を絵に表す題材で、登場人物の様子を動作化することで、そのおもいを実感したり、新たな視点に気づいたりすることもある。これらも対象や事象へのアプローチの仕方の一つであり、それは同じように知識として蓄積され、将来にわたって活用されるのである。そして、お互いの「見方、感じ方、表し方」は、対話等を通して共有することで、学び合うことができる。そしてそれは、より深い学びへとつながるのである。このような「自分らしい見方、感じ方、表し方」は児童が教師や友達から受け容れられているという安心感、すなわち支持的（教室）風土があってはじめて生まれるものである。そのような教室では「ほら、見て！こんなきれいな色ができ

たよ」と、二色の絵の具がにじんでできた不思議な色を示しながら話しかけている場面や「どうしたらそんな感じになるの」と問いかける場面に出会うことがある。表したいことに合わせて材料・用具を選んだり、これまで習得した創造的な技能を活用したり新たな技能を習得したりしながら自分らしい表し方を工夫するとともに、工夫したことを共有し、学び合うことで、対話的で深い学びとなるのである。

（知識・技能）

**生み出す** かく・つくる・感じる・考える

この過程では、自分らしい見方や感じ方をもとに、感性や想像力を働かせて、表したいことを見付け、イメージを持つ。平成29年告示の学習指導要領解説図画工作編において、「イメージとは児童が心の中につくりだす像や全体的な感じ、または、心に思い浮かべる情景や姿などのことである。どちらも、生まれてからこれまでの経験と深く関わっており、児童はその時の感情や気持ちとともに心の中に浮かび上がらせている。」と示されている。そして、低学年では、感じたことや想像したことから、表したいことを見つけることやどのように表すかについて考えることを、中学年では、客観性や他者意識の芽生えに配慮し、見たことや用途が加わり、形や色、材料などを生かし、どのように表すかについて考える。高学年では、社会的な広がりを踏まえ、伝え合いたいことや構成の美しさなどが加わり、どのように表すかについて考えることを示している。このように、感じたこと、想像したことなどから、自分の表したいことを見つけて、自分らしく「生み出す」過程において働くのが、「思考力、判断力、表現力」である。そして発想したり構想したりする過程で、造形的な視点を働かせたり、これまでに身につけた創造的な技能を生かすなど、「知識・技能」と関連しながら働くことも多い。また、自分らしい表し方を求めて、工夫したり、新たな試みをしたりするなど、自分の持てる力を最大限に発揮する段階でもある。ここでも、個々の工夫や見方、感じ方、表し方などを共有することで、より深い学びになると考えられる。

（思考力・判断力・表現力等）

**広げる・伝える** メタ認知・協働性・非認知能力

この過程では、目指す「自分らしい表し方」の実現に向けて、自分の可能性を最大限に発揮しつつ、より良い表現、より納得できる表し方を求めて取り組むことを通して得た学びの成果や価値について、振り返ったり、伝え合ったりする。そのことを通して、学習の入り口（導入）では、まだおおまかにしか捉えることができなかった自分の思いやイメージについて、「絵に表す」学習を通して気づいたり、より明確になったりしたことを自覚するとともに、その具現化に向けて、持てる力を発揮したことでの成就感や達成感を感じることができるのである。それは、将来にわたって、自分と対象や事象とのかかわりを深め、自分にとっての意味や価値をつくり出そうとすることにつながると考える。

（学びに向かう力・人間性等）

## 第3節 「表したいことを絵に表す」学習内容と題材

### 【低学年】

低学年では、感じたこと、想像したことから表したいことを進んで見つける。ここでは好きな色を選ぶなど自分で発見したり、自分で決めたりすることを大切にしたい。また、身近で扱いやすい材料・用具に十分に慣れ、材料の特徴から表したいことを見つけたり、用具を使うことそのものを楽しんだりするよう指導したい。

〔題材例〕
・クレヨン、パスなど描画材料そのものの良さを味わいながら、色や形を楽しむ
・いろいろな紙の形を生かして絵に表す
・楽しかったことなどを絵に表す
・想像したことを絵に表す
・お話を絵に表す

〈版に表す〉
・スタンピング（型押し）

プリン容器などの身の回りのものや、野菜の切り口などに絵の具をつけてスタンプ遊びをする。版画の特徴の一つである「複数性」（同じ図柄を繰り返し表すことができる）を生かして、リズムや色の変化を楽しむことができる。造形遊びとの関連の中で行われることも多い。

・紙版画

紙でつくった版にインクをつけて行う凸版（とっぱん）の一種である。台紙に切ったりちぎったりした紙を貼り付けて版をつくる（台付紙版画）と切り取った紙そのものにインクをつけて紙に写し取る（切り取り紙版画）がある。

【中学年】

中学年では、感じたこと、想像したことに加えて、見たことから表したいことを見つける。ここでは、表したいことに合わせて、色や形を考えたり、材料などを選んだりして生かす。またこれまでに経験した材料・用具や、習得した技能も多様になる。それらから表現に適したものを選んだり、組み合わせたりして表し方を工夫することが大切である。そのため、たとえば、主に低学年で使用したクレヨン・パス等もいつでも活用できるようにしておくことを心がけたい。

〔題材例〕
・絵の具などの描画材料そのものの良さを楽しむ
・紙を折って立てたり、丸めたりしてできた立体に絵を描く
・段ボール、布などの質感、透明シートやプラスチック段ボールなどの透過性を生かして紙以外の素材に絵を描く
・扉を開く、窓を開けるなどの仕組みを生かして絵に表す
・心に残ったことを絵に表す
・想像したことを絵に表す
・物語を絵に表す

〈版に表す〉

・切り取り版画（様々な素材を使って）

紙版画と同じ版形式で、布、片面段ボール、緩衝材、レース生地などを組み合わせて版をつくる。

・スチレン版画

スチレンボードに溝をつけて版にする。木版と同様、凸版である。

・木版画

最も一般的な版形式である。彫刻刀の種類（丸刀、三角刀、平刀、切り出し等）と彫り方の組み合わせで多様な表現が可能である。

【高学年】

高学年では、感じたこと、想像したこと、見たことに加え、伝えたいことから表したいことを見つける。ここでは、児童自身が表そうとする主題を発想し、自分のおもいや考えを問い直しながら、主題の表し方を考えることが大切である。そのために、これまでの経験や、習得した技能などを総合的に生かし、試行錯誤しながら取り組むことが求められる。

〔題材例〕
・いろいろな形や色で自分の気持ちを表す
・いろいろな描画材料の特徴を生かして絵に表す
・身近な材料の感触から感じたことや想像したことを絵に表す
・心に残った景色や印象に残った出来事などをその時感じた気持ちやおもいが伝わるように絵に表す
・想像したことを絵に表す
・物語を絵に表す

〈版に表す〉

・一版多色版

版の上の写したい部分に絵の具を置き、紙に写し取る。刷りの具合を確かめながら、これを繰り返す。重色により、深みのある色が生まれることも特徴である。

・彫り進み版

一枚の版木を使って行う。多版多色版である。版を彫っては刷り、また彫り進んでは刷るという過程を繰り返す。

（藤本陽三）

## 第4節 「表したいことを絵に表す」学習の実際

もぐらバス（第1学年　計4時間）

| 出会い・発見 | 共有する | 生み出す | 広げる・伝える |
|---|---|---|---|
| 主体的な学びへの入り口 | 対話的な学びの過程 | かく・つくる・感じる・考える | メタ認知・協働性・非認知能力 |

- お話「もぐらバス」
  もぐらバスのストーリーに面白さを感じたり，興味を持ったりする

- 友達のもぐらバスもすてきだな
  自分や友達の作品の良さや工夫したことなどを紹介して学び合う

- もぐらバスに乗ろう
  もぐらバスを動作化したりトンネルをつくって遊んだりしたことから、感じたこと、見つけたこと、想像したことなどを紹介する

- こんなもぐらバスにしたいな
  もぐらバスや自分で考えたお話や場面など、自分なりのイメージを大切に、形や色、表し方を工夫して表す

- 「いいこと思いついた」「あっ！ひらめいた」
  遊びの中で、身体全体で感じたことや、「もぐら」の視点で想像したことから表したいことを見つける

- 次は、もっと自分らしい表現をしてみたいな
  お互いに違うことに良さを感じ、学び合ったことの意味を感じ、次への意欲につなげる

- こんなもぐらバスが描きたかった
  自分なりの場面や表し方で描けたことに気づき合い、そのことに価値を感じて自信を持つ

### 評価規準

**思考力・判断力・表現力等**
- 遊びを通して、物語の世界を体全体で感じながら、造形的な見方、感じ方で捉えている（造形的な視点）
- 感じたことや考えたことから、表したいことを見つけてどのように表すかを考えている（発想・構想）
- 友達の作品の良いところを見つけて言葉で伝え合っている（鑑賞）
- 自分なりに次に向けての課題を見つけ、意欲を高めている
- 自分や友達が取り組んできたことを確かめ合い自信を持っている

**知識・技能**
- 表したいことに合わせて、表し方を工夫している（創造的な技能）

**学びに向かう力・人間性等**
- お話「もぐらバス」を聞いて、感じたこと、想像したことを進んで絵に表そうとしている
- 自分の感じたことや考えたことを大切に取り組もうとしている
- 友達の良いところに気づき合い、お互いの表現に取り入れようとしている

○題材の概要と目標

本題材は、本の読み聞かせから、お話の場面を想像したり、お話の内容から自分なりに想像を広げたりするなどして、表したいことを見つけ、表現方法を工夫して、想像したことを絵で表すものである。

もぐらバスを動作化する活動や、砂場遊びを取り入れることで、お話の内容をより具体的に感じ取らせることを通して、自分なりの新しい物語を生み出し、自分らしい表し方で絵に表すことが目標である。

○授業の意義

本の読み聞かせの後、印象に残ったことや想像をして楽しくなったことをもとに、自分が表したい場面を考えるなど、絵に自分の感じた思いを表そうとするつくりだす喜びを味わうことができる。また、学習の過程における鑑賞活動で、お互いに工夫したところなどを共有することで、新たに想像を膨らませたり、新たな表現の可能性を見出し

図2　友達と想像したことを伝え合いながらよさを味わう

図3　新たな表現の工夫を発見

図4　お話クイズでお話を楽しむ

図5　お話の世界を身体を使って遊ぶ　　図6　砂遊びでお話の世界を想像して楽しむ　　図7　対話をしながら表現を楽しむ

たりするなど、想像の世界で楽しく遊び、表現を楽しむことを継続的に繰り返しながら学びを深めていくことができる。

○授業の流れ

**出会い・発見　お話との出会い**

子供たちがはじめてお話「もぐらバス」に出合う場面である。お話の中の会話文や様々な音なども想像を膨らませる大切な要素となるので、臨場感を感じることができるように読み方を工夫することで、児童はお話の世界へと浸っていく。また、児童と対話しながら読み進めるようにした。お話の途中で、「この続きはどうなると思いますか。」と問いかけ、展開を想像したり、読み聞かせ後に児童同士で「お話クイズ」（国語科との関連）として「もぐらバスが急ブレーキをかけたのは、どうしてでしょうか。」といったクイズをしたりすることで、登場人物の思いを捉えたり、場面の様子を想像したりすることで、より主体的な学びへとつながると考える。

**共有する　お話の世界に飛び込んで遊ぶ**

児童が自分の感覚や行為を通して、「感じる」ことができ、更にお話の世界に浸ることができるように「遊び」を取り入れる。一つは、体育科"表現運動"との関連をはかりながら、「もぐらバス」の世界を身体表現すること。もう一つは砂場での穴掘りやトンネルづくりを通して、実際に土に触れることで、地面の下に広がるお話の世界のイメージを広げることである。「もぐらバス」の活動の中で、児童は「（ロード）コーンを使いたい。」と言い、数か所に置いてバス停に見立てた。これは、自分たちがもったイメージをより具体的に感じることができるよう、身近なものをそのものの（バス停）に「見立てる」という、造形的な見方・捉え方をしていることであり、「知識」の働きと捉えることができる。また、地中深くもぐるシーンでは、腰を低くしたり、見上げたりするなど動作化を通して、新たな視点を獲得したり、地中という空間を体全体で受け止め、共有していた。

**生み出す　対話を通して広がる想像と創造**

表現活動の中で、鑑賞活動や対話を取り入れた。友達の表現のよさに気づいた児童は、自分の表現に生かそうとする姿が見られる。また、児童のつぶやきを耳にしたり、想像した経緯を見取ったりした際には、児童の表現を認めた上で「これはどんな場面なのですか。」や「どんなことを言っているのですか。」と尋ね、児童の思いを引き出したり、さらに想像を広げたりする。児童が自分の表現に自信を持ち、もっと表したいという気持ちを高め、想像をすることを楽しむことができるようにすることが大切である。

**広げる・伝える　発見と次回への意欲**

学習のまとめとして、児童一人一人が作品の題名を考え、全体で鑑賞会をする。題名クイズなどを行うことで、児童同士が作品をよく見る姿勢が生まれた。作品を挟んで自然と対話が生まれ、作品の良さに気づいたり味わったりすることができ、次の表現への期待と意欲が持てることも大切である。

（石原通雄）

【参考文献】
- 文部科学省（2018）『小学校学習指導要領解説図画工作編』日本文教出版
- 大橋功、新関伸也、松岡宏明、藤本陽三、佐藤賢司、鈴木光男編著（2009）『美術教育概論（改訂版）』日本文教出版

# 第5-2章 表したいことを立体に表す

## 学習のポイント

**1** 「立体に表す」学習の特性をもとに、その教育的意義について整理して理解すること。

**2** 「立体に表す」の指導者のありようを検討し、指導上のポイントを理解すること。

**3** 「立体に表す」で育成される資質・能力を、題材と学習指導要領と照らし合わせて整理し理解すること。

### 第1節 「表したいことを立体に表す」学習の位置づけ

「立体に表す」という言葉は、学習指導要領による項目の名称の一つであり、現在は「絵や立体、工作に表す活動」として一体化され表記されている。平成元年の学習指導要領で高学年において「立体」と表記されるようになる以前は、「彫塑」と呼ばれていた。彫塑の「彫」はカービング（carving）である「彫造」、「塑」は空間に素材を付け加えていくモデリング（modeling）の意味をもつ「塑造」、主にはこの二つを合わせ明治時代に大村西崖が提唱した造語である。

昭和33年告示の学習指導要領で、1・2・3年生は「粘土を主材料としていろいろなものをつくる」、4・5・6年生で「彫塑を作る」と表記された。彫造と塑造を言い換えた「彫塑」という言葉であるが、その響きは大人の芸術領域に当てはめた印象が強い。当時の教科書および教師の指導観についても、いわゆる大人の作品イメージへ誘うような題材の提案がなされていた。体の動きや曲がりを意識させ、対象をよく見てつくるよう表記されており、自ずと指導過剰とならざるを得ないといった側面を持っていた。

昭和52年告示の学習指導要領において、それ以前の「絵画」「彫塑」「デザイン」「工作」という領域が整理統合され、「A表現」として表記された。これは、子供の表現を大人の芸術領域に当てはめて指導するのではなく、「造形的な遊び」が低学年において導入されたことも合わせ、「子供が表したいこと」が起点となるような授業の視点へと転換することを意味した。つまり子供主体の教科観となり、一層子供の側に立った指導観が明瞭になったのである。立体に表すことが単なる「作品づくり」など、目に見える成果物を求めるだけではないことは自明なことであるが、指導する教師の意識として、従来の「絵」「彫塑」「工作」といった領域ごとの指導観が、前述の通り、未だ技能中心に語られていたことによる「描き方、つくり方」に終始した授業として行われていたこと

も一部指摘されている。

## 「立体に表す」学習の特性と意義

「絵で表す」が色や線・形を平面的に表現することに対して「立体に表す」は、子供たちが持つ事物の多面的な捉え方を、実材で立体的に表現する活動である。特性として次のA・B・C・D、4点を挙げることができる。さらに各特性から浮かびあがる図画工作科における意義について考えてみたい。

### A　心象性

絵と同様に立体に表す活動は、心象表現の主要な一部分であり、両者とも表現それ自体が目的である。様々な素材の中でも粘土は、立体表現の中心的な素材として扱われることが多く、その可塑性の高さから試行錯誤の自由度が高い。想像したことだけでなく、心の中に抱いている驚きや喜びなどの情感を、実存する形で表す時、粘土を加えたり、伸ばしたり、減らしたりしながら納得のいくまで追求できる良さがある。時には表現の終盤に再度やり直して、最初とは全く違う、しかし納得いく形に完成させることもある。また、教師は「何に見立て、何をつくったのか」が気になるが、子供の世界は大人と全く違う世界を見ており予想の範疇を超えるのが子供の表現でもある（**図1**）。「つくり　つくりかえ　つくる」という図画工作科の特質の中でも、特に心象表現を具現化し易い素材であり、その行為を伴うものである。

他方、立体であるが故の特徴として、粘土で表現した肉饅に包まれた内部の餡などの内包物や、内部に大切なものの具体を入れ、宝物のような造形をつくりだす子供たちの姿を見ることができる。内包物は子供たち一人ひとりの想像の世界であり、他者に見てもらう為でなく、外からは見えない内側の世界を、私だけの表したい秘密としてつくっている姿は心象性の一例である。ゆえに、心の中にある想いを自分らしく表現する為に試行錯誤を繰り返す立体に表す活動は、子供にとって欠かせない心象表現活動なのである。

### B　立体性

立体とは量的な実材を用いて、三次元の空間に塊として存在させる表現である。彫塑において芸術と美術教育の歴史とから鑑みると、その表現主題は人物や動物のイメージの再現に置くことを本領としてきた。近代に入り、彫塑が単なる量塊に表現を置くことに止まらず、抽象形態、幾何学形態および物質や空間への多様な広がりを含めた立体として捉えられるようになった。なお、実在する物資そのものに対峙することは、自ずと人間との関係性および精神性の域をも含むことを意味し、空間は環境それ自体へのかかわりにまで拡大してきている。図画工作においても、かつての主要な活動であった粘土で人物や動物をつくる題材に止まらず、行為の要素や材料も多岐に渡っている。子供は立体にかかわるという活動を通して、自分の感覚や行為を手掛かりに、量・塊・大きさ・高さ・重さ・奥行き・積み・重なりなど空間の中での立体的な要素を捉えていくのである。

幼児や低学年の絵の表現において、料理の並んだ食卓の脚が展開図のように四方に開いて描かれることがある。幼児の絵の特徴の一つであるが、机には4本の脚があり、それは机の角に固定され

図1　丸いテラコッタ粘土をぎゅっと握って形を変えたら：人差し指と親指との間からニューっと粘土が顔を出し、粘土が話しかけてきた。「ねえねえあそぼ」と。僕も答える。「君は何になりたいの？」と、粘土とお話しながら出てきた形。題名は「ふしぎなつぼ」（2年男児）

図2　立体における4本の脚（4年）

ているという既知の知識を素直に絵に表現していると捉えることができる。一方、立体による机の表現では、同じ学齢でありながら、食卓の4本の脚は四方に広がることなく直立し、食卓として料理が並ぶという形態の表現が成される（**図2**）。同様に子供たちが描く街の絵は、平面的・カタログ的に表現されることが多い。絵の中では天地関係なく道路に対して建物が垂直に並んで表現され、画用紙を回転させながら描く姿を見ることができる。当然子供たちも建物が寝ていることや、道路が空に繋がっていることについても何ら違和感なく表現を進めている。一方、中学年の立体に表す題材「ねんどマイタウン」では、四角い建物、高い建物、道路や橋など街の要素が、粘土板の上に直立して展開されていく。子供たちは自分の視点を街の中に移し、実際の街を歩いているかのように街づくりに没入する。絵とは明らかに違う立体性が特性であり、木片や紙箱を使って表す街の造形においても同様な立体表現が見られる。

これらの活動は、実存する積んだ形を多面的に見たり触ったりしながら、高さや重なりを理解していると言える。このように絵では表現しづらい子供たちにとって、表したいことを説明しやすいのも立体表現の特徴の一つである。

### C 素材性

立体に表す活動は、空間において、実在する可触性の素材（material）を置き換えることによって成立する営みである。つまり、全ての可触性の素材は、立体に表す活動の材料になりうるということである。粘土や砂土、木や石、雪や氷などの自然材のほか、針金や紙、段ボール、合板や合成粘土、ガラスそしてプラスチックや石膏セメントなどの人工的な素材全てが立体に表す材料になる。大別すると自然材と人工材に分かれ、両者それぞれに可塑性のある可塑材と固定材に分けることができる。さらに固定材は線材、面材、塊材に小別し整理することができる。

全ての可触性の素材が材料である立体に表す活動の中で、子供は様々な素材に触れることによって、それぞれに特色ある材質感を感じ取る。やが

図3　光源の上に割り箸を組み合わせて（6年）

て感じ取った材質感は知識として蓄えられ、自分の想いに合う材料や方法を取捨選択する技能となる。異なる素材を組み合わせることによって造形における新たな価値を発見したり、全体と部分の関係性を理解したりするようにもなる。このように自分の感覚を通して感じ取った素材性をもとに、自ら意思決定しながら様々に組み合わせる活動を繰り返しながら、自分らしさを追求していくこととなる（**図3**）。

低学年の題材「ごちそうパーティ」は、子供たちが色々な食べ物の形を思い浮かべ、粘土を丸め、伸ばしたりつまんだりして工夫しながらつくる題材である。形状だけではなく、自身が感じ取った感覚から、柔らかさや温かさ、硬さや冷たさを生かして、時には実際に食べる真似をしながら、まるで給食時間であるかのように嬉々としてつくり出していく姿を見ることができる（**図4**）。

### D 触知性

視覚を中心とする「絵に表す活動」に対して、「立体に表す活動」は触覚感覚の占める割合が大きいことが特徴である。肌触りや形状の特色を感じながら、自分なりの快-不快として認識する外診的触知性（外感覚）だけでなく、内診的触知性（内感覚）と呼ばれる体内器官の感覚を働かせている（**図5**）。様々な粘土における造形的な行為の中で、叩いたり伸ばしたりすることによって筋

図4　粘土のごちそう（1年）

　手で感じる　　　足で感じる　　　乾燥粘土を触る

図5　全身の感覚を使って感じる内診的触知性（内感覚）

肉が緊張 - 弛緩し、全身に直接響く感覚から粗密や軽重、硬軟や寒暖などの感覚を感じ取っている。やがてそれは、穴をあける、ひねり出す、ちぎる、丸める、水をかけて撫でるなどの行為を伴いながら、子供は全身を使って表現しようとする。この時、体内のあらゆる器官の筋肉の運動 - 疲労、そして経験などの身体感覚が統合されていくのである。素材に直に手で触る、そして全身の感覚を動員させることは、まさに自分の感覚や行為を手掛かりにして理解するという、幼児期から継続して培われるべき図画工作の目標の具現化そのものである。

## 第2節　「表したいことを立体に表す」学習の内容と目標

　内容構成の中で「立体に表す」学習は、「絵や立体、工作」と一体に扱われている内容の中にあり、感じたこと、想像したこと、見たことなどから表したいことを立体に表すものである。「子供」が自分の「表したいこと」を、形や色、イメージなどを手掛かりに、材料や用具を使ったり、表し方などを見付けたり工夫したりしながら立体に表していくということである。なお「見たこと」とは、子供たちが見たり触ったりして捉えた内容のことであり、過去、高学年において絵の指導、彫塑の指導にも見られた過度な造形的写実やバランスを目指すものでなく、子供主体に感覚を使って感じ取ったことと捉える方が良い。これらから立体に表す過程を通して育成する資質・能力は「思考力、判断力、表現力等」および「技能」を意味する。

　子供主体の学習とは、教師が子供たちに作品をつくらせ完成させるのではなく、子供たちが手や体全体の感覚などを働かせ、思いのままに表すことを通して材料や行為に自ら新たな価値を見出すとともに、他者に伝えたり社会を意識した表現へと広げたりしながら資質・能力を育成する学習である。身近な生活用品をはじめ社会の中の全てのものは形や色で構成され、これらは材料と行為の上に成り立っている立体と捉えることもできる。言うまでもなく、すでに子供たちは幼児期より様々な三次元の造形物に触れている。空間すべてが美的な要素で成り立っているとも言えるが、それらは全て大人がつくった過去のものではなく、子供たちもその美的要素の一員として「表現する喜び」の基礎を担っている。未来社会を切り拓くための資質・能力として学習指導要領の中で「思考力、判断力、表現力等」、「技能」を先に示すことにより、「立体に表す」内容においても育てたい力をより明確にしたと言って良い。また、図画工作科では、題材ごとに作品や活動をつくりだすという特徴がある。作品や活動は、表現した人そのものの表れであり、かけがえのない自分を見いだしたりつくりだしたりすることだと言える。このことは全ての活動において尊重さればならないことである。

（秋山道広）

### 【参考文献】

- 文部科学省（2009）『小学校学習指導要領解説図画工作編』日本文教出版
- 同、2018年
- 白沢菊夫（1991）「彫塑」（『造形教育事典』）建帛社、p.326、pp.322-372

## 第3節　「表したいことを立体に表す」学習の実際

私たちの　夢のまちへ　おいでよ　（第4学年　計4時間）

| 出会い・発見 | 共有する | 生み出す | 広げる・伝える |
|---|---|---|---|
| 主体的な学びへの入り口 | 対話的な学びの過程 | かく・つくる・感じる・考える | メタ認知・協働性・非認知能力 |

**つくりたいこと**
個々の「思い」や「工夫」などを前提とした表現の主張と協調
他者の見方、考え方の面白さに気づく

**つくりつくりかえ夢の街をつくる**
組み合わせたり、色をつけたり、模様を貼ったりしながら、それぞれ思い思いの街にする

**街を歩く**
できた街を歩いてみる
一人ではできないが一緒にならできる社会を実感する

**材料との出会い**
大量の段ボール材料をみて、みんなで協力して大きな街をつくり出したいという期待を高める

**やってみる**
自分なりに、頭や手を働かせて、感じたこと、できたことを共有する

**ためしながら**
積む、切り込みを入れて組む、ボンドやクラフトテープで接着するなど試しながらつくる

**街を見渡す**
思いをつくったこと、工夫したこと、他者の工夫や面白さを認識する

**評価規準**

思考力・判断力・表現力等
- 段ボールの特性を生かし、積む・並べる・組み合わせる等既習を活用し、工夫してつくろうとしている
- 夢のまちの良さや面白さについて考え、つくりたいイメージを追求して表現しようとしている
- 造形的な活動を通して、自分らしい形を見いだすことを楽しもうとするとともに、造形を通して他者とコミュニケーションしようとしている

知識・技能
- 段ボールを使って新しい形をつくりだすことに興味を持ち、楽しみながら活動しようとしている

学びに向かう力・人間性等

○授業の概要と目標

　本題材は、広い部屋で、段ボールなどを使用し、大きな街を協力してつくるという「立体に表す」学習である。切り込みを入れて組み合わせるという既習経験の知識・技能を活用することにより、接着に時間をかけることなく、子供たちがつくりたいイメージを具現化しやすい題材である（図6）。

　楽しい街になるように、材料の組み合わせ方や色などを工夫する試行錯誤の時間を多く取ることを重視する。「みんなで協力し、段ボールを積んだり組み合わせたりして、楽しく大きな街をつくる」ことを目標とする。

○授業の意義

　一人では到底できないことも、友達と協力すると大きなものができたり、新しい発想が生まれた

図6　友達と協力して、積む・組み合わせながらつくると、自分よりも大きな立体が、短時間で出現する

りすることを実感しながらつくりだす喜びを感じるところにある。また共感的なかかわり合いの中で、将来への社会性を基盤とした社会参画の意識の伸長を促すものである。

○授業の流れ

**出会い・発見** 材料との出会い

材料を前に「えっ、全部使っていいの？」という出会いの後、活動する教室へ運ぶ。「何をつくろうかな」と発想を膨らませながら倉庫を往復する間にイメージは固まってくる。材料を収集する時間に余裕があれば、各自の家から材料を少しずつ持ち寄り教室の隅に備蓄すると、より意欲的に取り組める。しかしながら児童と教師双方、この題材のために段ボールを集めるのは大変である。学習において大変な準備が伴うと1回きりとなり持続しない。準備や指導内容の多さは、教師の題材に対する実施意欲にまで影響するため計画的に材料を確保したい。

**共有する** 互いのつくりたいこと

協力しながら何かをつくり上げる活動において共感的な「見方」が培われる。低学年に比べ、自分と他者との違いを客観的に見るようになる中学年では、グループで協力して活動することが求められる場面も増える。主観的な言動が目立った低学年に比べて、より自分の位置を意識する姿勢がみられるようにもなる。友達と一緒につくる過程で、「こうしようと思う」、「こっちのほうが良いと思う」、「じゃあ、こんな感じはどうか」など共感的に他者とコミュニケーションする場面が増え

ることにより、他者の自分と違った見方や感じ方を知り視野が広がっていく。互いの主張や表現方法に協調したり、時には失敗し対立したり、折り合いをつけたりすることを繰り返しながら活動をすることを通して、社会性を基盤とした社会参画の意識が伸長される（**図7**）。

**生み出す** 創造的な知識・技能

段ボールに切れ目を入れて組み合わせる既習経験があるからこそ、接着せずに高く組む、側面に差し込むなど、新たに造形的な面白さを見出すことができるようになる。穴をあけたり組み合わせたりすることを通して知識・技能を獲得し、さらに発想や構想したことを実際に実現しようと努力し工夫することで技能が活用され確実で創造的な知識・技能となる。

**広げる・伝える** 「つくりたい」が原動力

このように「立体に表す」学習の特性は、絵による表現とは異なる立体的な認識を持ちながら、実在する材料そのものに働きかけ、立体として表現するところにある。街をつくる個人、共同の造形にかかわらず、活動や行為を通して創造的な技能を身につけていくものである。いずれにしても、見たこと、感じたことなどから、子供たちが表したい「何か」を表現することが、「絵や立体に表す」ことである。子供たちが「何を」表現するかは、絵と同様「自分の表したいこと」であり、「どのように表すか」の違いで表記上区別されているが、子供たちにとっては、材料に触れ、様々に工夫しながら絵と立体で横断的に表すことは常であり、単に材料が形式的な作品づくりの方向を示すものではない。それは子供たちの「つくりたい」という極々自然な欲求の上に成り立っているからである。

（秋山道広）

図7 造形における互いの主張に協調するだけでなく、時には異論に対し、折り合いをつけながら街をつくりだしていく様子

【参考文献】

❖ 文部科学省（2018）『小学校学習指導要領解説図画工作編』日本文教出版
❖ 日本児童美術研究会（2015）『図画工作3・4下教師用指導書　朱書編』日本文教出版

# 第5-3章 表したいことを工作に表す

## 学習のポイント

**1** 適応表現としての「工作に表す」学習の意義とその主な内容について整理し理解すること。

**2** 「工作に表す」学習の目標と育成する資質・能力について整理し理解すること。

**3** 「工作に表す」学習の授業化の手立てを理解すること。

## 第1節 「表したいことを工作に表す」学習の意義

 平成10年7月の教育課程審議会の答申に示された図画工作科の"改善の具体的事項"の中に、「手などを十分に働かせ、材料や用具を選択し工夫してつくるなどして、造形感覚や工作などの創造的な技能、デザインの能力を高めるようにするため、工作に充てる授業時数を十分確保するようにする。」と示されている。

 以来、平成20年及び平成29年告示の学習指導要領解説図画工作編の中でも、「児童が手や体全体を働かせてものをつくる活動の機会が減少していると言われる。ものをつくる経験は、単に技術の習得という観点だけではなく、よさや美しさを大切にする気持ち、自発的に工夫や改善に取り組む態度などからも重要である。」とされ、工作に表すことの内容に配当する授業時数か、絵や立体に表すことの内容に配当する授業時数とおよそ等しくなるように指導計画を立てることの必要性を示している。

 これら児童が手や体全体を働かせてものをつくる活動の機会の確保は今後ともさらに重要になると考えられる。

### (1) 心象表現と適応（適用）表現

 学習指導要領では、A表現の内容の構成について**表1**のように整理されている。

 この中で「ア　造形遊びをする活動」と「イ　絵や立体、工作に表す活動」とははっきりと分けられ、それぞれの活動の特性の違いも明確である。一方「絵や立体に表す活動」と「工作に表す活動」とは一体的に表記され、弾力的な扱いが示されてきたことから、それぞれの活動の特性が捉えにくくなっている。

 学習指導要領解説図画工作編では、「『絵や立体』とは、絵の具などで平面に表したり、粘土などで立体に表したりすることであり、ともに自分の感じたことや思ったことなどを表すという点で共通している。一方、『工作』とは意図や用途がある程度明確で、生活を楽しくしたり伝え合ったりする

表1　A表現における内容の構成

| 内容の構成（2学年ごと） | | |
|---|---|---|
| | 項目 | 事項 |
| A表現 | （1）表現の活動を通して、発想や構想に関する次の事項を身に付けることができるよう指導する。 | ア　造形遊びをする活動を通して育成する「思考力、判断力、表現力等」 |
| | | イ　絵や立体、工作に表す活動を通して育成する「思考力、判断力、表現力等」 |
| | （2）表現の活動を通して、技能に関する次の事項を身に付けることができるよう指導する。 | ア　造形遊びをする活動を通して育成する「技能」 |
| | | イ　絵や立体、工作に表す活動を通して育成する「技能」 |
| 共通事項 | （1）「A表現」及び「B鑑賞」の指導を通して、次の事項を身に付けることができるようにする。 | ア　「A表現」及び「B鑑賞」の指導を通して育成する「知識」 |
| | | イ　「A表現」及び「B鑑賞」の指導を通して育成する「思考力、判断力、表現力」 |

ものなどを表すことである。」と、整理されている。

　前者が児童のおもいやイメージを起点としている（心象表現）のに対して、後者は、意図や用途などを起点とした表現活動（適応・適用表現）であるといえる。ここでいう意図や用途とは、単に役に立つもの、使えるものというだけではない。たとえば、ある材料を手にした児童が、これを使えばこんなものがつくれると、つくりたいものを思いついたり（素材の良さを生かす）、クランクなどの動く仕組みに出会った子供が、その動き（素材）のおもしろさを感じ、自分らしい生かし方、表し方を発想したりすることもあるだろう。さらに、学校の廊下にこんなものがあったら便利だし、楽しいだろうなと発想してつくることも、生活を楽しくする造形的な提案（デザイン）としての「工作に表す」の活動である。

**（2）「工作に表す」学習内容**

　以下に、工作に表す活動の具体例を示す。これらは明確に分類されるものではなく、組み合わせて行うことも多い。

ア　飾るものをつくる

・色紙などを切っていろいろな色や形の飾りをつくる。

・変身して遊ぶためにかぶるものや身に付けるものをつくる（図1）。

イ　使うものをつくる

・紙粘土を使って小物入れをつくる。

・粘土を焼いて、生活を楽しくするものをつくる。

ウ　遊ぶものをつくる

・すごろくをつくる。

・一枚の板を糸のこぎりを使って切り、パズルをつくる。

図1　変身して遊ぶためにお面や身に付けるものをつくる

エ　伝える（提案する）

・願いを込めた学校やまちづくりを計画し、つくって伝える。

・学校生活を楽しくする案内板をつくる。

オ　素材（材料）を生かす

・紙を折って立てた形から思いついたものをつくる。

・生活の中で使わなくなったものを生かして、思いついたものをつくる。

カ　素材（仕組み）を生かす

・開くと飛び出す仕組みを使って、楽しいカードをつくる。

・風で回る仕組みをもとに、遊ぶものをつくる（図2）。

・音がなる仕組みから、思いついたものをつくる。

・クランクを使って、動くおもちゃをつくる。

キ　用具・技法などを生かす

・木に釘を打つことを楽しみながら楽しいものをつくる。

・小刀で木を削って、自分だけのペンをつくる。

・のこぎりで木を切って、組み合わせ、

図2　風で回る仕組みをもとに、遊ぶものをつくる

いろいろなものをつくる。

### 第2節 「表したいことを工作に表す」学習の目標

図3　縦びき用のこぎり

図4　横びき用のこぎり

**身に付けさせたい事項**

「知識及び技能」

　工作に表す活動では、様々な材料・素材、用具に手や体全体を働かせながら活動することが多い。たとえば、一枚の紙を二つに折って立たせる活動では、紙の質や、繊維の方向によって立ち方に違いがあることを自分の感覚を通して気づいたり、理解したりすることができる。

　生活の中で使わなくなったものを生かしてつくる活動では、身近な素材をこれまでと違った造形的な視点で見たり触れたりして新しい意味や価値を見つけ、そこからつくりたいものを思いつく。仕組みを生かして動くおもちゃをつくる活動では、たとえばクランクから生み出される動きの面白さを味わいながら、違った角度から見ることで、また別の面白さがあることを理解し、その価値や視点を知識として蓄積していくのである。このように図画工作科における知識とは、事物の名前を覚えたり情報を得たりすることだけでなく、自分の感覚や行為を通して、対象や事象を捉える新しい視点を獲得したり、その価値に気づいたりすることで習得されるものである。

　工作に表す活動では、様々な用具を使う。これら用具は、材料とともに用いられ、児童は発達段階に合わせて様々な表現方法（技法）を経験し、技能を身に付けることとなる。

　児童が生涯にわたって様々な場面で活用できる「創造的な技能」を育成することは図画工作科が担う大切な学びであり目標である。

　技法と技能の違いは、料理に例えると分かりやすい。「カレーのつくり方」が技法である。これはレシピとして言葉や画像によって伝達することができる。そして実際につくるうちに「カレーをつくる能力」が身につく。これが技能である。同じレシピでも季節や食べる人によって、スパイスの量、材料の切り方や煮込み具合を変えるように、たとえば小刀で木材を削る時に、その材質に合わせて刃を当てる角度や力の入れ具合を試しながら、サクサクと心地よく削る技能を身に付けるのである。簡単な小刀類については、低学年からの使用が示されている。しかし、ややもすると安全について、特に禁止事項の指導に終始することも少なくない。的確な安全指導とともに、用具を使う楽しさ、心地よさを十分に体感させたいものである。また、たとえば木材工作で使用するのこぎり（両刃のこぎり）については、木目に沿って切る縦びき用、木目に対して直角に切る横びき用の刃を使い分けるよう指導する。この時に児童にそれぞれの刃を観察させると、縦びき用は一つ一つの刃がのみの形をしている（図3）のに対して横びき用のそれは小刀の形であること（図4）に気づく。縦びき用の刃が木材を「彫る（削る）」のに対して横びき用の刃は繊維を「切る」ことに納得した児童は、自ずとのこぎりの動かし方や力の入れ方を変えるのである。このようにして理解（納得）し、手や体全体を働かせて身に付けた技能は、以後の学習において活用され、そのたびに、より充実したものになる。

　このように、造形的な創造活動における基礎的・基本的な「知識及び技能」の習得は、生涯にわたって様々な場面で生かされるだけでなく、次に述べる「思考力、判断力、表現力等」の育成にも大きくかかわるのである。

「思考力、判断力、表現力等」

　学校教育法第30条の第2項には「…生涯にわたり学習する基盤が培われるよう、基礎的な知識

及び技能を習得させるとともに、これらを活用して課題を解決するために必要な思考力、判断力、表現力そのほかの能力をはぐくみ、主体的に学習に取り組む態度を養うことに、特に意を用いなければならない。」と規定されている。すなわち、「思考力、判断力、表現力等」は、習得した知識や技能を活用し、課題を解決する過程（課題解決学習）で発揮され、育成されるのである。図画工作科の学習も言うまでもなく課題解決学習である。

たとえば、新一年生を迎えるために色紙などを切っていろいろな色や形の飾りをつくって部屋を飾る活動で考えると、「一年生を迎える教室を楽しくするにはどのように飾ればよいか」が課題であり、飾り付けができたこと（作品の完成）で課題が解決したことになる。

しかし、その学習過程で、様々な課題に出会ったり、見つけたりしてそれを解決していくのである（図5　学びの構造図参照）。

学習のはじまりでは、「一年生を迎える」という課題とその解決に向けて、それぞれの思いを伝え合い共有する。自分自身の経験から「動物好きの一年生も多いから、いろいろな動物をつくればいいと思う。」と提案したり、「やさしい感じにしよう。」と思いやったりする児童もいるだろう。

春らしい感じを表そうと蝶をつくろうとした児童は、何枚かの色紙を重ねて切ると同じ形ができることを思い出し、やってみた。同じ形がたくさんできたので、蝶が飛んでいる様子を思い浮かべて並べてみると楽しい感じになった。そのうちの一枚を、窓を菜の花で飾っていた別の児童がもらってガラス窓に貼って見たところ、色がくすんで思うような感じにならなかった。そこで、色セロファンを使うことを思いつき、やってみると、鮮やかな色で思い通りになった。おまけに、色のついた影が床に映って、みんなから思わず歓声が上がった。別の児童は、色紙を折って重ねて切ってつながった形をつくった。それが風になびくのを見て、貼るより、吊るしたほうが面白いことに気づいて、入り口に暖簾のような飾りをつくることを思いついた。…このように、「一年生を迎える楽しい教室にする」という課題を解決するために、それぞれの児童が個別の課題を見つけ、様々な条件や、使える材料などを考え合わせながら、つくりたいものを発想し、つくりたいものの具現化に向けて、あれやこれやと試行錯誤しながら活動するその過程で、思考力、判断力、表現力等を発揮しながら伸ばしていくのである。

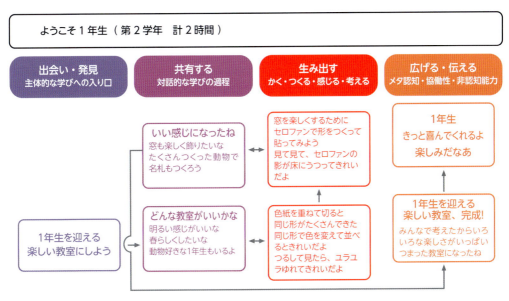

図5　学びの構造図

## 第3節 「表したいことを工作に表す」学習の実際

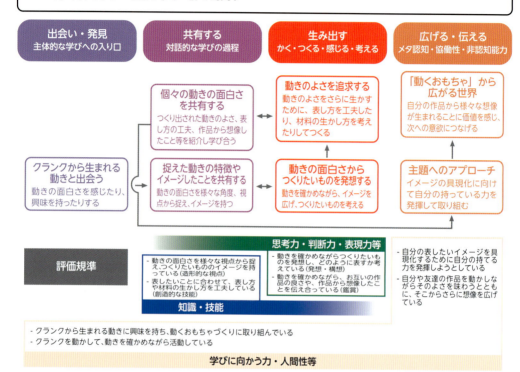

○授業の概要と目標

　本題材は、クランクとそこにつないだ竹ひごから生まれる「動き」の面白さを生かして動くおもちゃをつくることを目標とする。仕組み自体は比較的単純なものであるが、クランクの曲げ方や、竹ひごの長さ、ひごを通す穴の大きさなどの組み合わせにより、思いもよらない不思議な動きが生まれることも少なくない。その動きから、さらに新たな発想が生まれることも多い。指導にあたっては、「動き」との出会いの場面を大切にしたい。また、つくりながらイメージを広げ、動きの基となるクランクそのものからつくりかえることも少なくない。そのため、見通しを持たせつつ、試行錯誤しながら活動できるよう時間の確保も必要と考える。

○授業の意義

　本題材では今まで積み重ねてきた知識・技能を一体的に働かせ、イメージの具現化に向けて自己の可能性を最大限に発揮しながら試行錯誤することを通して、つくりだす喜びを味わいつつ自己実現をはかることができる。

○授業の流れ

**出会い・発見** 「動き」との出会い

　事前体験として教室のどこかに基本のクランクを掲示しておき、自由に手にとって見たり動かしたりしながら自分のつくりたいものを考えたりおもいをふくらませるようにする。この体験により、活動への意欲が高まったり、つくりたいものに合わせて、家庭にある不用となった材料を生かすことを考えたりするなど主体的な学びの姿も期待できる。

**共有する** 思いを伝え合う

　授業の中でも、班ごとに基本の仕組みを用意し、手にとって見たり動かしたりしてつくりたいもの

を考える。ここでは、それぞれの思いを伝え合い、共有することで、同じ動きから、様々なイメージが生まれること、そして、いろいろな向きから動きを捉えることで、今まで気づかなかった面白さを感じることができることを学ばせたい。この「対象や事象の見方、捉え方（造形的な視点）」は図画工作科の学習における「知識」として蓄積されるのである。

図8　互いの作品から想像を広げる

### 生み出す　動きのよさを追求する

つくりたもののイメージはアイデアノート（アイデアスケッチ）にメモする。そして、活動に見通しを持たせるために、大まかな計画を立てる。これは、高学年に求められる計画性である。ただし、イメージの広がりに合わせて、試行錯誤しながらつくりかえることができる時間や材料の余裕も必要である。この活動は、いわゆる「設計図」を作成し、その実現に向けて取り組むものではない。つくりながら、新たに発想したり構想したりしながらおもいを深め、イメージを広げていくところに学習の意義がある。そのために、基本の仕組みはいつでも組みかえたりつくりかえたりできるよう、接着剤を使わずに組み立てられる方法が良いと考える。

ここでは、これまでの学習や生活の中で蓄積してきた「引き出し」の中の知識・技能を活用させたい。「こんな感じにしたい」というおもいに合わせて、材料を選んだり、用具を活用したりすることで引き出しの中身は一層充実したものになるのである。そして、共通事項で示されている知識・技能と思考力・判断力・表現力等は互いに関連しながら働き、育成されると考えられる。

また、これら動く仕組みをもとにした工作では、「動くもの（動）」に意識が集中しがちである。活動にあたっては、動きを確かめながらイメージを広げるようにするとともに、背景やステージなど、「動かないもの（静）」との対比にも注目させたい。

### 広げる・伝える　想像の世界を広げる

動く仕組みをもとにした工作では、完成した作品は「動かして」鑑賞する。そこでは、単に作品の出来栄えだけではなく、イメージしたことの具現化に向けて、「こんなふうにしたい（課題）」とその解決に向けて、どのように工夫したか、発想のきっかけとなったものは何かなど、学びを振り返る中で、自他の表現のよさや製作過程で工夫したこと、学んだことを伝え合うことが大切である。

（藤本陽三）

図6　クランクの動きからイメージを広げ、共有する

図7　動かしながらさらにイメージを広げる

【参考文献】

❖ 文部科学省（2018）『小学校学習指導要領解説図画工作編』日本文教出版

❖ 大橋功、新関伸也、松岡宏明、藤本陽三、佐藤賢司、鈴木光男編著（2009）『美術教育概論（改訂版）』日本文教出版

# 鑑賞

## 学習のポイント

1. 表現と鑑賞の学習との関係について理解すること。

2. 鑑賞学習をとおして児童に育む力を整理すること。

3. 鑑賞学習における、児童の生活や文化とのかかわりについて理解すること。

## 第1節 「鑑賞」学習の意義

　図画工作科の学習は造形的な創造活動をめざしている。図画工作科の指導内容には、つくることやかくことなどの活動を中心とした「表現」と、生活の中にある作品や素材から感じ取ったり、考えたりする「鑑賞」の二つの活動領域がある。しかし、表現のためには、素材や作品の特性を感じ取ったり考えたりすることが大切であり、一方鑑賞のためには、つくったり、かいたりした生活の中の美的な経験によって感じ取り方を深めることも大切である。平成29年告示の学習指導要領の解説でも、「表現と鑑賞はそれぞれに独立して働くものではなく、互いに働きかけたり、働きかけられたりしながら、一体的に補い合って高まっていく活動」と示されているように、鑑賞を表現と異なる活動と捉えるのではなく、造形的な創造活動に児童が向かうために相互的に捉えるべきであろう。内面の感情や価値を表出する表現と、外界の価値を内面にとり込む鑑賞をあわせて創造活動の営みとも言える。

　本節では、児童の鑑賞学習の意義を「文化的実践」の「出会う」「共有する」「生み出す」「伝える」（第1部第5章参照）の4つに分けて概説する。

### (1) 出会いと発見

#### ①価値の発見

　児童にとって、日々の生活は出会いの連続である。低学年では「身の回りの」中学年は「身近にある」高学年では「親しみのある」作品などの新たに出会った形や色などから、今まで感じたことのない感情を抱いたり、新たに価値づけをしたりする。これらの感情や価値づけは、生活や学習活動の中で活用され、児童自身による概念形成の一助となる。

#### ②作者との出会い

　鑑賞作品をとおして、作者との出会いがある。児童は、作品の向こう側にいる作者に対して、このような描き方をする人物はどのような人で、どんなお話ができるかなと自由にイメージを膨らませる。また、友達の作品からも、これまで感じな

かった友達の新しい一面との出会いがある。

### ③社会への願い

地域にある美術館では、地元の作家の作品が多く所蔵、展示されている。作家が、児童が日常見つめている風景を、描かれた当時の空気や社会の動きの中で表現している作品もある。これらの背景から、児童が感じ取ったことに、日常生活を重ねることでも、多くの気づきがある。

また、高学年になれば、生活の中のユニバーサル・デザインを探すなど、現在の町の中に機能性としての「やさしさ」を感じ取ることができる。これらの鑑賞を通じて、多くの人の生活や防災時の人の心の動きを考え、より豊かな社会をめざすデザインに出会うことになる。

## (2) 共有する

絵画などの作品と出会い、感じ取ったことを多くの人と共有することは、文化を紡ぐ出発点でもある。作品から感じ取ったことを思考したり、まとめたりする力は、同じ作品をみつめる友達との対話によっても育まれる。友達の感じ取り方や、それらをまとめた言葉もまた、違った価値、多様な価値として、児童自身で受容する姿勢は大切である。これらの共有する学びのために、3つの要件が考えられる。

### ①児童が安心できる場

まず、児童が何を語っても大丈夫だと思える「安心の」環境や空間の設定である。形や色、素材などから感じ取ったことを思考し、まとめたことを語ることに不安を持つ児童もいる。

最近では、日常の図画工作の授業ではなく、地元の美術館との連携学習が盛んに行われ、学芸員によるVTS（ビジュアル・シンキング・ストラテジー）などの、鑑賞者による対話を用いた鑑賞プログラム等も充実している。児童にとって美術館は「非日常」である。この「非日常」が、安心感を生む場合がある。

また、日々の教育活動の中で、児童が感じたことを自由に話せる安心感のある学級づくりや環境設定だけでなく、児童の様々な個性や能力に合わせた配慮が必要である。

### ②共有する知識の整理

学校の鑑賞活動では作品が描かれた社会的な背景や、作者について知識の理解や共有も大切な場合がある。高学年の社会科で知識理解として学ぶ要素もあるが、図画工作では、表現活動と一体となって作品や作家を学ぶことが多い。

### ③生活環境と共有する価値

学校での日常の中で、形や色、素材、意匠の中で育まれていることを児童が実感できる環境を整え、児童相互に気づいたことの話ができることも文化として気づきを共有する手立てである。

a　児童作品

教室や廊下の壁面などに、ほかの学年や学級の児童が日常的に鑑賞できるよう児童作品を展示し、業間や放課の時間に作品を介した会話ができる環境を整える。会話から製作への思いを知ったり、想像したりする場所と時間が生まれる。また、低学年が鑑賞することで、将来の表現活動への見通しとなる。

b　地域の提供作品

地域の方の作品をお借りして、展示することも社会に向かう力を育む契機となる。地域の絵画作品だけでなく、祭りの衣装やオーナメントなど、「地域のデザイン」も、社会への意識をより高めることになる。実際の学校への借用については作品の安全性、地域への理解、贈与であれば作品の価値に見合った保存のあり方など様々な課題が考えられる。展示できること自体が地域と学校の信頼関係や学校評価とも言えよう。

c　名画の複製画（近隣の美術館の収蔵作品など）

名画の複製を活用することも一つの方法である。近隣の美術館と相談し、収蔵作品のポストカードの展示や、いつでも遊べるカードとして学級においておくことも考えられる。

将来、美術館での鑑賞で、「知っている」ことが、興味や関心、意欲に繋がる。美術館では今まで見ていた複製画と大きさや色の違いを比較することで、児童の経験に応じて、他者とは違う「見る視点」が形成される。友達と美術館で鑑賞活動をする際には、これらの「見る視点」の違いを認識することから始められよう。

## (3) 生み出す

鑑賞によって見出された価値は、他者と共有され、新たな価値となって、児童の作品、言語、身体活動をとおして表出される。美術館での鑑賞活動も、対話的な共有を経て、自己の主題を生成し、様々な表現活動へと繋がる。

### ① 共有した描画作品の情報を整理する

作品から感じ取ったことや、作品の背景や技法の知識などから、作家に代わって作品のメッセージを語ることもできる。主に言葉で伝える表現活動であるが、画材やタブレットの写真機能等を活用して視覚的な表現活動に向かう場合もある。

具象作品の場合、作品の枠の外側のイメージから状況をより詳細に考え、人物が描かれているならば描かれた人物をより深く共感的に見ることもできよう。

### ② 劇やドラマなどストーリーで表現

描画作品の前で劇やドラマを演じてみることもできる。美術館や、教室に展示した作品を前に、児童がストーリーを組み立てる活動である。また、ICT機器を活用して、スクリーンの絵の中に入り込む疑似体験「ウォーク・ビュー」などインタラクティブな鑑賞の実践も行われている。

## (4) 伝える

図画工作科では、表現したことを客観的に見つめなおすことも重要である。ここで述べる「伝える」は、主に児童作品の相互鑑賞である。

相互鑑賞は、大きく分けて二つの活動がある。ひとつは、製作の途中で、児童が互いにアドバイスしあい、改善すべき視点を次の製作のめあてとするなどの「高め合う・深め合う」活動。もうひとつは、製作の後で、児童が展示などの方法を考え、表現に込めた思いを広く他者に「伝え合う」活動である。

### ①「高め合う・深め合う」相互鑑賞

授業中では、自分の作品をよりよく表現するために相互鑑賞をする場合がある。ここで考えなければならないのは、描画している児童の心の動きを把握しておくことである。テッサー（1988）は、自己評価維持モデル（Self-Evaluation Maintenance

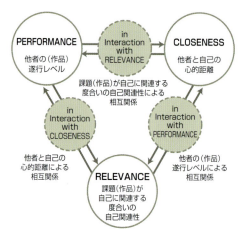

図1　テッサーの自己評価維持モデル（SEM）

model：SEM）で児童の製作中に自己評価を維持するためにどのような対処を心の中で行っているかをモデルとしてまとめた（**図1**）。

テッサーによれば、自己評価維持のために「自己作品と自己に関連する度合い」と「他者の作品レベル」と「他者と自己の心的距離」の3つの相互関係のバランスをとっているという。たとえば、自分の作品への自己評価が低い場合、自己作品と自己の関連から「この作品私はあまり好きではない」、他者の作品レベルから「あの作品より○○のところが私の作品のほうがよい」と自己評価を高く維持するために感じるということである。

一方、相互鑑賞によって友達と対話する中で、「あんな上手な作品をつくる子と私は友達である」と思えたり、友達から自己の作品への新たな価値を指摘されることで、「自己作品と自己に関連する度合い」が高まったりする。作品を友達に説明する中で、自己を高め、他者への思いを深め、作品への新たな見通しができると言える。

### ② 図工展

自分たちの作品を、どのように家族や、地域、友達、異学年の児童に鑑賞してもらうかを考える活動である。

自分が考えたこと、感じ取ったことを、友達の思いにも共感しながら共に展示を計画し、設えることで、より多様な人への思いを自分の作品をとおして考える機会である（**図2**）。学校全体で取り組むことが多く、PTAや地域に対して小学校

図2 体育館に児童が自分の作品を展示して図工展をつくる

としての図画工作の考え方や育む姿勢を知ってもらうよい機会でもある。

## 第2節 「鑑賞」学習の目的

　鑑賞の学習での大きな目的の一つに、表現の学習と一体的に捉え、児童一人一人が感性や想像力を豊かに働かせることが挙げられよう。その上で、生活をより美しく豊かにしたいと願い、文化の理解をとおしてすべての表現の尊さを実感する。作品等から感じ取ったことと、概念または知識や経験による表現の技能とを整理するなどし、思考したり、まとめ上げたりして自己の思いとして他者に伝える。あるいは、友達の思いを、受け取ろうとする姿勢の育みが大切である。そのためには、造形的な創造活動全体をとおして、自己理解を含めた自己の深まり、他者との共感的な関係、深く見つめる感覚、そして、感じたことと社会とのつながりなど、人間性の醸成として捉えることが重要となる。

### (1) 自己の深まり

　児童の概念に無い色名の色と出会ったとき、「○○に似ている」などと何かに見立てたり、「○○色」と色名を付けたりする。三浦（2010）は、視覚などから知覚した曖昧な存在に対して、自身で価値づけをする直観的な能力を「感性」と呼んでいる。そして、価値づけたことを、友達や先生に説明することで、描画表現の中での「発見」となる。児童にとって、感性を伴った発見は知的好奇心を揺さぶる喜びをもたらすだけでなく、それらの気づきを自分の「よい所」として、自己

の特徴を大切にできる人格形成を行うのである。

### (2) 他者との共感的な関係

　鑑賞の活動では、作家や友達が、自分と違う表現をしていると気づくことがある。すべての他者を、違った価値のある存在として認識し、多様な見方や考え方があるとの理解である。

　特に障害のある方の作品を鑑賞することから、より多くの生き方を感得することもできよう。障害のある人に対してその生き方の一端を感じ取り、思いやりをもった共感行動への一助となる。このように、共感性を認知的側面と情動的側面の両面で育むことができるのが鑑賞活動である。

### (3) 深く見つめる

　色や形などから、作者がどのような気持ちで、どのような過程でつくったり、かいたりしたかをイメージする力は、自身の表現活動の経験によるところも大きい。深く見つめるためには、表現での経験との相互的な学習が必要である。ほかにも、混色の経験が、自然の色の移ろいの変化に気づけ、豊かな日々の生活の基盤となる。

### (4) 社会とのつながり

　授業での鑑賞活動は、生活の中にある工業製品や、町の中で見かけるファッション、インテリア、エクステリア、プロダクト、ビジュアルそれぞれのデザインを見つめる視点を豊かにさせ、よりよい社会のために、学ぶべきこと、考えるべきことを想起させる契機となる。

　何よりも、これから出会う美術館等での作品から、すべての表現活動の尊さ、文化として後の人に伝えることの大切さと改めて出会う。伝統や文化に込められた多くの人の思いを鑑賞からも感じ取るのである。

（清田哲男）

【参考文献】

❖ Tesser, A, (1988) " Toward a self-evaluation maintenance model of social behavior" Advances in experimental social psychology, vol 21, p.181-

❖ 三浦佳世（2010）『現代の認知心理学〈1〉知覚と感性』、北大路書房

## 第3節　「鑑賞」学習の実際

もっと！もっと!!リピテーション（第6学年　計4時間）

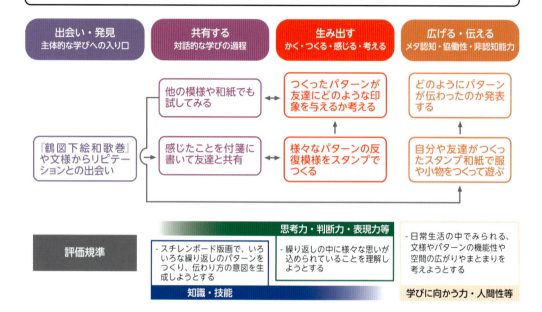

鑑賞の学習では、美術館などの作品だけでなく、ポスターや衣装や家具の装飾文様、家紋、写真、絵本や紙芝居、マークやピクトグラム（絵文字）など、日常での生活の中での文化の気づきや学びにつながることも大切である。これらの気づきは、児童のこれからの生活をより一層豊かにするだけでなく、使用するすべての人の幸せを願うことのできる姿勢を醸成する契機となる。

○授業の概要と目標

図3のようにテキスタイルで用いられる文様には繰り返し（リピテーション）によるものも少なくない。

着物の文様などを鑑賞し、単純化され繰り返し描かれることによる空間の広がりの効果などを感じ取り、自然を簡素化した形のスチレンボード版画で実感することで、日本の意匠の空間認識をより深く感じ取ることができる資質・能力を高めることをめざしている。

○授業の意義

授業の導入では、『鶴図下絵和歌巻』（図4）の鑑賞から意匠化された鶴の繰り返しの表現と、絵皿やテキスタイルのパターンの表現とを比較し、それぞれの印象から、受け取る人の心がどのように違うかを感じ取る。そして、日本文化の中で育

図3　テキスタイルの繰り返し文様『波千鳥』

図4　絵/俵屋宗達筆　書/本阿弥光悦筆『鶴図下絵和歌巻』、紙本著色、江戸時代（17世紀）、京都国立博物館

まれた意匠の効果を考えながら、動物や自然をモチーフにした版画を作成し、人にどのような印象を与えるかを想定してリピテーション表現する。以上のプロセスによって、友達と相談しながら形や意匠を受け取る側の気持ちや、使用する人の心の動きを深く考えようとする姿勢を育てる。

○授業の流れ

**出会い・発見 作品との出会い**

児童が『鶴図下絵和歌巻』のレプリカをひろげ、空間の広がりなどを実感する。繰り返しの直感的な面白さを感じ取ることで、リピテーションによってどのようなメッセージがあるかを考える（図5）。また、鶴の重なりなどから、空間の前後の広がりの感じ取りに気づく児童もいる。児童が作品をみるだけでなく、触ったり、匂ったりするなど、行為を伴って、五感で感じる工夫も大切である。

**共有する 感じとりの違いの実感**

児童がそれぞれの作品から感じ取ったことを付箋に書き、作品に貼付する。さらに、ほかの班の友達が貼付した付箋の内容を、友達と感じたことの違いを確認しながら班毎にまとめる。そのときに、同じ繰り返しの文様でも、人に与える効果が違うことを実感する児童がいるが、伝わり方の違いが感じ取れるようめあてを定め、児童がまとめた内容からその達成を確認し、評価する。

その後で、児童自身がスタンプで繰り返しの文様をつくるが、その際の相互鑑賞での感じ取り方につながることになる。

**生み出す 表現と思いを感じながら**

図6のように、動物や昆虫、鳥、花など、自然の形態を単純な形にし、スチレンボードでスタンプで文様を班でつくる。そして、授業の最初に鑑賞したことを参考に、様々なパターンの反復文様をつくり、そ

図6 スチレンボードでスタンプをつくり、繰り返しの文様をつくる

れが他者にどのような印象を与えるか考える。その際、和紙や、画用紙など様々な大きさや種類の素材にスタンプしその効果から用途もイメージする。

単純な形が考えられない児童に対して、写真の切抜きの影からイメージさせる手立ても必要である。また、この段階で、リピテーションの文様から、紙による服や、巻物などへ発展できるよう準備しておくことも大切である。

**広げる・伝える 相互鑑賞から生活の中へ**

スタンプの文様や素材から友達にどのような気持ちが伝わるかを確認しながら、その効果に合わせて、紙で服や着物をつくったり、絵手紙をつくったりして発表する。ほかの班でつくった紙を交換したり、場合によっては、はじめに鑑賞したテキスタイル文様のコピーも使う。

そして、友達がつくった作品の効果がどのように伝わったかについて伝え合う。繰り返しの意図がどのように伝わるのかが明確になるよう、他者に伝えることによって、文化として感じたことをこれからの生活の中で、意匠として生かすことの面白さを実感できる。

（清田哲男・高橋英理子）

図5 『鶴図下絵和歌巻』のレプリカを広げる児童

第Ⅳ部

中学校「美術」

# 第1章 美術科の性格と目標

**学習のポイント**

**1** 美術の意味を考え、美術科の性格を理解すること。

**2** 教科としての美術科の目標の構造を理解すること。

**3** 美術科の目標と性格の関係を理解すること。

## 第1節 美術科と美術教育／美術と美術教育

　美術科の性格とは、当然のことながら中学校の教育課程を構成する教科の一つとしての美術科の特性をさす。しかし、より広く「美術教育」と捉えると、さらに深い視点でその性格を考えることも可能だろう。

　かつては「美術の教育」か「美術による教育」か、という対立軸で考える議論があった。前者は文字どおり美術そのものを教授する教育、後者は美術を通した人間形成を指すということである。

　しかし、このように二者を対立させる議論は、実際のところ建設的とは言えない。問題は「美術」をどのように捉えるかである。

　ケネス・バイテル（Kenneth R. Beittel）は、『オルターナティブ』（1973）で、描く人すべてを（子供であっても）「アーティスト」と呼び、美術の能力を言語能力のように最も人間の基本的なものと位置付けた。また、科学や宗教同様に、ほかの領域によって吸収されない「本質的に自律的な領域」とも指摘した。

　このように考えると、美術とは、日常生活から切り離された「特別な」技術や、一部の限られた人だけの営みを指すものではなく、私たちすべての生き方にかかわるものであることがわかる。

　そうであるのならば、「美術の教育」は、人間教育そのものであるという理解も可能になり、「美術による教育」と対立するものではなくなる。

　もちろん、作品主義的で表面的な技術指導に終始すること、すなわち作品の「つくり方」のみを指導することは、教科としての美術の在り方とは相いれない。美術科で実現される教育は、美術という人間の基本的な活動を通して成立する、極めて重要な教育なのである。

　そのため、美術科の教師を目指すためには、美術そのものの性格を学ぶ姿勢が不可欠である。単に作家と作品を結び付けるような知識はほとんど意味をなさない。E・H・ゴンブリッチ〈Sir Ernst Hans Josef Gombrich（1950）〉が、「物語」として記述したように、美術史とは限られた作品＝点の連続

ではなく、世界を捉え表現する人間の意志と試みの歴史、物語でもあるからだ。また、美術史の表舞台に現れない一般の人々の生活史＝造形史もまた、形と色で世界を捉え、つくってきた歴史であり、より本質的な美術の連なりであるとも言えよう。

一方、美術教育が教育の一環としてある以上、より上位の教育観・教育思想との関連も理解しておく必要がある。この点をおろそかにすると、美術科の孤立、ひいては美術科不要論へもつながりかねない。ハーバート・リード（Sir Herbert Edward Read）『芸術による教育』（1943）や、ヴィクター・ローウェンフェルド（Victor Lowenfeld）『美術による人間形成』（1957）など、教育思想としての美術教育についても学習しておこう。

以上の点から美術科の（美術教育の）性格を捉えるのならば、「1）人間に不可欠な営みとしての美術に基づく教育であること、2）教育の一環として人間形成に寄与するものであること」の2点を基本として挙げることができよう。

## 第2節　美術科の性格と目標

教科としての美術科の目標を具体的に見てみると、前段部分と、(1)〜(3)の3観点で示されている（図1）。この目標の前段部分が、美術科の性格・教科特性を表すものである。この一文を分けると、次のようになる。

- 美術科は表現及び鑑賞の幅広い活動を通して学ぶ教科である。
- 美術科は造形的な見方、考え方を働かせて学ぶ教科である。
- 美術科は、生活や社会の中の美術や美術文化と豊かに関わる資質・能力を育成する教科である。

次にそれぞれ意味するところをみていく。

- 「表現及び鑑賞の幅広い活動」とは、表現では、特定の造形分野に偏ることなく、絵や彫刻、デザインや工芸など多様な表現を、鑑賞では、美術作品だけではなく、美術文化や美術の働き、身のまわりの環境なども対象とすることをさす。

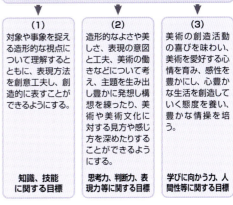

図1　美術科の目標

- 「造形的な見方、考え方を働かせる」とは、形や色彩、材料などの造形の要素からイメージを捉えたり、よさや美しさなどの価値を感じ取ったりすることをいう。
- 「生活や社会の中の美術や美術文化と豊かに関わる」とは、美術館などで美術文化に積極的に触れることだけではなく、生活の中の様々な場面で、造形的な美しさを感じ取ったりすることをいう。

このように、学習指導要領における美術科の目標の前提は、前節でみた美術・美術科の性格と重なっていることが分かるだろう。

このような基本的な性格のもと、具体的な目標、指導事項を設定し、実際の授業として展開していくのが美術科ということになる。

（佐藤賢司）

### ［参考文献］

- Kenneth R. Beittel (1973)：*Alternatives for art education research*, W. C. Brown Co（長町充家訳『オルターナティブ』三晃書房）
- Sir Ernst Hans Josef Gombrich (1950)：*The Story of Art*, Phaidon
- Sir Herbert Edward Read (1943)：*Education through Art*. (New ed.), Faber & Faber;
- Victor Lowenfeld (1959)：*Creative and Mental Growth* (3rd edition), The Macmillan Company

# 第2章 美術科の内容

### 学習のポイント

**1** 美術科の目標と資質・能力を理解すること。

**2** 美術科の内容を構造的に理解すること①。
〜何を通して学ぶか〜

**3** 美術科の内容を構造的に理解すること②。
〜指導事項・共通事項〜

## 第1節 美術科の目標と「資質・能力」

前章で学習指導要領での美術科の目標にふれたが、ここでは3観点をより詳しく見ていくこととする。

学習指導要領では各教科で育む資質・能力を、以下の三つの観点でまとめている
【知識、技能】
【思考力、判断力、表現力等】
【学びに向かう力、人間性等】

これらの観点で整理された、美術科の目標が、次のようになる。

(1) 対象や事象を捉える<u>造形的な視点について理解する</u>とともに、<u>表現方法を創意工夫し、創造的に表す</u>ことができるようにする。【知識、技能】

(2) <u>造形的なよさや美しさ、表現の意図と工夫、美術の働き等について考え</u>、<u>主題を生み出し、豊かに発想し構想を練ったり</u>、美術や美術文化に対する見方や感じ方を深めたりすることができるようにする。【思考力、判断力、表現力等】

(3) <u>美術の創造活動の喜びを味わい</u>、<u>美術を愛好する心情を育み</u>、感性を豊かにし、<u>心豊かな生活を創造していく態度を養い</u>、豊かな情操を培う。
【学びに向かう力、人間性等】

これらの関係は**図1**のよう捉えられる。

このようにまとめてみると、美術科の目標が資質・能力の育成であることは明らかであるが、それが美術の活動にそった創造的なものであるということは特に重要である。

【知識、技能】では、ただ「知っている」「できる」ことではなく、造形的な視点で対象を捉えるという能動的な理解に立ち「表現方法を創意工夫し、創造的に表す」ことが求められている。

【思考力、判断力、表現力等】においても、ただ伝え方などを技術的に学ぶのではなく、生徒自らが「主題を生み出し、豊かに発想し構想を練る」力が求められているのである。

```
┌─────────────────────────────────┐
│ 美術の創造活動の喜びを味わい、美術を愛好  │
│ する心情を育み、感性を豊かにし、心豊かな  │
│ 生活を創造していく態度を養い、豊かな情操  │
│ を培う                          │
└─────────────────────────────────┘
         学びに向かう力
          人間性等

  知識・技能          思考力・判断力・
                    表現力等

┌──────────────┐  ┌──────────────────┐
│対象や事象を捉える造形│  │造形的なよさや美しさ、表現の意図│
│的な視点について理解│  │と工夫、美術の働き等について考え、│
│するとともに、表現方法│  │主題を生み出し、豊かに発想し構想│
│を創意工夫し、創造的│  │を練ったり、美術や美術文化に対す│
│に表すことができるよ│  │る見方や感じ方を深めたりすること│
│うにする        │  │ができるようにする         │
└──────────────┘  └──────────────────┘
```

図1　美術科の目標と「資質・能力」

### 第2節　美術科の内容 —何を通して学ぶか

　さて、美術科の目標が、資質・能力の育成として三つの観点でまとめられているとして、その育成のためには、どのような内容がふさわしいのだろうか。

　美術科の内容は、基本的に「〇〇する活動を通して、□□に関する次の能力を育成する」という構造になっている。この「〇〇する活動を通して」の部分は、教科目標では「表現や鑑賞の幅広い活動」となるが、その「幅広い活動」の内容は、表現では「絵や彫刻などに表す活動」や「デザインや工芸などに表す活動」、鑑賞では「美術作品などの見方を深める活動」や「生活や社会の中の美術の働きや美術文化などの見方を深める活動」である。このことについては、美術という大きな営みに対して、教科としての美術がその射程を限

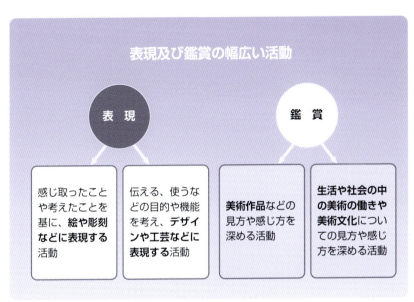

図2　美術科の内容

定している、という解釈をとらない方がよいだろう。「絵や彫刻などに表す活動」「デザインや工芸などに表す活動」は、絵・彫刻・デザイン・工芸の4領域に表現を限定するものではなく、様々な表現活動を保障するものと理解すべきものである。また、鑑賞においても、美術作品だけを鑑賞の対象とするのではなく、身のまわりの造形やその働きなども鑑賞の対象とする「広がり」を示すものである。

美術科の内容として示された活動とは、特定の領域に限定されるものではなく、学びが実現できるよう多様に開かれているべきものと捉えよう。

## 第3節 美術科の内容・指導事項

以上のように、美術科での活動の捉え方は理解できたとして、最も肝心なことは、そこで実現さ

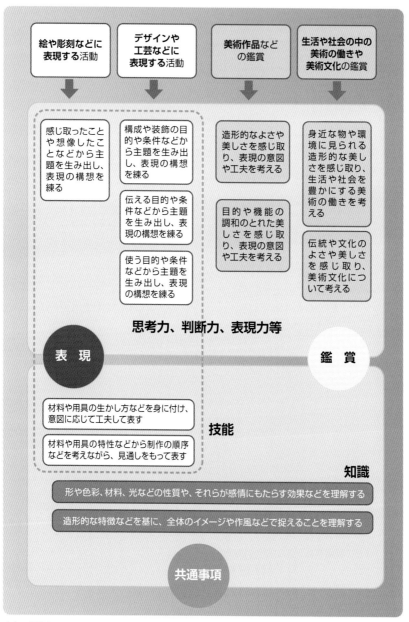

図3 美術科の内容・指導事項

れる学び＝育成される資質・能力である。

【学びに向かう力、人間性等】は個別の題材ごとに具体的な姿として記述されるというよりも、総合的な資質と捉えられるのであれば、より具体の資質・能力としては、【知識、技能】【思考力、判断力、表現力等】と活動との関係で、指導事項がどのように具体化されるのかが重要である。

### (1) 表現の活動を通した指導事項

表現の活動を通した指導事項は、大きく言えば次の二つとなる。一つは「主題の生成と表現の構想」、もう一つは「工夫して表す」ことである。これらを、【思考力、判断力、表現力等】【技能】に該当するとしてもよいが、実際には一連の、しかも一体となった活動であり、まとまりとしてみていくべきだろう。より簡単に言えば「自分で考え、自分で決めて、自分でやる」ということになる。

様々な教科の学びの中で、正解といったものがなく、最終的な決断を学習者自身に任せるものは、実際は稀である。そのような「自分で考え、自分で決めて、自分でやる」という資質・能力の育成こそが、美術科の表現活動を通して学ぶ最も重要なこと、いや「すべて」であるとすら言ってもよい。

ただし、このことを無責任な教師の放任と誤解してはいけない。活動にふさわしい材料、用具の提供と特性・取り扱い等の指導、表現技術の獲得を目指した指導はしっかりと行わなければならない。また、発想・構想の手がかりも必要である。しかし、その上で「何を、どう表すのか」を決めるのは生徒自身であり、身に付けた知識技能を使って「創造的に工夫する」のも生徒自身なのである。

中学校ではあまり見られないが、小学校図画工作でたまに見られる、「皆同じ構図・同じ描き方」の法則化の授業で描かれた絵のようなものは、それ自体の是非はともかく、学校教育の目標とは完全に無関係のものであり、それで子供に「描き方を教えた」などという過度の自信による思い込みは、実のところ、教師側のエゴでしかない。

我々は「指導事項」が何であるかを今一度しっかりと確認しておく必要がある。むろんこの指導事項は、より整理されたというだけであって、改訂前から同じ立場で示されているということも理解しよう。

### (2) 鑑賞の活動を通した指導事項

鑑賞の活動を通した指導事項は、様々な対象のよさや美しさを「感じ取り」、表現の意図や工夫、美術の働きなどを「考える」ことである。ここでも表現と同様に「感じ取る」のも「考える」のも生徒自身である。

現代は、美術作品の「読解」が話題になることも多く、ともすると作品の解釈を教えることが鑑賞の授業であるかのような誤解も見られるが、「正解」を一義的に想定するのではなく、生徒自身が「感じ取る」「考える」ことができるよう授業を構想することが肝要である。

## 第4節 共通事項

〔共通事項〕とは、表現と鑑賞の活動を通して指導する事項で、「ア　形や色彩、材料、光などの性質や、それらが感情にもたらす効果などを理解すること」と「イ　造形的な特徴などを基に、全体のイメージや作風などで捉えることを理解すること」の2項目が示されている。

これらは、先の学力の柱でいえば「知識、技能」の「知識」に相当する部分であり、すべての活動の基となる資質・能力である。

以上、簡単に美術科の内容をまとめてきたが、一般に考えられているような「美術科では絵を描いたり彫刻をつくったりする」という理解ではなく、多様な表現、鑑賞の活動を通した指導事項があるということを構造的に理解しよう。

(佐藤賢司)

# 第3章 美術科の学習計画と評価

**学習のポイント**

1. 中学校美術科の学習指導計画を理解すること。
2. 「中学校学習指導要領美術科」の指導計画や留意点を理解すること。
3. 美術科の指導計画の具体的な作成手順を理解すること。
4. 学習指導案のねらいや内容、書き方について理解すること。
5. 評価規準や評価の方法について理解すること。

## 第1節 美術科の指導計画

### 1. 計画の配慮事項

　美術科の指導計画は、教科内容や題材の扱い方において他教科に比較するとかなりの部分で教師の裁量にゆだねられている。教科書に縛られることもなく、題材開発や題材の時数の配分など自由度が比較的高い。教科書の題材だけでなく、教師独自の題材を指導計画に盛り込みながら、独自性のあるカリキュラムを作成している例がほとんどである。指導計画の立案にあたって、「学習指導要領」や学校、美術科、学年の各目標を受けながら、授業時数や学校・生徒の実態、設備、予算など様々な要素を考慮した上で、各学年の題材をバランスよく配列する必要があり、評価も含めて教科に関する総合的なマネジメント能力が美術教師に要求される。

　「中学校学習指導要領」（平成29年度）の美術科「指導計画の作成上の配慮事項」では、次のように述べられている。

1　指導計画の作成に当たっては、次の事項に配慮するものとする。（下線部は著者）

（1）題材など内容や時間のまとまりを見通して、その中で育む資質・能力の育成に向けて、生徒の<u>主体的・対話的で深い学びの実現を図る</u>ようにすること。その際、<u>造形的な見方・考え方を働かせ</u>、表現及び鑑賞に関する資質・能力を相互に関連させた学習の充実を図ること。

（2）第2の各学年の内容の「A表現」及び「B鑑賞」の指導については<u>相互に関連を図り、特に発想や構想に関する資質・能力と鑑賞に関する資質・能力とを総合的に働かせて学習が深められる</u>ようにすること。

（3）第2の各学年の内容の〔共通事項〕は、表現及び鑑賞の学習において共通に必要となる資質・能力であり、「A表現」及び「B鑑賞」の指導と併せて、<u>十分な指導が行われるよう工夫する</u>こと。

(4) 第2の各学年の内容の「A表現」については、(1) のア及びイと、(2) は原則として関連付けて行い、(1) のア及びイそれぞれにおいて<u>描く活動とつくる活動のいずれも経験させるようにすること</u>。その際、第2学年及び第3学年の各学年においては、(1) のア及びイそれぞれにおいて、描く活動とつくる活動のいずれかを<u>選択して扱う</u>ことができることとし、<u>2学年間を通して描く活動とつくる活動が調和的に行えるようにすること</u>。

(5) 第2の内容の「<u>B鑑賞</u>」の指導については、各学年とも各事項において育成を目指す資質・能力の定着が図られるよう、<u>適切かつ十分な授業時数を確保すること</u>。

(6) <u>障害のある生徒</u>などについては、学習活動を行う場合に生じる困難さに応じた指導内容や指導方法の工夫を計画的、組織的に行うこと。

(7) 第1章総則の第1の2の (2) に示す道徳教育の目標に基づき、<u>道徳科などとの関連</u>を考慮しながら、第3章特別の教科道徳の第2に示す内容について、美術科の特質に応じて<u>適切な指導</u>をすること。

---

上記の指導計画作成のポイントは以下のようになる。

(1) 造形的な見方・考え方
(2) 表現と鑑賞の相互関連
(3) 共通事項の指導
(4) 描く活動とつくる活動の調和
(5) 鑑賞の授業時数の確保
(6) 障害のある生徒への指導方法の工夫
(7) 道徳科との関連

## 2. 年間授業時数

中学校美術科の必修科目における年間授業時数は、(**表1**) であり、1単位時間は50分である。従って第1学年では45×50（分）＝2250（分）となり、約37.5時間。第2・3学年では、35×50（分）＝1750（分）で約19.2時間となる。これらを1年間の総時間に合わせて、題材と時数を割り振ることになる。

## 3. 目標の明確化

題材および授業を構成する様々な要素の目標の明確化である。指導計画、個々の授業場面で「目標は何か」という自問が必要である。教師の題材に対する自覚ということもできる。授業構成や題材に内在する価値を明確にするために、授業を構成する要素に対して、「なぜ」と問うことが大切である。この問いかけは言い換えれば「目標」となり、裏返せば「評価」となる。この自覚によって、題材の集合体としての指導計画は、バランスがとれたものとなり、よりよい指導が可能となる。「学習指導要領」の目標を参照しながら、授業の本質やねらいを確認し、題材を通して学びを構成する諸要素、つまり活動のあり方、材料、道具、技法、展示、評価など吟味したい。

## 4. 題材の関連と精選

より効果的な指導計画を作成するためには、第1学年と第2、3学年の単位時間や表現及び鑑賞の相互関連や調和を図ることが重要となる。特に今回の指導要領の改訂では、「発想や構想に関する項目」と「創造的な技能に関する項目」や生徒の資質・能力を伸ばす観点から、「A表現」の (1) 及び (2) と、(3) を関連付けることが特に強調されている。また、指導計画設定にあたり表現内容の「描く活動とつくる活動」の調和や「鑑賞」指導で各学年において、適切かつ十分な授業時数を確保するように求めている（**表2**）。

このような点に配慮しながら、題材の精選と領域のバランスをみながら関連付けや系統性、そして調和のとれた指導計画の作成が求められている。

## 5. 共通事項について

「共通事項」は、「(1)「A表現」及び「B鑑賞」の指導を通して、次の事項を身に付けることがで

表1 中学校美術年間授業時数

| 学年 | 第1学年 | 第2学年 | 第3学年 |
|---|---|---|---|
| 時数 | 45 | 35 | 35 |
| 時間 | 2,250分 | 1,750分 | 1,750分 |

表2 「A表現」の指導計画の作成例（中学校学習指導要領解説美術編より）

「A表現」の指導計画の作成例Ⅰ

| A表現<br>学年 | (1) アと (2) | | (1) イと (2) | |
|---|---|---|---|---|
| | 感じ取ったことや考えたことなどを基に、絵や彫刻などに表現する活動 | | 伝える、使うなどの目的や機能を考え、デザインや工芸などに表現する活動 | |
| | 描く活動 | つくる活動 | 描く活動 | つくる活動 |
| 第1学年 | ○ | ○ | ○ | ○ |
| 第2学年 | ○ | | | ○ |
| 第3学年 | | ○ | ○ | |

「A表現」の指導計画の作成例Ⅱ（第1学年は同じ）

| 第2学年 | | ○ | | |
| 第3学年 | ○ | | | ○ |

きるよう指導する。ア 形や色彩、材料、光などの性質や、それらが感情にもたらす効果などを理解すること。イ 造形的な特徴などを基に、全体のイメージや作風などで捉えることを理解すること」であり、美術特有の造形要素である性質や感情、イメージが核となっている。これらの「共通事項」の理解は、年間計画や題材のどの場面で指導するかを明確に位置づけることが求められている。また、小学校図画工作科の「共通事項」も意識して、小中学校9年間の造形的な系統性についても意識したい。

## 6. 指導計画作成上で参考すべき内容

(1) 「学習指導要領」の理解
(2) 他教科との関連、教育活動との関連、学習内容の組織と全体構造の把握
(3) 既習の学習内容、生徒の能力、興味・関心・願望、集団における学習の質、個人差への対応
(4) 使用教科書の内容の理解、副読本、資料の活用
(5) 教材費予算、美術に関係する施設、設備の状況
(6) 身近な地域の美術関係の施設（博物館・美術館）、文化遺産や文化財関係などの資料活用
(7) 地域性や季節、行事との関連
(8) 前年度における指導計画や教育評価、授業の反省

## 7. 指導計画の種類

指導計画は、3年間の長期を見通して作成する「年次計画」に始まり、1年間の指導計画から月や週ごとの計画、題材ごとの計画や本時の学習指導案がある。

### (1) 年次計画

中学校では3年間分の計画を「年次計画」と言う。3年間の美術科題材の目標や内容が端的に記載されているもので、系統性や適時性、題材のバランスなどが一覧できる。

### (2) 年間指導計画

各学年の1年間の指導内容を計画したものが、「年間計画」である。2学期制、3学期制など学校の教育課程に従って、実施月、ねらい、題材名、指導上の留意点などの項目で作成する（**表3**）。

### (3) 指導案

学習指導案は、年間指導計画に基づいて作成される具体的な指導計画案である。一般的に「指導案」と呼ばれ、一つの題材で授業を行う場合は、題材全体のねらいや設定理由、計画を書く様式（**表4**）と本時の流れを書く様式（**表5**）とがある。これらを合わせて指導案と呼ぶのが一般的である。

## 8. 指導計画作成の手順

「各学校の教育目標」と関連させながら、3年間を見通した目標のもとで、美術科全体における目標、学年目標を明確にする必要がある。さらに、その中で生徒に身につけさせたい資質・能力や達成方法を明らかにする。生徒の造形的な能力や経

表3　年間指導計画例（3学期制）平成28年度版「美術1、美術2・3上、美術2・3下－日本文教出版」

年間指導計画例（3学期制）

**第1学年**

| 学期 | 月 | 題材名等 | 時数(45) |
|---|---|---|---|
| 1 | 4 | ■出会って広げよう | 1 |
| | | ■図画工作、そして…美術へ　■モダンテクニック | 1 |
| | 5 | ●見て感じて、描く　■鉛筆で描く | 2 |
| | 6 | ●なぜか気になる情景　■水彩で描く　■遠近感を表す | 4 |
| | | ▲デザインの扉を開こう | 1 |
| | 7 | ●一枚の紙から広がる世界（●私の気持ちをカードに込めて） | 4 |
| | | ■鑑賞との出会い | 1 |
| 2 | 9 | ●使いたくなる焼き物をつくろう　■焼き物をつくる | 3 |
| | 10 | ●楽しく伝える文字のデザイン（●記憶に残るシンボルマーク）●自然界や身の回りにある形や色　■三原色から生まれる色　■色を学ぶ | 6 |
| | 11 | ●暮らしに息づく木の命　■木工の技法 | 6 |
| 3 | 12・1 | ●身近な人を見つめて　●私が見つけた物語（●心に残ったできごと） | 8 |
| | 2・3 | ●身近なものを立体で表そう（●材料と対話して） | 8 |

**第2学年**

| 学期 | 月 | 題材名等 | 時数(35) |
|---|---|---|---|
| 1 | 4・5 | ■学びを深めよう　■表現の可能性を求めて | 1 |
| | | ●新鮮な視点でとらえよう | 6 |
| | 6・7・9 | ●手づくりを味わう喜び　●受けつぎつくる人の姿　■木でつくる　■金属でつくる | 6 |
| 2 | 9 | ▲座ることから考える | 1 |
| | 10・11 | ●豊かなイメージで伝えよう（●やさしさのデザイン） | 6 |
| | 11 | ▲東へ、西へ…　●現代に受けつがれる浮世絵版画（●日本の美意識） | 3 |
| | 12 | ●墨が生み出す豊かな世界　■水墨画の技法 | 3 |
| 3 | 1・2 | ●瞬間の美しさを形に（●心でとらえたイメージ）　■粘土でつくる | 6 |
| | 2・3 | ▲名画の魅力に迫る　▲光が生むリアルとドラマ | 2 |
| | 3 | ■まちを彩るパブリックアート | |

**第3学年**

| 学期 | 月 | 題材名等 | 時数(35) |
|---|---|---|---|
| 1 | 4・5 | ■美を探し求めて　●夢をかたちにするデザイン | 1 |
| | | ▲「ゲルニカ」は語る | 2 |
| | 5・6 | ●問題意識を形に | 6 |
| | 7 | ▲ここでシャッターを切った理由　●写真撮影の第一歩 | 2 |
| | 9 | ●共同制作の魅力（●光と影の空間演出） | 4 |
| 2 | 10 | ▲刻まれた祈り　■仏像の種類 | 2 |
| | 10・11 | ●暮らしを心地よくするインテリア（●生活を彩る染めの味わい） | 3 |
| | 11 | ■アートを体験する場に出かけよう　■日本の世界文化遺産　▲自然を愛でる空間 | 2 |
| | 12・1 | ▲デザインで変える現在と未来　●魅力が伝わるパッケージ | 5 |
| 3 | 1・2・3 | ●私との対話 | 7 |
| | 3 | ■あなたへ ～中学校美術からの巣立ち～ | 1 |

●…表現する活動を主にした内容
▲…鑑賞する活動を主にした内容
■…オリエンテーションと学習に役立つ資料
・年間授業時間数を通年で平均的に配当した場合を示しました。
・2・3学年については，上下巻を併用する例を掲載しています。
・ここに示した配当時間や指導計画は一例です。

験、心身の発達上の特性、技能や技法にかかわる身体的発達などを考慮しながら、教科における基礎基本を押さえると共にそれらを系統的・発展的に選択させる視点も必要である。

　各種の美術指導計画の立案例として、次のような手順がある。

（1）学校の美術科目標を設定する。
（2）各学年の指導目標を設定する。
（3）各学年の指導内容を設定する。
（4）年間の題材配列を考える。
（5）時間配当をする。
（6）題材名を考える。
（7）題材の目標や「共通事項」を設定する。
（8）題材ごとの展開計画（学習指導案）を考える。

## 第2節　美術科の指導の実際

### 1．学習指導案

　学習指導案を書くということは、授業前に教師が授業の内容や特性を明らかにし、その指導方法と評価を明確にすることである。つまり、生徒の実態や学習活動での反応などを予想して、学習のねらいを定めるものである。様々な条件を考慮して、事前に授業を組み立てることが教師の重要な仕事となる。指導案は本番の授業では生徒との関係で変更も余儀なくされるので、柔軟な対応も必要である。指導案に無理矢理固執して、生徒の反応に応えられないような、一方的な進め方に注意したい。

表4 学習指導案1（全体）

第〇学年　美術科学習指導案

1. 題材 「やってみたい・楽しそうだ」と生徒の動機や意欲を喚起するような題材名に【A表現（1）（2）/B鑑賞など】

授業者：〇〇〇〇　印

2. 題材設定の理由
［生徒観］
・生徒の発達段階や既習事項、集団としてのクラスの雰囲気、学ぶ姿勢、個別的に配慮する事項や課題などを書く。
［教材観］
・「学習指導要領との関係、教材の系統、生徒にとっての学習の価値、題材の性格やねらい、内容の構成についての解釈」などを書く。
［指導観］
・「教師が準備する場面、もの、活動、学習形態、学習過程」など、発達特性を踏まえながら具体的な指導の方法を書く。

3. 学習目標
（1）　生徒が活動主体の「〜できる」という表現する　【関心・意欲・態度】
（2）　　　　　　　　　　　　　　　　　　　　　　　【発想や構想の能力】
（3）　　　　　　　　　　　　　　　　　　　　　　　【創造的な技能】
（4）　　　　　　　　　　　　　　　　　　　　　　　【鑑賞の能力】

4. 題材の評価規準

| 関心・意欲・態度 | 発想や構想の能力 | 創造的な技能 | 鑑賞の能力 |
|---|---|---|---|
| 評価規準の作成、評価方法等の工夫改善 のための参考資料（平成23年）」（中学校 美術）を参考にする | | | |

5. 題材の学習計画（全〇時間）題材をいくつかの小題材に配列したもの
第1次—　　　　　　　　　　　　　　（〇時間）
第2次—　　　　　　　　　　　　　　（〇時間・・・本時〇／〇）
第3次—　　　　　　　　　　　　　　（〇時間）
第4次—　　　　　　　　　　　　　　（〇時間）

　なお指導案の作成に当たり、授業を組み立てる上で柱となる3つの観点がある。それは「①生徒観、②教材観、③指導観」であり、学習活動が成立する「生徒、教材、教師」の三要素に対応するものである。この3つの構成が有機的になったところで望ましい授業展開となる。「何を目的として授業を行うのか」を明確にする上でも、以上の観点はしっかりと押さえたい。

## 2. 指導案の書き方（全体指導案）
**(1) 指導教科名および指導学級および授業著名**
**(2) 題材**
　美術科の授業では、「題材」という。題材名は学習活動における内容や表現が生徒の視点から捉えられた題材名がふさわしい。材料体験、発想・構想、鑑賞などで「やってみたい」「楽しそうだ」と生徒の動機や意欲を喚起するような「題材名」を考える。また、「A表現（絵）、B鑑賞」などのように内容領域を付記すると指導内容がわかりやすい。

**(3) 題材設定の理由**
　題材の内容をどのような理由で決めたのか、また、その背景説明を書く。題材全体の指導にわたって説明する。以下「生徒観」「教材観」「指導観」の3つの観点から記述する。

表5　学習指導案2（本時）

第○学年　美術科学習指導案

第○年○組（男子○名、女子○名）<br>
○年○月○日（○）第○校時<br>
授業者：　○○○○　　印<br>
《指導計画中の第○次》

1．題材「本時で学習する小題材を書く。」
2．本時の目標
　・生徒を主体にして「～できる」という文末で記入
　・
3．本時の学習過程（第○次）

| | 学習内容と学習活動 | 指導上の留意点◆評価の観点【評価方法】 |
|---|---|---|
| 導入 | 本時の学習内容への興味・関心を喚起し、学習意欲を高めるように「内発的動機づけ」をするとともに学習課題や学習方法が生徒にわかるようにする。 | |
| 展開 | 学習意欲を持続させながら、ねらいとする力が発揮できる活動を通して指導内容にせまる。 | 生徒の学習活動に伴う指導者の評価規準やその方法を記入する。「学習活動」の欄に記入した内容と対応させながら評価規準を設定し、具体的な評価方法について記述する。 |
| まとめ | 本時の学習活動を評価したり、学習目標に照らして成就感を味わわせたり、次への期待感を持たせたりする。 | 各種教育メディアである黒板（電子も含む）・教科書・資料・教具・タブレットやパソコンなどのICT機器）の使い方、安全についての配慮、また、授業展開で中心となるとなる発問などに関してもここに書く。 |

4．板書計画

　フラッシュカードや資料等の利用、図や文章の配置、教具を置く位置などを示す。




5．材料・用具・準備物など
生徒：事前に準備すべき資料や教具、材料や道具などを記入する。
教師：生徒が各自準備する材料や用具、服装などについて記入してもよい。

[生徒観]

　授業に取り組む生徒の実態を明らかにすることである。「生徒の発達段階や既習事項、集団としてのクラスの雰囲気、学ぶ姿勢、個別的に配慮する事項や課題など」の現状を記述する。指導者の先入観や思い込みを防ぐための現状分析と言ってもよい。

　ただ、学生の模擬授業などでは未知である生徒の実態が書きにくいこともあり、そのような場合は一般的な中学生の実態を書く。「生徒はどのような学習経験があるのか」「授業に取り組む姿勢はどうなのか」「どのような点で指導や援助が必要なのか」を予測し、考えることが大切である。

[教材観]

「学習指導要領との関係、教材の系統、生徒にとっての学習の価値、題材の性格やねらい、内容の構成についての解釈」などを書く。美術科の題材の位置づけ、ほかの題材とどう関連するか、また、既習の学習事項との関連、今後の発展との関連を述べる。そのために、「どのような内容を含むべきか。どのような教育的意義を持つか。どのような力をつけたいか」などを書く。

　特に美術科では、絵画・彫刻・デザイン・工芸・鑑賞などの領域で「何を学習（活動）するの

か」の分析である。たとえば、「風景画」を描く場合、水彩画などの技法ではなく、「風景画」を描くことで何をねらうのか、という価値を明確にすることである。つまり「その学習が何なのか」をまとめて述べるような分析であり、学習の主題となる。「自分の今の心情を自ら選んだ様々な材料で表現する学習である」「木版画の特色を生かして物語からイメージした世界を表現しようというものである」「光の性質を生かして生活を楽しくするものをつくる学習である」というような学習のまとめで授業内容の概括を記述する。

[指導観]

生徒が学習対象に意欲的に取り組めるように「教師が準備する場面、もの、活動、学習形態、学習過程」など、発達特性を踏まえながら具体的な指導の方法を書く。生徒観、教材観の観点で考察したことが具体的な指導の手立てに、「どのように反映されてくるか。どのような方向から、どのような方法で指導していくか」を明確にして書く。学習の展開方法を検討しながら生徒の思考や認識の発達過程を洞察する部分でもある。

(4) 学習目標

「学習指導要領解説美術編」などを参照し、教科の目標、内容を理解した上で題材の活動を通して4つの観点から分析して題材全体の目標を立てる。

1) 美術への関心・意欲・態度
2) 発想や構想の能力
3) 創造的な技能
4) 鑑賞の能力

なお目標が達成されたかどうかの評価の基準となるように心がけ、生徒が活動主体の「〜できる」という表現する。達成的な目標だけでなく、心情面に関する目標や学習を進めていく方法的な目標を掲げるようにする。

(5) 評価規準

国立教育政策研究所教育課程研究センター「評価規準の作成、評価方法等の工夫改善のための参考資料（平成23年）」（中学校美術）を参考にして、指導要録における観点別学習状況である「美術に対する関心・意欲・態度」「発想や構想の能力」「創造的な技能」「鑑賞の能力」に対応させて評価規準を設定する。生徒の実態を把握した上で、題材を通じて身に付けさせたい内容を整理しておく。

(6) 学習計画

年間指導計画から、領域および学習題材にかかる時数を決める。指導計画は、題材をいくつかの小題材に配列したものである。題材の総時間数や題材の配当時数を書き、本時の位置を明記する（例—本時3/4）。なお、題材と小題材は構造的に捉え、生徒の意識の流れを想定し、計画する。記述は内容や活動が読み取れるようにする。目標達成のために、どのような内容をどのような順序で指導するかを箇条書きにする。

## 3．本時の指導案の書き方（本時指導案）

(1) 主題（題材）

全体指導案の「指導計画」に掲げた、本時で学習する小題材を書く。

(2) 本時の目標

題材全体の目標と対応させて、本時の指導で達成すべき目標を簡潔に記述する。生徒を主体にして「〜できる」という文末で記入する。前段には学習方法、後段には学習内容と区分して目標を書くとよい。さらに評価にかかわる観点について目標を設定することある。「〜できる」「〜を理解する」などの語尾に注意する。

(3) 本時の展開

本時の授業展開の順序を具体的に書く。学習過程入欄には、①過程、②学習活動、③教師の指導・支援、④具体の評価基準・評価方法の4項目を記入する。縦の「過程」の欄には、「導入・展開・まとめ」といった授業の流れを書く。

・導入の段階…本時の学習内容への興味・関心を喚起し、学習意欲を高めるように「内発的動機づけ」をするとともに学習課題や学習方法が生徒にわかるようにする。

・展開の段階…学習意欲を持続させながら、ねらいとする力が発揮できる活動を通して指導内

容にせまる。
- まとめの段階…本時の学習活動を評価したり、学習目標に照らして成就感を味わわせたり、次への期待感を持たせたりする。
- 「学習活動」の欄には、本時の目標を達成するための学習内容や方法を授業の展開順序にしたがって、箇条書きにする。学習内容を達成する活動として生徒の立場で記入する。学習活動の文末は、生徒の活動の様子がわかるように、「知る、考える、話し合う、書く、観察する、読む、つくる、描く」などと書く。また、ここには取り組むべき学習課題を明示することもある。活動内容は、欲張りすぎない方がよい。
- 「展開」において重視すべき点は、生徒の学習に対する意識の連続性である。各段階で必要とする時間を予想し、段階ごとの配当時間を記入する。予想される生徒の反応や発言も十分に検討してここに記入する。必要があれば、図や式なども記入してよい。
- 「具体の評価基準・評価方法」の欄には、生徒の学習活動に伴う指導者の評価規準やその方法を記入する。「学習活動」の欄に記入した内容と対応させながら評価規準を設定し、具体的な評価方法について記述する。「意欲・関心・態度」「発想や構想の能力」「創造的な技能」「鑑賞の能力」の評価の観点を授業の中に位置づけ、生徒の活動を観ることのできる計画が大切である。また、各種教育メディアである黒板（電子も含む）・教科書・資料・教具・タブレットやパソコンなどのICT機器の使い方、安全についての配慮、また、授業展開で中心となる発問などに関してもここに書く。

### (4) 板書計画

板書の順番や使い方、掲示物の配置などをあらかじめ計画して組み立てておくことが、学習効果を高める上で大切になる。フラッシュカードや資料等の利用、図や文章の配置、教具を置く位置などを含めて計画する。板書する際には、全部の生徒が見えるような字の大きさで、ゆっくり丁寧にかく。チョークの色などの使い分けにも配慮したい。

### (5) 資料・教具・準備物

教師が事前に準備すべき資料や教具、材料や道具などを記入する。また、生徒が各自準備する材料や用具、服装などについて記入してもよい。特に美術科のような実習を伴う授業においては、事前に生徒の数に応じて材料や道具を用意する必要があるので、ここの欄の記入は特に重要となる。

## 第3節 美術科の評価

学習目標と「評価」は表裏一体であり、指導あるところに必ず「評価」が存在すると言われている。「評価」は、「目標─計画─実行─評価」の一連のマネジメントサイクルにあるように、あらゆる場面で行われているが、その方法は大きく「他者による評価」と「自己による評価」に分けることができる。そして「Who（誰が）、What（何を）、When（いつ）、Where（どこで）、Why（どうして）、How（どのように）」の5W1Hの観点を持つことで、評価の目的や方法がより明らかになる。

### 1. 美術科における評価の特色

美術科などの表現や鑑賞活動を中心とした学習は、生徒の行為によって、その都度意味が生起しており、あらかじめ教師の設定した固定的な評定基準では計りきれない側面がある。つまり予め定めた評価基準だけでは予測不能な結果となったり、その基準の設定が担当教師によって異なったりするなど、他教科に比べて客観性に乏しいと指摘される場合もある。これらのことが「美術の評価に納得できない」という印象を生徒や保護者に与える原因となっている。

アイスナー（E.W.Eisner（1933-））は、カリキュラム開発と評価の工学的接近に対して、芸術の側面から独自の批評を展開した。彼によれば「行動目標」、つまり「〜することができる」という目標が有効となるのは、技能の形成と習熟にかかわる限定された領域であり、問題解決型の学習や創造的表現のようにオープン・エンドの結果を

追求する学習は、「問題解決目標」や「表現目標」が求められていると述べている。さらに評価では「教育的鑑識」と「教育的批評」の二つをあげる。「教育的鑑識」とは、経験に培われたセンスや鑑識眼にもとづく分析的評価であり、「教育的批評」とは関連する領域の理論や識見に支えられた評価である。両者の評価を補完しつつ、行動主義の評価では除外されている数量化しえない事象を記述、評価する必要性を提起した。このように美術教師は、生徒との信頼関係を築きつつ「数量化できない」ものを見抜くセンスと識見、そして「評価」に対する説明責任が求められていることを自覚したい。

## 2. 評価の目的と内容

評価の目的は、様々な場面に応じて多様であるが、少なくともテストやその結果にもとづいて単に生徒をランク付けすることではない。教師あるいは生徒自身が現状を把握し、学習活動に改善を加えていく手立てとして評価を活用する姿勢が望まれる。教師は特に学習場面に応じて生徒の学習成果を把握しつつ、授業改善に生かすことを第一の目的としたい。

一方、評価の目標も、学習の各場面に合わせて設定されることになる。「①授業前、②授業中(授業過程)、③授業後」に分けた場合、授業前では生徒の実態調査をする「事前評価」、授業中は観点別評価の達成度をみる「形成的評価」、授業後には学習の成果をみる「総括的評価」がそれぞれ必要となってくる。

中学校指導要録における美術科の「観点別学習状況」は「美術に対する関心・意欲・態度」「発想や構想の能力」「創造的な技能」「鑑賞の能力」の4観点であり(表6)、また学年別評価の観点の趣旨も明確にされている(表7)。この観点は、美術の授業における大きな目標に対応した評価の観点であり、1題材全体だけでなく、単位時間ごとの授業においてもこれらを念頭に置いて授業を組み立てる必要がある。

そして、「観点別学習状況」の記入方法は、学習指導要領に示す教科の目標に照らして、その実現状況を観点ごとに評価し、A、B、Cの記号により記入し、表示は「十分満足できると判断されるもの」：A、「おおむね満足できると判断されるもの」：B、「努力を要すると判断されるもの」：Cである。また、評定は、美術科の目標に照らして、その実現状況を総括的に評価し、5、4、3、2、1により記入する。表示は「十分満足できると判断されるもののうち、特に高い程度のもの」：5、「十分満足できると判断されるもの」：4、「おおむね

表6 評価の観点及びその趣旨

| 美術への関心・意欲・態度 | 発想や構想の能力 | 創造的な技能 | 鑑賞の能力 |
|---|---|---|---|
| 美術の創造活動の喜びを味わい、主体的に表現や鑑賞の学習に取り組もうとする。 | 感性や想像力を働かせて豊かに発想し、よさや美しさなどを考え、心豊かで創造的な表現の構想を練っている。 | 感性や造形感覚などを働かせ、表現の技能を身に付け、意図に応じて表現方法などを創意工夫し創造的に表している。 | 感性や想像力を働かせて、美術作品などからよさや美しさなどを感じ取り味わったり、美術文化を理解したりしている。 |

表7 学年別の評価の観点の趣旨

| | 美術への関心・意欲・態度 | 発想や構想の能力 | 創造的な技能 | 鑑賞の能力 |
|---|---|---|---|---|
| 第1学年 | 美術の創造活動の喜びを味わい、表現や鑑賞の能力を身に付けるために、主体的に学習に取り組もうとする。 | 感性や想像力を働かせて、感じ取ったことや考えたこと、目的や機能などを基に豊かに発想し、形や色彩の構成などを工夫し、心豊かな表現の構想を練っている。 | 感性や造形感覚などを働かせて、形や色彩などの表し方を身に付け、意図に応じて材料や用具を生かしたり、制作の順序などを考えたりし、創意工夫して表している。 | 感性や想像力を働かせて、造形的なよさや美しさ、作者の心情や意図と表現の工夫、生活の中の美術の働きなどを感じ取り見方を広げたり、美術文化の特性やよさに気付いたりしている。 |
| 第2・3学年 | 美術の創造活動の喜びを味わい、表現や鑑賞の能力を高めるために、主体的に学習に取り組もうとする。 | 感性や想像力を働かせて、対象を深く見つめ、感じ取ったことや考えたこと、目的や機能などを基に独創的で豊かな発想をし、形や色彩などの効果を生かし、心豊かで創造的な表現の構想を練っている。 | 感性や造形感覚などを働かせて、材料や用具の特性を生かし、表現意図に合う新たな表現方法を工夫したり、制作の順序などを総合的に考えたりするなどし、創意工夫して創造的に表している。 | 感性や想像力を働かせて、造形的なよさや美しさ、作者の心情や意図と創造的な表現の工夫などを感じ取り味わったり、生活を美しく豊かにする美術の働きや美術文化などについての理解や見方を深めたりしている。 |

満足できると判断されるもの」：3、「努力を要すると判断されるもの」：2、「一層努力を要すると判断されるもの」：1である。なお、評価に関しては、国立教育政策研究所教育課程研究センター「評価規準の作成、評価方法等の工夫改善 のための参考資料（中学校 美術）平成23年11月」が参考となる。

### 3．評価の方法

ここでは「美術に対する関心・意欲・態度」「発想や構想の能力」「創造的な技能」「鑑賞の能力」の4つの観点別評価を先に述べた「①授業前、②授業中（授業過程）、③授業後」の場面に合わせて、多角的な評価方法により判定の材料となる資料を収集しておく必要が出てくる。

#### (1) 観察法

授業における観察は、教師の最も基本となる学習評価であり、あらかじめ観点を定めておき重点的に行うなどの工夫が必要となる。留意点としては、事実と解釈を混同しないようにする。また、共感的な理解を心がけたい。具体的には、座席表や観察ノートの記録や名簿へのメモ、チェックリストへの記入などがあげられる。特に「関心・意欲・態度」を評価するのに適している。

#### (2) 作品法

美術科における作品は、生徒の学習成果として貴重な評価資料である。そのほかにもスケッチブックやノートなども評価の対象となる。数多くの生徒を評価する上で、欠くことのできない評価法であり、ていねいに評価することができる。ただ、作品の出来映えに心を奪われることなく、制作過程に対しての配慮も当然必要となってくる。具体的には、完成作品、スケッチブックやクロッキー、ノートなどを資料としてポートフォリオ的な評価を行う。特に「創造的な技能」を評価するのに適している。

#### (3) 評定法

観察を基本に、ある行動特質を相対的、数量的に捉えたり、作品を評定尺度に照らし合わせて序列や段階を決めたりする方法である。従って観察法や作品法と組み合わせて行う。評定尺度は、教科の「評価規準」と理解してもよい。具体的には、あらかじめ年間計画の題材配列と併せて評定尺度、つまり「評価規準」を作成しておく。その規準を基に「十分満足できると判断されるもの」：A、「おおむね満足できると判断されるもの」：B、「努力を要すると判断されるもの」：Cと評価する。特に「関心・意欲・態度」「創造的な技能」の評価に適している。

#### (4) 自己評価法、相互評価法

自己評価法は、関心・意欲・態度などの生徒の情意面を把握する上で適している。ただ、自己評価は個人によって評価に差が出やすいため、友人による評価や教師による評価を加えた相互評価で補いたい。具体的には、自己評価カードや学習プリントへの記入によって行われる。特に「関心・意欲・態度」をはじめ、「創造的な技能」をみる評価に適している。

#### (5) テスト法

ペーパーテストによる評価は、学習で得られた知識や理解力、思考や一定の技能などを評価する上で効果的である。また点数となって数値化されるため、個人と全体の比較など相対的な資料が得られる評価法である。しかし、美術科においては、このテスト法によって得られる資料は、教科特性から限定的なものとなる。「知識・理解」を評価するのに適している。

以上のような評価法によって収集された資料を総合的に判断して学期末や学年末に、観点別のABCや五段階評定などを決めなければならない。

（新関伸也）

[参考文献]

- 北尾倫彦・生江洋一編集（1994）『中学校 美術 観点別学習状況の評価規準表』図書文化社
- 佐藤学（1996）『教育方法学』岩波書店
- 滋賀大学教育学部教育実習委員会・滋賀大学教育学部附属学校園（2018）『教育参加ハンドブック』
- 文部科学省（2018）『中学校指導要領解説　美術編』日本文教出版

# 第4章 教科書を活用した題材開発

> **学習のポイント**
>
> **1** 美術科における指導計画の立案手順を理解すること。
>
> **2** 題材開発と展開計画の立案の考え方や具体的手順ついて理解すること。
>
> **3** カリキュラム・マネジメントの視点から、美術科教科書と教師用指導書の活用の仕方を理解すること。

## 第1節 美術科での指導計画の立案

　一概に指導計画と言っても、3年間の長期を見通した「年次計画」、当該学年の1年間を計画した「年間指導計画」、授業を展開する上での具体的な展開計画である「学習指導案」がある。美術科の各種指導計画の立案例は以下である。

①学校の美術科目標の設定
②各学年の指導目標の設定
③各学年の指導内容の設定
④年間の題材配列の検討
⑤時間配当の検討
⑥題材（単元名）の設定
⑦題材の目標（ねらい）や共通事項の設定
⑧各題材の展開計画（学習指導案）の検討

　各種の指導計画の立案に際し、教師にはカリキュラム・マネジメント能力が求められる。平成29（2017）年告示の学習指導要領において、「生徒や学校、地域の実態を適切に把握し、教育の目的や目標の実現に必要な教育の内容等を教科等横断的な視点で組み立てていくこと、教育課程の実施状況を評価してその改善を図っていくこと、教育課程の実施に必要な人的又は物的な体制を確保するとともにその改善を図っていくことなどを通して、教育課程に基づき組織的かつ計画的に教育活動の質の向上を図っていくこと」とカリキュラム・マネジメントの重要性が示された。

　つまり教師には各目標（学校、美術科、学年）の実現を図ることを目的に年次計画や年間指導計画を立案すると共に、各題材を魅力あるものとして開発し、題材の展開計画を立てて、授業での指導や支援をすることが求められる。

## 第2節 題材開発の事例

### 1. 二つの視点を意識した題材開発

　美術科における各種指導計画の立案は、手順①から⑧を相互に関連付けて進める必要がある。その中でも手順⑥⑦⑧は、題材の開発と展開計画の立案であり、魅力ある授業の成否がかかっている。

そのため各題材を教師が体験し、実践可能かつ魅力ある題材を開発する必要がある。そこで「生徒側の視点」と「教師側の視点」が必要となる。「生徒側の視点」とは、教師自らが生徒の身（目）となって題材を体験し、生徒の「気づく」「できる」「考える」「試す」「工夫する」などを実感することである。「教師側の視点」とは、「題材名」「生徒観」「題材観」「指導観」「題材目標」「評価規準」「題材の指導計画」などを検討して、実践可能な授業の展開計画を立案することである。

## 2. 題材開発と展開計画の立案の実践事例

取り上げる事例は、滋賀大学教育学部での授業科目「中等美術科教材内容学Ⅱ」の事例である。本授業のねらいは、中学校美術科教科書の掲載題材を体験することを通し、学校現場で実践可能な題材開発と展開計画を検討することである。

そのため、本科目の授業計画は、【ステージⅠ】題材実習（「生徒側の視点」）、【ステージⅡ】題材開発（「教師側の視点」）から成る（図2）。

本科目の授業計画は、佐伯胖（2004）が述べる「課題探究の多重構造」の理論を援用している（図1）。佐伯は、何らかの「課題解決」の作業の中で、「なるほど」と受け入れ、「信じる」ために

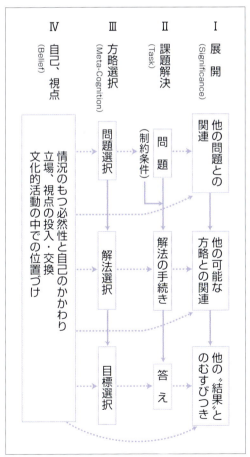

図1　課題探究の多重構造

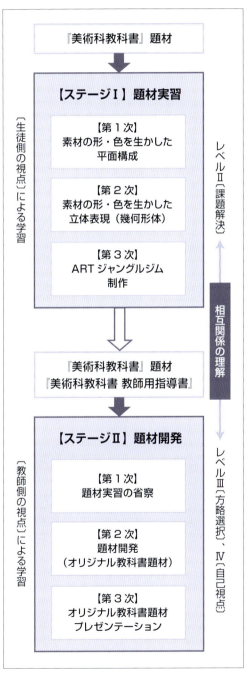

図2　題材実習と題材開発の学習構造

は、様々な層（レベル）での内的問いかけが、次々と順調に問われ、答えられる必要があると述べる。課題探究は以下の4つのレベルで進行する。表面的にはレベルⅡ「課題解決」が進行しており、何が問題かは明確に規定され、制約条件、解法の手続きが決まっているレベルである。

レベルⅢ「方略選択」は、レベルⅡ「課題解決」の背後にあり、事態や文脈の中での当面課題の位置づけ、役割り、重要性や緊急性、当初の問題の「答え」のつじつまを吟味するレベルである。

レベルⅣ「自己、視点」は、その場での自分の役割や問題に取り組む視点、自分の過去の経験や学びとのかかわり、「自分にとって、何が本当に重要な課題なのか」などを考えるレベルである。

レベルⅠ「展開」は最上位にあり、ほかの問題との関連、よりよい解き方、答えのもつ意味や意義などを考えるレベルである。

本科目の【ステージⅠ】題材実習は、「生徒側の視点」として、題材をあらかじめ設定された諸条件に基づいて試行錯誤して表現するという内容である（レベルⅡ「課題解決」の学習）。

【ステージⅡ】題材開発は、「教師側の視点」として、【ステージⅠ】を省察して、題材開発と展開計画を立案した教師の意図を知ることが学習のねらいである（レベルⅡとレベルⅢ「方略選択」との相互関係の理解）。さらに、自らが教師として実践可能な題材を開発し、授業の展開計画を考えることが学習のねらいである（レベルⅡ・ⅢとⅣ「自己、視点」との相互関係の理解）。

## 3.本事例における参照題材（図3）
■題材名
「イメージを形で表現しよう 抽象彫刻が持つ魅力」（『美術2・3下 美の探究』日本文教出版）
■題材や抽象彫刻に関する解説

彫刻作品には、人や物などを具体的な形で表す表現のほかに、作者が捉えたイメージや形を単純化したり、強調したりしながら、塊や量、動きなどを表す表現があります。いらない形はそぎ落としたり、ぎゅっとつまった塊の感じをつくったり、ねじれやバランスを考えたり、自分が本当に表したいイメージを追求するために形を様々に工夫することができます。

## 4.【ステージⅠ】題材実習（生徒側の視点）
■題材名「綿棒から生まれる抽象表現」
■主な材料や用具
・綿棒（白色・無地、500〜1000本程度）
・木工用接着剤
・ホットボンド（グルーガン、メルトポット）
■【ステージⅠ】題材実習の学習計画

本題材のキーワードは「抽象彫刻」である。題材実習では、抽象彫刻の一要素「幾何形体を組み合わせた構成」に特化した内容である。

【ステージⅠ】の第1次（素材の形・色を生かした平面構成）、第2次（素材の形・色を生かした立体表現）は、図画工作科「造形遊び」の特徴を生かした内容である。主な学習のねらいは、綿棒の特性（形・色）を発見すること、材料を平面的・立体的に接着する方法に親しむこと、綿棒による平面構成を工夫したり基本的な幾何形体（三角形、四角形、三角柱、三角錐、四角柱）の作成に親しんだりすることである（**図4、5**）。

図3 教科書題材「イメージを形で表現しよう」

図4　学生作品：綿棒を生かした平面表現

図5　綿棒による基本的な幾何形体の立体構造と主な用具

　第3次（「ARTジャングルジム」の制作）は、第1・2次の学習経験を生かし、綿棒の特性（形・色）と基本的な幾何形体の組み合わせを工夫して抽象彫刻を表すことが学習のねらいである。抽象彫刻の条件設定は、＜自然が豊かな地方の美術館からの制作依頼「ARTジャングルジム」に挑戦＞である。

## 5.【ステージⅡ】題材開発（教師側の視点）
### ■【ステージⅡ】題材開発の学習計画

　第1次の学習のねらいは、題材実習の学習内容や授業構成を省察することで、【ステージⅠ】の題材を開発して展開計画を立案した教師の意図を知ることである（レベルⅡ「課題解決」とレベルⅢ「方略選択」との相互関係の理解）。

　第2次の学習のねらいは、自らが教師として【ステージⅠ】題材実習を実践可能な題材として開発し、題材の展開計画を反映したオリジナル教科書を作成することである。

　第3次の学習のねらいは、開発したオリジナル

【教科書題材】
「イメージを形で表現しよう 抽象彫刻が持つ魅力」

題材の目標や内容、材料、系統性などを分析。

【題材実習】
「幾何学形体の組み合わせによる構成」

題材の構成（材料、用具、資料、時間配分）、授業の過程、評価などを検討。

【題材開発】
「綿棒から生まれる抽象彫刻
　〜ARTジャングルジムに挑戦」

図6　教科書題材と教師用指導書を生かした題材開発プロセス

教科書をプレゼンテーションすることを通して、題材の展開計画の多様性に気づくことである。

　つまり【ステージⅡ】の学習のねらいは、教科書や教師用指導書を生かして実践可能な題材を開発して、展開計画の立案に至るまでの過程（図6）をメタ認知化することである（レベルⅡ・ⅢとレベルⅣ「自己、視点」との相互関係の理解）。

### ■使用テキスト、資料
・教科書『美術2・3下 美の探究』（日本文教出版）
・同教科書『教師用指導書 授業のポイント編』
・同教科書『教師用指導書 授業の指導編』

### (1) 第1次 題材実習の省察
■題材名
「綿棒から生まれる抽象表現
　〜ARTジャングルジムに挑戦〜」

■題材目標
「幾何形体の組み合わせによる構成」に着目して、材料や用具の生かし方などを工夫して抽象彫刻の表現を工夫する。

■評価規準
関　幾何形体を組み合わせた構成に関心を持ち、主体的に創造的な工夫をして抽象彫刻を表そうとしている。

発　題材条件「ARTジャングルジム」を基に主題を生み出し、素材の特性（形・色）の生

かし方や幾何形体の組み合わせの構想を練っている。

技 綿棒と接着剤の特性を生かし、表現意図に合う新たな表現方法を工夫している。

鑑 造形的なよさや美しさ、表したいイメージを基にした主題と創造的な表現の工夫などを、自分の価値観をもって味わっている。

■題材の指導計画（全7時間）
①綿棒の形・色を生かした平面構成。(1時間)
②綿棒の形・色を生かした幾何形体の作成。「ARTジャングルジム」の発想・構想。(1時間)
③「ARTジャングルジム」の制作。(3時間)
④「ARTジャングルジム」の写真撮影。(1時間)
⑤「ARTジャングルジム」の鑑賞。(1時間)。

■題材開発と授業の展開計画に関する検討事項
(a) 抽象彫刻の題材の指導にあたって
『教師用指導書 授業のポイント編』の「指導にあたって」では、次のように述べている。

　参考作品の鑑賞では「何を表そうとしているのか、形から受ける印象やイメージから想像してみよう」と提案し、主題を読み取る面白さを味わう活動が大切である。また、イメージをスケッチなどに表す段階においては、主題から発想した具体的な形から徐々に余分な形をそぎ落としたり、形を簡略化したり、印象強く残したい部分を強調したりすることで、自ずと抽象的な形に変わっていく面白さを感じさせることが大切である。

　以上のように「抽象彫刻」には、多様な要素があるため、本事例の題材実習では一つの要素「幾何形体を組み合わせた構成」に特化した。

抽象彫刻の要素の抽出と、題材設定の理由（教材観、指導観、生徒観）には相関関係があり、題材は多様な展開が想定できる。

(b) 題材の条件設定について
「抽象彫刻」には多様な要素があり、かつ生徒にとっては身近とは言い難いため、実践可能な題材化には条件設定の工夫が必要となる。『教師用指導書 授業の指導編』では、題材例「アメーバをつくる～紙粘土で空想の生き物をつくる～」を掲載している。「題材設定の理由」は以下である。

ここでの「アメーバ」は、アメーバのような単細胞的な生物で、世界で初めて発見された生き物のことである。（略）だれも見たことのない不思議な形を想像することで、美しく有機的で、個性的な形を想像させたい。（略）なぜその形なのか、なぜその色や模様なのか、環境や生態を想像することで自らの主題を生み出し、創意工夫しながら主体的に取り組ませたいと考えた。

滋賀県中学校美術教育連盟は、「生徒が主体的に表現、鑑賞できる授業づくり」を研究テーマとして、生徒自ら主題を生み出すことや発想・構想を豊かにすることができる題材について研究授業を重ねている（第43回美術教育研究大会 公開授業「頭に装着～自分の力を高める秘密のアイテム～」、第44回美術研究大会 公開授業「○○に伝える‼高島マニアックマップ」など）。

『教師用指導書』や滋賀県中学校美術教育連盟による研究授業の共通点は、生徒の実態把握をして、身近な環境（モノ、コト、人）と関連付け、主体的な学びを保証する授業を試みている点である。

以上の題材開発の事例を基に、本題材実習における条件設定について主に以下2点を議論した。

1つ目は、題材の条件設定「幾何形体の組み合わせによる構成（「ARTジャングルジム」）」は、「積み木遊び」の要領で取り組み易い。その一方で、綿棒の形・色に制限される場合もある。ただし、身近な遊具（ジャングルジム）と抽象表現を関連付けることで、自ら主題を発想・構想するきっかけとなる。留意点として、ジャングルジムの事例提示では、発想・構想が固定化しないように、一般的な形のほか、菱形、球体、不定形の有機的な形などの多様な形を提示することが望ましい。

2つ目は、生徒自身が「抽象彫刻家となりきって、自然が豊かな地方の美術館からの依頼に挑戦する」という設定は、生徒の関心・意欲・態度に働きかけることができる。それと共に、ジャングルジムのコンセプト、設置する場所、造形物を登ったりくぐったりする人の動きを想像することで、発想・構想や造形物に遊び心を発揮しやすい。

(c) 中学校美術における「造形遊び」の可能性

中学校美術科における表現領域の題材では、発想・構想の段階において、ワークシートの活用が多くみられる。ワークシートは、発想・構想の手段の一つであるが、その一方で生徒がワークシートの記述に多大な労力を費やす授業もある。

発想・構想がある程度明確になってから表現に取り組む生徒もいれば、表現しながら発想・構想が生まれる生徒もいる。問題は、発想・構想の手段の一つであるワークシートの記述に行き詰まることを理由に、表現に移ることができない生徒、関心・意欲が低下する生徒への指導や支援である。先に取り上げた滋賀県中学校美術教育連盟は、研究テーマに基づく取り組みの一つとして、中学校美術科の表現領域題材の導入段階で、「造形遊び」のアプローチを取り入れた研究授業を重ねている。その効果としては、つくりながら発想・構想することを楽しむ、材料や用具の扱いに親しむことで魅力を発見したり創造的な技能を生み出したりすることなどが考えられる。

図画工作科と美術科の学びの連続性、つくりながら発想・構想をする魅力の発見（ワークシートの作成に固執した発想・構想からの脱却）を考えた場合、図画工作科「造形遊び」の要素を中学校美術科に取り入れることは、検討に値する。

### (2) 第2次 題材開発（オリジナル教科書の作成）

第2次の学習のねらいは、第1次の省察を基に、題材「ARTジャングルジム」の展開計画を反映させた、オリジナル教科書を作成することである。

■オリジナル教科書の作成条件

(a) 【ステージⅠ】題材実習の学習や成果物を生かして、実践可能な授業の展開計画を反映させたオリジナル教科書（フルカラー、A4サイズ、見開き2頁）を作成とすること。

(b) 生徒が「やってみたい」「面白そう」と感じたり、発想・構想や創造的な技能に関する支援となったりする紙面構成とすること。

(c) 教科書への掲載項目

・題材名

・学びのねらい

・題材の解説、キーワードの説明

・必要に応じて掲載を検討（発想・構想などのヒント、制作のプロセス、材料・用具の特徴など）

・安全に関する注意点（材料・用具の取扱い）

・作品例（作品写真、サイズ、材料、コメント）

### (3) 第3次 オリジナル教科書プレゼンテーション

第3次の学習のねらいは、オリジナル教科書を

図7　オリジナル教科書の内容と構成の工夫

図9 オリジナル教科書(学生作品)右頁

図8 オリジナル教科書(学生作品)左頁

プレゼンテーションすることを通して、開発した題材の展開計画を議論することである。オリジナル教科書の紙面構成は、授業の展開計画を反映させた構成である(授業でのオリジナル教科書使用も念頭においている)。

■オリジナル教科書の内容と構成の工夫（図7）

①題材名

「ARTジャングルジム　遊具としての抽象彫刻」および「学習のねらい」

　生徒が興味・関心を示す題材名、具体的な学習のねらいを検討。

②ミッション（題材の条件設定）

　地方の美術館からの依頼を提示（美術館の現状、依頼の意図、抽象彫刻のコンセプト）。

③生徒（大学生）作品

　自身が制作した「ARTジャングルジム」やほかの学生作品の写真と作品情報（作品のイメージ、遊具としてのコンセプト）を提示。造形表現の多様性の気づきを促す。

④題材のキーワード（ジャングルジム）の解説

　ジャングルジムの構造の多様性、綿棒の特性（形、色など）、「ARTジャングルジム」の副題「大地から、空から、川から」などを提示し、主題を生み出すための発想・構想の手がかりとする。

⑤本題材の制作のプロセス

　本題材の制作のプロセスについて、写真と解説を基に簡潔に提示。プロセスは3段階（STEP1：平面構成、STEP2：幾何形体の組み合わせによる抽象彫刻、STEP3：作品鑑賞のための写真撮影）。

⑥生徒（大学生）作品

　STEP1（平面構成）について、自身の作品（タイトル：パラレル）の写真と作品情報（作品のイメージ、綿棒の生かし方）を提示。

⑦主な用具（ホットボンド、メトルポット）の解説

⑧「ARTジャングルジム」作成の留意点の解説

　人形を自作のジャングルジムに乗せることで、ジャングルジムの構造（遊び方）に関する発想・構想の手がかりとする。

⑨本題材と関連する美術作品の掲載

　一般的なジャングルジムのほか、イサム・ノグチ（アメリカ 1904-1988）による抽象彫刻作品、加藤哲（日本 1970-）による綿棒を用いた立体造形、隈研吾（日本 1954-）における幾何形体の建築作品などを提示して、発想・構想の手がかりとする。

■題材実習・題材開発を経験した学生のコメント

○学生A

　実際に児童・生徒として取り組んだ題材であるため、目標や手順、注意すべき点などは書きやすかった。その反面、題材を取り扱う教師の立場で見ることは難しいと感じた。しかし、教科書として印刷して眺め直してみると欠点もわかりやすく見えて、次に生かしやすい。（題材実習での経験を）再構成することを通して題材の振り返りができ、どのように人に伝えるかを考えることができた。教科書をより深く読めるようになったと思う。

○学生B

　美術や図工の造形活動は意識して記録をとらない限り、数式のように思考のプロセスがわかりやすく残ることはなく、過程よりも完成作品がより注目される。作品もつくりっぱなしになることが多いなかで、自らの題材体験を振り返り、一つ一つの操作について、どのように考えを持って、どの順番で何をして、それを受けてどう感じたのかを確認していく作業は、制作をする中では意識できなかった学びを拾い集めるような感覚だった。振り返り、整理してまとめることは、どの教科でも学びの確認や定着につながると考えた。

（村田　透）

【参考文献】

- 佐伯胖（2004）『「わかり方」の探究―思索と行動の原点―』小学館
- 新関伸也（2009）「第Ⅳ部 第3章 美術科の指導計画と評価」、大橋功、新関伸也、松岡宏明、藤本陽三、佐藤賢司、鈴木光男編著『美術教育概論（改訂版）』日本文教出版同上
- 日本文教出版（2016）文部科学省検定済教科書 中学校美術用『美術2・3下 美の探究』
- 日本文教出版（2016）『美術2・3下 美の探究 教師用指導書 授業のポイント編、授業の指導編』
- 文部科学省（2018）『中学校学習指導要領（平成29年告示）解説 美術編』日本文教出版

【作品・資料協力】

- 太田美羽音、徳田郁香（滋賀大学教育学部 学生）

# 第5章 A 表現「絵・彫刻」

**学習のポイント**

**1** 学習指導要領における「絵や彫刻などに表現する活動」の内容や指導事項について理解すること。

**2** 絵の表現の授業における目標や指導計画について、題材例を通して理解すること。

**3** 彫刻表現の授業における目標や指導計画について、題材例を通して理解すること。

## 第1節 「絵・彫刻」学習のねらい

　美術の表現学習において、「絵や彫刻などに表現する活動」を表現形式で分けるとすれば、平面と立体に分けることができる。美術の表現領域において平面表現の代表とされるのが、「絵画」であり、物体の形象を平面に描き出したものである。三次元の世界を色や形、明暗、遠近法などで平面に再現する表現を基本とする。一方、立体を代表するものが彫刻である。「彫刻」は、木・石・金属などの塊材を主題に応じて彫り刻む方法であるが、広義に粘土などで成形する塑造を含めて彫刻と呼ぶことがある。前者をカービング、後者をモデリングともいう。ここでは表現領域の代表的な絵画と彫刻指導について述べる。

○学習指導要領での位置づけ

　平成29年告示の学習指導要領の美術科では、「A表現」に関する「絵や彫刻などに表現する活動」について、以下のように示されている。

※変更点、補足解説及び指導のポイント

■2内容　A表現　[第1学年]
(1) 表現の活動を通して、次のとおり発想や構想に関する資質・能力を育成する。

※発想や構想は(1)に一つにまとめ、技能は(2)として記載。(1)発想や構想に関する項目。

ア　感じ取ったことや考えたことなどを基に、絵や彫刻などに表現する活動を通して、発想や構想に関する次の事項を身に付けることができるよう指導する。

(ア)　対象や事象を見つめ感じ取った形や色彩の特徴や美しさ、想像したことなどを基に<u>主題を生み出し</u>、全体と部分との関係などを考え、創造的な構成を工夫し、心豊かに表現する構想を練ること。

※主題を生み出すことと構想を練ることを一つに集約。

(略)

(2) 表現の活動を通して、次のとおり技能に関

※創造的に表す技能に関する項目。
　ア　発想や構想をしたことなどを基に、表現する活動を通して、技能に関する次の事項を身に付けることができるよう指導する。
（ア）材料や用具の生かし方などを身に付け、意図に応じて工夫して表すこと。

※材料や用具などを創意工夫して表す技能。

〔共通事項〕
（1）「A表現」及び「B鑑賞」の指導を通して、次の事項を身に付けることができるよう指導する。
　ア　形や色彩、材料、光などの性質や、それらが感情にもたらす効果などを理解すること。
　イ　造形的な特徴などを基に、全体のイメージや作風などで捉えることを理解すること。

※〔共通事項〕は、造形的な視点を豊かにするために必要となる知識として整理。第3の2の（1）の配慮事項も参照。ア　形や色彩、光などの造形の要素に着目。イ　全体のイメージや作風などに着目。

■2　内容　A表現〔第2学年及び第3学年〕
（1）表現の活動を通して、次のとおり発想や構想に関する資質・能力を育成する。
　ア　感じ取ったことや考えたことなどを基に、絵や彫刻などに表現する活動を通して、発想や構想に関する次の事項を身に付けることができるよう指導する。

※絵や彫刻などでは、第1学年と比べてより内面や心の世界、社会などを深く見つめることを重視。

（ア）対象や事象を深く見つめ感じ取ったことや考えたこと、夢、想像や感情などの心の世界などを基に主題を生み出し、単純化や省略、強調、材料の組合せなどを考え、創造的な構成を工夫し、心豊かに表現する構想を練ること。

※深く見つめ、夢や想像、単純化・強調

（略）

（2）表現の活動を通して、次のとおり技能に関する資質・能力を育成する。
　ア　発想や構想をしたことなどを基に、表現する活動を通して、技能に関する次の事項を身に付けることができるよう指導する。
（ア）材料や用具の特性を生かし、意図に応じて自分の表現方法を追求して創造的に表すこと。

※材料や用具の特性を生かし、自分の表現方法を追求

（イ）材料や用具、表現方法の特性などから制作の順序などを総合的に考えながら、見通しをもって表すこと。

※表現方法の特性、制作の順序などを総合的に考え

〔共通事項〕
（1）「A表現」及び「B鑑賞」の指導を通して、次の事項を身に付けることができるよう指導する。
　ア　形や色彩、材料、光などの性質や、それらが感情にもたらす効果などを理解すること。
　イ　造形的な特徴などを基に、全体のイメージや作風などで捉えることを理解すること。

■3　指導計画の作成と内容の取扱い
1　指導計画の作成に当たっては、次の事項に配慮するものとする。
（略）
（2）第2の各学年の内容の「A表現」及び「B鑑賞」の指導については相互に関連を図り、特に発想や構想に関する資質・能力と鑑賞に関する資質・能力とを総合的に働かせて学習が深められるようにすること。

※表現と鑑賞を関連させて、発想や構想と鑑賞の双方に働く中心となる考え方を深めることが重要。中心となる考え方とは、心情などを表す美術、装飾などの美術、伝達の美術、使うものの美術などの考え方のこと。

（3）第2の各学年の内容の〔共通事項〕は、表

現及び鑑賞の学習において共通に必要となる資質・能力であり、「A表現」及び「B鑑賞」の指導と併せて、十分な指導が行われるよう工夫すること。

(4) 第2の各学年の内容の「A表現」については、(1)のア及びイと、(2)は原則として関連付けて行い、(1)のア及びイそれぞれにおいて描く活動とつくる活動のいずれも経験させるようにすること。その際、第2学年及び第3学年の各学年においては、(1)のア及びイそれぞれにおいて、描く活動とつくる活動のいずれかを選択して扱うことができることとし、2学年間を通して描く活動とつくる活動が調和的に行えるようにすること。

※現行では(1)(2)(3)の項目で示されていたものが、今回はアイなどの事項で示されているが、題材の取り扱いの考え方は変わらない。

(5) 第2の内容の「B鑑賞」の指導については、各学年とも、各事項において育成を目指す資質・能力の定着が図られるよう、適切かつ十分な授業時数を確保すること。

(6) 障害のある生徒などについては、学習活動を行う場合に生じる困難さに応じた指導内容や指導方法の工夫を計画的、組織的に行うこと。

※障害のある生徒などへの配慮事項を重視し、全教科に共通で新設された。

(7) 第1章総則の第1の2の(2)に示す道徳教育の目標に基づき、道徳科などとの関連を考慮しながら、第3章特別の教科道徳の第2に示す内容について、美術科の特質に応じて適切な指導をすること。

---

上記の「指導事項」をまとめると「発想や構想」に関しては、感受・内的思考から主題を設定し、その主題から表現の構想を練り上げる指導すること。「技能」では、表現意図に適合した材料、用具の選択による表現、制作順序や計画性のある表現技能を指導することになる。

つまり、表現における絵や彫刻は「対象を見つめ感じ取ったことや考えたこと、心の世界などから主題を生み出し、それらを基に表現の構想を練り、意図に応じて材料や用具、表現方法などを自由に工夫して表現する活動」とされている。そして、この表現活動を通して「発想・構想の能力、創造的な技能」を育成するとしている。

そこでは表現活動を通して生徒が主題を生み出し、構想を練り、表現することで身に付ける能力を明確にしたと言えよう。そこに至る過程で、どのような資質・能力が高められるのかを教師は把握しておく必要がある。

○絵画表現

「絵」つまり絵画表現は、描く対象（主題やモチーフ）、描画方法や顔料や技法によって様々に分類することができる。なお複数印刷できる版画も絵画に含める場合もある。

分類の一つとして外在する静物や人物、また風景を描写して描く「観察表現」と作者の内的なイメージや想像によって描く「想像表現」がある。また、描画材料によって「ドローイング」と「ペインティング」に分けられる。ドローイングは、鉛筆やパスやクレヨン、コンテなどで主に線描を主体とする描き方であり、ペインティングは、水彩絵の具や油絵の具、アクリル絵の具などを使用して、面的な表現を意味する。ドローイングは、クロッキーやデッサン、スケッチなどを意味していることもある。

○絵画表現の題材設定

観察表現の対象としては、第1学年では自然や人物、動植物、身近にあるものなどがあり、形の捉え方や、形や色彩を部分と全体の関係で捉えることや遠近感、立体感なども考慮した指導が望まれる。また、第2、3学年では、視点の工夫、線の強弱、縮小や拡大などの表現の工夫によって、自分の思いを反映させることが大切である。描く対象やテーマによって、静物画、動物画、人物画、風景画などと呼ばれる。

想像表現においては、第1学年では体験や感動したことや美へのあこがれなどから発想をふくら

スパッタリングの技法

絵の具で描画

ませて、主題を決めていく。また第2・3学年では、不思議で神秘的な世界や幻想的な世界への興味関心を生かし、素材を併用して取り入れたりすることも考えられる。

以上のように題材設定にあたっては、主題に合わせて、観察と想像のどちらを主にした表現なのか、また描画材料や技法をどうするのかを見定める必要がある。そして、生徒の既習の経験や興味関心、教科書との関連、施設や設備などを総合的に判断して題材を設定する。

○**絵画の材料や用具**

中学校美術科の絵画表現で扱う代表的な材料に、次のようなものがある。それぞれの特徴や扱い方、技法について理解しておく必要がある。

①水彩絵の具
②ポスターカラー
③色鉛筆
④ペン
⑤パステル
⑥色紙など

特に水彩絵の具は描画の基本となる材料であるので、小学校での経験を確認しながら筆や筆洗の扱い方、絵の具の混色や重色、にじみやぼかしなどの技法をしっかりと指導する必要がある。

また、描画をどのような用紙に描くかによっても注意を払いたい。普通の白の画用紙だけではなく、色画用紙や和紙、場合によっては厚いボール紙などを用いるなどの工夫があると、描画材との組み合わせによって表現が広がってくる。

(新関伸也)

【参考文献】

- ❖ 「学習指導要領 新旧対照表」日本文教出版
- ❖ 文部科学省(2018)『学習指導要領解説美術編』日本文教出版
- ❖ 監修宮脇理、編集山口喜雄、天形健、新関伸也、他編集委員(2006)『ベーシック造形技法 - 図画工作・美術の基礎的表現と鑑賞 -』建帛社

★写真協力:岡山市立福浜中学校

## 第2節　「絵・彫刻」学習の実際

絵　題材「生活を潤すMy掛け軸」（第2学年　計10時間）

| 出会い・発見 | 共有する | 生み出す | 広げる・伝える |
|---|---|---|---|
| 主体的な学びへの入り口 | 対話的な学びの過程 | かく・つくる・感じる・考える | メタ認知・協働性・非認知能力 |

**アスペクト比の検討**
身近にある平面的な物のアスペクト比を比較鑑賞し、意見交流を通して、それぞれの印象や個々の感じ方の違いを捉える

**絵画を制作する**
モチーフ・形・プロポーション・構成・配色・技法をイメージに沿って構想し、絵画を制作する

**社会における自己表現の理解**
他者の思いや価値観に触れることで、社会の中での自分の表現や価値の生成につなげる

**掛軸の特性と出会う**
掛軸や額装した絵画を鑑賞し、それぞれの特性やよさを発見する

**作品イメージの検討**
構想や制作の中間鑑賞・交流会で感想や意見を交流する

**表装を制作する**
文様パターンを消しゴムハンコで制作し、構想したイメージに合った構成・配色で装飾を施す

**他者評価を受ける**
イメージだけではなく、言葉などで人と接することで思いが伝わることを学ぶ

**評価規準**

**思考力・判断力・表現力等**
- 絵画や表装の特性と伝統および現代的技法を理解し、鑑賞者の気持ちをイメージしながら絵画や表装を制作している
- 飾る場所や鑑賞者の思いを客観的な視点から検討し、適切に絵画と表装を構想し、表現している
- 生活の中でみられる絵画や表装の効果を考え、鑑賞者の思いを叶えるために作品をよりよいものにしようと努力している

**知識・技能**

**学びに向かう力・人間性等**
- 友達と意見を交流し、制作の方針をよりよい方向へ調整しようとする
- 掛け軸鑑賞を他者と共に楽しもうとする

○授業の概要と目標

　掛軸という絵画様式をモチーフとして、生活を潤す美術について理解を深め、自分の思いと生活のかかわりについて考える授業である。授業では、日本が誇れる伝統文化のひとつを担っている掛軸を西欧文化の影響が色濃い現代日本の生活に新たに生かすことを課題として提示する。

　飾る場所を自分で設定し、その場にどのようなイメージの掛軸を展示するか構想し、絵画と表装を制作する。場所は、自分の部屋や居間など自分や家族にかかわる場所か、店や公共空間など普段かかわることのない他者にかかわる場所か、いずれかを自分で決める。絵画と表装のイメージは、現代的か伝統的か、革新的か保守的か、場の雰囲気を考え、自分で方針を決めて構想する。

○授業の意義

　掛軸をどこで誰が鑑賞するか、どのようなイメージがよいか、「鑑賞者の立場」を考え、発想し、構想することが重要である。ここでの鑑賞者とは、家族や友達など身近な鑑賞者から普段かかわることのない鑑賞者までを想定している。また、生徒間の相互評価の中で、目標が達成できていないといった評価になった場合も、そのことを自覚すること自体に意義がある。本題材のテーマである「現代生活を潤す」という目標が結果として不十分であっても、その達成にむけて、鑑賞のために試行錯誤を重ねることの尊さに気づくことが主体的で深い学びにつながる。

○授業の流れ

**出会い・発見** 掛軸との出会い

　絵画の装飾形式である額装と表装の特徴やよさ、その意義について話し合い、生活の中にある絵画やその装飾に注目する。

**共有する** 感じ方の違いを実感する

　掛軸や身近にある平面的な物のアスペクト比を比較鑑賞し、意見交流を通して、それぞれの印象や個々の感じ方の違いを捉える。制作する絵画や表装のアスペクト比について検討する。

　絵画・表装の構想や制作の中間鑑賞・交流会で、感想や意見を交流する。他者からもらった評価を踏まえ、構想や制作で不十分であった点をリフレクションする。よりよい掛軸への改善点と改善方法を具体的に検討する。

**生み出す** 他者の思いを考えながら

　自分以外の立場が異なる他者も含んだ鑑賞者がどんな思いを持って作品を鑑賞するのかを、掛軸としての様式美を意識できるようになることが重要である。たとえば、伝統的な場所にあえて斬新なイメージを生み出すということを方針にした場合、伝統的な様式を変革し、新たな表現様式を用いるということも考えられる。斬新なイメージとして日本の伝統的な具象表現にとらわれずに現代の抽象表現に向かうことも考えられる。逆に西欧の伝統的な具象表現に挑むという方向性も考えられる。保守・革新、伝統・現代を軸に、1年生から系統的に学んできた発想法や表現法を活用して、絵画・表装のモチーフや形・プロポーション・構成・配色、技法を構想する（図1）。

**広げる・伝える** 他者への思いを広げる

図3　自宅廊下に飽きのこない掛軸 題「無心」

図4　自分の部屋に好きな自然の掛軸 題「夢」

図5　自分のシンプルな部屋に鮮やかで斬新なイメージの掛軸 題「明暗」

　作品完成後の鑑賞会で、鑑賞ワークシートに他者の作品について感想や意見を記述する。絵や表装の文様がどのようなイメージを与えているか、モチーフやプロポーション・構成・配色、表現技法など、造形のポイントを押さえながら、分析また批評を行う。クラス全体で他薦の作品について感想や意見を交わす。鑑賞ワークシートで記述した感想や意見の部分を相手に渡す。中間鑑賞会から改善した作品が、どのように評価されているか、交流を通して、リフレクションする。生徒は、自作品にはまだ改善しきれていない部分もあるという意識を持ちながらも、創意工夫をこらして完成した作品への評価に喜びを持ち、相手の意見に耳を傾ける必要性を実感する。この相互鑑賞・交流活動を通して、自分自身の思いを大切にしながら、また、他者の思いにも寄り添っていくためには、どうすればよいのかを模索する姿勢が培われるのである。

（馬淵　哲）

図1　1年生デッサン＆トリミング〜光と影、構成の美〜

図2　自分の部屋に心が落ち着く掛軸 題「夜景」

図6　落款ゴム印試し押しの様子

彫刻　題材「お願石 〜ONEGAISHI〜」（第3学年　計7時間）

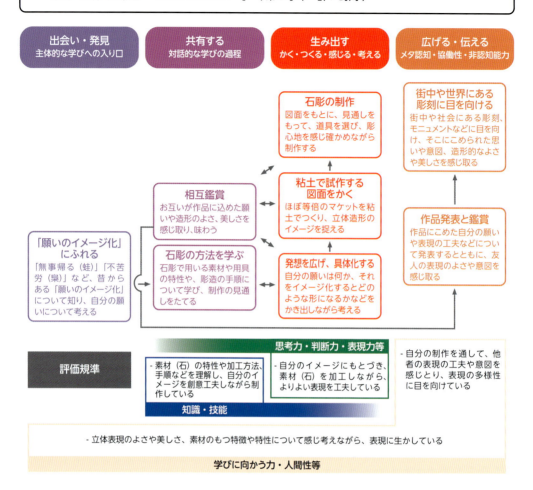

○授業の概要と目標

本題材では、手のひらに収まるサイズの石材を用いて、自分の願いをイメージ化したものを彫刻として制作する。彫刻に表す活動の中でも、石や木などを彫ったり、削ったりしながら制作する彫造（カービング）は、彫ってしまったものが元に戻らないという特性がある。素材の硬さや質感を感じながら、手順や必要な用具などを考え、緊張感をもって制作に取り組むことを通して、立体的な造形表現に見通しを持って創造的に取り組む力を育てたい。

○題材の特徴

本題材の目指すところは「自分の願いをかたちにする」ということである。将来の夢や、「こうありたい」という思いなどを、具体的なかたちにするという過程で、生徒たちは形とイメージの関係について、学ぶことができる。また石材は加工の際の手ごたえもあり、完成時の満足感が大きい。発想・構想、技能ともに十分に発揮され深められるとともに、遊び心も生かすことができ、3年生に向く題材と言える。

○授業の流れ

出会い・発見　願いをイメージ化する

願いをイメージ化するとき、漠然とした投げかけでは発想の手がかりが得にくい。そこで本題材では、「『無事帰る（かえる）』から『蛙（かえる）』」、「『不苦労（ふくろう）』から『梟（ふくろう）』」など、昔からある言葉遊びを手立てとして、自分の願いをイメージ化した。

【共有する】 **素材への理解・相互鑑賞**

石材には模様が顕著であるものや、硬いもの軟らかいものなど様々なものがある。本題材では、生徒が自分のイメージを表しやすいように、色味が素朴で、石質が軟らかく、比較的加工が容易な高麗石を用いた。制作の段階により、用具を適切に選択することで、加工がより容易になること、仕上がりがより美しくなることを知る。この理解が、その後の制作でも素材の状態から感じ、考える助けとなり、制作での創意工夫につながる。

用具（上）と材料（中）、磨いている様子（下）

また、制作の途中においても、お互いの発想や造形のよさ、意図や工夫について交流し、刺激し合える場や機会を設けたい。小さな作品であるので、破損のないように気をつけながらも、保管場所が鑑賞の場所にもなるような工夫があるとよい。

【生み出す】 **自分の願いをイメージ化する・立体に表す**

紙に自分の考えや思いをかき出すアイデアスケッチは、これまで自分が気づいていなかった考えや思いをも引き出し、発想を広げてくれる。そうして生み出された発想の中から、石彫という表現方法で表せる形を考え、選び、制作の見通しを立てていくことは、彫ってしまったものが元に戻らない彫造では特に重要である。図面の作成も、そのような見通しの一つであるが、本題材では、図面作成の前に粘土で試作を行うことで、立体造形の具体的なイメージを捉える手助けとしている。

石彫に限らないが、制作によって出る廃棄物の扱いにも注意が必要である。たとえば、耐水ペーパーで石を磨いて出てくる石粉をそのまま排水設

桶の中で石を磨く

備に流してはいけない。桶に張った水の中に石粉を沈殿させ、上澄みの水とは別に廃棄することが排水設備の保全・維持管理につながる。

【広げる・伝える】 **自他の作品から表現の多様性に目を向ける**

作品鑑賞では、表現の工夫、よさや美しさを味わうとともに、そこにこめられた作者の願いや思いについても感じ、考えられる機会を設けたい。

また、本題材の制作や鑑賞などの活動を経て、街中などに数多く設置されている様々な彫刻やモニュメントなどに目を向けると、そこにこめられた作者や地域の願いや思いを感じ取ることができ、生活を豊かにする美術の働きについても実感できる。

（中島　嵩）

生徒作品「飛び出したい（鯛）」
狭い世界から広い世界に「飛び出したい」ので、殻から鯛がとびだす様子を表しました（生徒キャプションより）

# 第6章 A表現「デザイン・工芸」

> **学習のポイント**
>
> **1** 問題解決や目的を達成するためにデザインや工芸の学習を通してどのような力が育まれるかまとめること。
>
> **2** 視覚と触覚で他者に伝える方法を整理すること。
>
> **3** 機能美や様式美の指導方法について考えること。

　本章では、絵画や彫刻に代表される心象表現に対して、適応表現または機能表現と称されることもあるデザインや工芸の領域の学習について述べる。これらの学習では、感じ取ったことに加え、伝える、使うなどの目的や機能を考えて、主題を生成し、表現する。デザインと工芸の学習に明確な境目はないが、思考過程を主とする学習がデザイン、表現技能を主とする学習が工芸、あるいは、合理的な機能美を主とする学習をデザイン、伝統的な様式美を主とする学習を工芸とする場合もあり、両者の捉え方は多様である。デザインや工芸の学習を通して、他者や社会、自然へ思いを馳せ、生活の中に生徒個人の感じる美しさを追求する姿勢を培うことが重要である。

## 第1節 「デザイン」学習のねらい

　『デザイン小辞典』によれば、デザインとは「ある目的に向けて計画を立て、問題解決のために思考・概念の組み立てを行い、それを可視的・触覚的媒体によって表現・表示すること」とある。つまり、デザイン領域の学習にあたっては、「目的」および問題解決に必要な「課題」を達成するために、思考したことを視覚的、あるいは触覚的な表現に向かうことが大切であると言える。以上のことから、本節では、デザイン領域の学習プロセスを、①「目的」や「問題」の把握、②解決あるいは達成にむけた思考、③視覚、触覚などによる表現の3つに分けて述べる。

### (1)「目的」や「問題」の把握

　デザインの学習では「目的」や「問題」を生徒の実態に応じた提示、または生徒自身が思考したり、感じ取ったりすることから、主題の生成が始まる。提示される「目的」や「問題」から生徒自身が思考したり、感じ取ったりすることから「目的」や「問題」を発見できるよう段階的に発展するカリキュラム構成が大切である。

　そして、「目的」や「問題」は、以下の4つの

要素に分類できる。

**①自分自身**

自分自身の持ち物や洋服の装飾等から、理想の自分自身の姿や行為について思考し、理想の達成に向けて課題を設定する。心象表現である絵画や彫刻との違いは、自分自身の身体能力や機能性を考慮したり、心身共に豊かな生活をめざしたりすることにある。

**②自分の知っている他者**

家族や友達に対しての具体的なイメージや、イメージから生成する願いや思いといった主題を見出す。地域社会の問題や不特定多数の人の使用を前提とした意匠を考える前に、具体的な人物のイメージから、達成すべき課題を考えられることも大切である。例として、友達のためのハンカチの装飾の意匠や、祖父へのプレゼント用のパッケージの意匠を、それぞれの喜ぶ顔をイメージしつつ思考することが挙げられる。

**③集団や社会・公共**

2000年より総合的な学習の時間が始まるなど、デザインが包容している問題発見・解決型の学習が美術の授業以外でも実践されて久しい。生徒一人一人が生涯にわたり、世界や地域社会の一員としてよりよい社会をめざし、主体的、創造的に何に取り組めるかを思考する学習活動であろう。Lupton（2014）は、デザインの使用者への考え方、つまり他者への共感性は、18世紀の産業革命以降からの「市民参加」の枠組みを構成する重要な一要素であると述べている通り、これらのデザインの学習は、社会参画のために重要である。ただし、総合学習と美術の授業とでは育成する力が異なることを踏まえて学習目標を設定する。

**④自然や環境**

デザインでは人を対象とするだけでなく、身の回りの自然や環境にも思いを馳せることが大切である。四季の移ろいや、木々の葉や動物の形、太陽の光の変化による多様な色彩を感じ取り、それらを生活や社会に生かすことで、自然をより身近に感じる。また、自然と共存するための防災への意識も生徒にとって大切な題材である。

## （2）解決あるいは達成に向けた思考のために

**①エモーショナルデザイン**

デザイン領域の学習では、使用者（ユーザー）に思いを馳せることで、共感性を伴う他者や社会、集団とのかかわりを持つことが大切である。しかし、一方で、生徒が「楽しい」と感じられるための意欲の高まりや、私は有益であると感じられる自己肯定感も育んでいることも忘れてはならない。

図1はDesmet（2002）のエモーショナルデザイン（Design for Emotion）の模式図である。制作者の適切な感情的な3つの刺激（アイデンティティー、活動、作品）と制作者の3つの価値の重要性（目標、価値基準、嗜好）の組み合わせが、作品が引き起こす感情の要因として制作の方向性を決めることを示している。「I am USEFUL（私は有益）」から「I am PLEASURABLE（私は楽しい）」に感情が膨らみ、その相関として「PLEASURABLE PRODUCT（楽しい制作）」があることの模式は、自己肯定感と、デザインのプロセスの関係を示している。

**②様々な発想法**

また、生徒の思考への支援も必要である。目的達成のために、一つの事象を思い込まずに、様々な可能性へ思考を拡散させ、多様なアイデアから収束させる手立ての題材も考えられている。たとえば、「ウェビングマップ」や「イメージの樹」と呼ばれる手法などが代表的である。自分やデザインの目的に関連する言葉を自由に挙げていき（思考の拡散）、関連付けの強弱を考えるなどの種

図1　エモーショナルデザインの模式図
Desmetが示した図を基に作成

類分けを行う（思考の収束）手法で、多くの題材に取り入れられている。

### ③身の回りのデザインの鑑賞から

生活の中にある家具や工業製品、衣服や、看板や書籍等、すべてが誰かにデザインされ、制作された作品である。身の回りの意匠に目を向け、使用者がより使いやすいように配慮された点（ユーザビリティ）に気づく手立てを取り入れることで、使用者一人一人の個性について思考を支援をする。あるいは、障害のある人や小さい子供がたどり着けない、「使えない」という状況を、たどり着けたり、使用可能にしたりするために配慮された点（アクセシビリティ）等、デザイナーの思考過程に気づきから思考を支援をする方法もある。例として、「使いやすさ」「安全性」等の項目について点数化する鑑賞や、日常の風景から気づいたことを写真に記録し、誰のために、どのような配慮や工夫がなされているかをレポートする鑑賞もある。

## (3) 視覚、触覚などによる表現

「目的」や問題解決のための「課題」の達成には、思考したことを、形や色彩、素材など、造形要素を用いて、表現として活用できる技能が必要となる。無論、これらの力は、デザインや工芸だけでなく絵画や彫刻等他の領域でも造形的な基礎でもある。

### a カラーシステムの理解と活用

色には大きく分けて、白、黒、灰の無彩色とそれ以外の有彩色に分かれる。それぞれに明るさ（明度）の違いが感じられ、有彩色のみには、色の鮮やかさ（彩度）、赤や青、黄などの色の様相（色相）の違いが感じられる。これら、明度、彩度、色相の「色の三要素」の組み合わせ等から感じ取った、強い、優しい、弱い、軽い、重い等の色の感情や色彩の調和と、使用者や社会や集団等への思いとを重ね合わせて色彩をコーディネイトすることを通して表現する。

### b 構成美の要素の理解

連続した、あるいは不連続の形によって、リズムや流れ、動き（ムーブメント）を感じたり、統一感や連続性などを感じたりするために、グラデーションや、コントラスト、アクセント、シンメトリー等の構成の美しさの要素を用いて、人の思いや自然を意匠として表す。

### c 素材とテクスチャの理解

主に、工業製品デザインやファッションデザイン、インテリア、あるいは工芸での学びでは、使用する際の肌触りや手で握った感じがどのように伝わるかを考えることもある。スプーンのデザインであれば、どの木材、あるいはほかの素材がよいかを加工の方法も一緒にイメージしながら考える。また、素材によって、装飾が変化することを考えることはデザインの過程上で重要である。

## 第2節 「工芸」学習のねらい

工芸領域もデザイン領域同様に、他者や社会、自然への思いを馳せ、生活の中に美しさを追求する姿勢を培う。ただし、デザインが思考過程や機能的な美しさを追求することを主にしていたことに対して、より素材を意識し、伝統的な様式美の追求を主とする学習といえる。

## (1) 工芸の学習の2つの営み

工芸は人類が培った技術によって、素材を加工して形を与え、生活に役立てるものである。つまり、素材を形に変える技術と、生活の中に必要な目的の2つに集約される。つまり、工芸の学習は、素材をどのように形へと変えるかという自然発生的な営みと、どのように生活に生かすかという結果的な営みの2つからアプローチできる。そして、その両方に美しさを追求する。自然発生的な営みからは、土や木など、素材特有の風合いやと加工によって変化する風合い、表現者のこれまでの生き方、手の形、成形での手の動かし方の特徴による形の風合いも楽しむことができる。また、出来上がった作品の風合いや形によって、使用する時の所作が変化する。たとえば、丁寧につくられた陶器は両手でゆっくりと手で包むようにも持つな

図2　陶器の形と生徒の所作

図3　伝統工芸のうちわを鑑賞する生徒

ど、人の動きも含めて美しさと捉え、相互鑑賞で味わうことも大切である（**図2**）。

### (2) 様式と伝統の指導

また、作品を見つめる際、デザインのように現在の社会の中での価値だけで、素材や生活とのかかわりだけから考えるのではなく、土や木等の加工が始まって以降の、それぞれの時代や地域の作品の様式や技術の特徴と、その様式や技術を育んだ環境や、風土、文化を包括的に捉え、伝統や様式美として次の時代にどのように伝えていくのかを併せて主体的に考えることも重要である。**図3**は、地域の伝統工芸であるうちわの鑑賞であるが、生徒は柄と骨の竹の繊細な加工や、独特な和紙の貼り合わせの技法を様式美として捉え、これらの伝統をどのように後世に伝えるのかを思考している。

### (3) 素材との対話

素材によって、工芸を分類すると、陶磁器（土）、木工、金工、漆工、繊維、ガラス等となる。ほかにも紙や皮革、竹なども工芸の素材として用いられることがある。実際に中学校での工芸の学習では、加工技法や、素材の使いやすさなどから陶土を使用した陶器や竹細工、木工、金工の中でも鋳金、彫金等を題材として取り扱うことが多い。

工芸の場合、生活の中で使用することが多いため、視覚で感じる美しさだけでなく、手に取った時の触覚や、食器であれば口にあたった時の感覚も味覚として感じられる。そのため、重さやテクスチャも含めた素材を触覚で感じ取ることが、生徒がつくりたいものや主題の生成に大きく関係する。

さらに、陶土であれば焼成、木工であれば研磨によって、表面が視覚的にも触覚的にも変化することで、作品への価値が変化することも工芸の学習の魅力の一つであろう。

陶土の焼成では、学校に設置されてる陶芸窯を使うこともある。電気窯やガス窯などがあるが、800度程度で素焼きをし、釉薬を施した（施釉）後、1200度〜1250度程度で本焼きを行う場合が多い。素焼きも、本焼きも、自然の力によって、思いもかけない風合いに窯変する面白さを味わえるのも工芸の魅力である。

### (4) 安心できる環境で活動

工芸の学習では、電気窯だけでなく、糸のこぎり、ナイフ等、大型の機械、刃先を有する道具を操作する場合が多い。その場合、自分だけでなく周りの友達の安全な環境をイメージした上での活動が望まれる。学習環境を常に整理したり、コミュニケーションによって、使用の状況を周りに伝えたりする環境づくりも指導の流れに加えることで、生徒が安心して取り組める。

（清田哲男）

**参考文献・資料**

❖ Ellen Lupton (2014)：*Beautiful Users: Designing for People*, Cooper Hewitt, Smithsonian Design Museum, Princeton Architectural Press, p.50　p.168

❖ Pieter Desmet (2002)：*Designing Emotions*, Delft, the Netherlands, Delft University of Technology, pp.105-122

# 第3節 「デザイン・工芸」学習の実際

デザイン　題材「万が一の災害に備えて！　校区の命を守る標識をデザインしよう」（第2学年　計7時間）

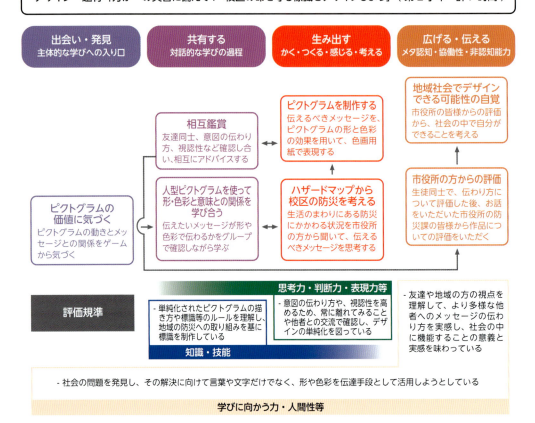

## ○授業の概要と目標

デザインの学習では、誰に、何を、何のために伝えるのかを明確にすることが大切である。本題材では"伝えるため"の具体的なメッセージを生成しやすいよう、生徒自身が生活している地域、校区で想定されている災害や、その防災を生徒間で共有した。災害時に必要な情報を、地域のすべての他者（字の読めない小さな子供、外国人など）に伝えることを想定し、その上でピクトグラムを制作することで、見る人に形や色彩で情報を伝える力を身につける題材である。また、本物のハザードマップを用いて検討し、自分の作品が実際の防災活動につながる実感を大切にした。

## ○授業の意義

ジャンプやキック等のポーズを表現した「人型のピクトグラム」の鑑賞から、同じポーズでも人によって様々な描き方があることや、視認性や形の色彩の造形要素での工夫によって伝わりやすさやが変わることなど、自分と友達との表現やその感じ方の違いに気づく。

その時に2つの主体的な学びが想定される。一つは形や色彩の感情効果や、人によって受け取り方が多様であることなどの経験的な学び。

もう一つは、デザイン本来の持つ、社会の問題を発見し、表現を通して解決するプロセスの学びである。

## ○授業の流れ

**出会い・発見　作品との出会い**

形だけでもある程度の情報が伝えられることを知るため、街中で目にすることのできるピクトグ

ラム（ゴミ箱や階段など）を鑑賞する。生活の中に溢れる多様なピクトグラムにそれぞれの目的や、目的達成のために形と色彩の工夫が施されていることに気づくことが大切である。鑑賞の方法として、提示されたピクトラムは何をあらわしているのかをクイズにして答えたり、ピクトグラムの真似をして答え合ったりすることを通して、形や色彩について思考し、社会生活の中のデザインに関心や意欲を高め、非言語であっても他者に伝えることの楽しさを味わうことができる。

図5　色画用紙を用いての制作

#### 共有する 「伝わる」形と色彩の感情の共有

本当に、ピクトグラムの形と色彩だけで他者に意図を伝えることができるかどうか、ピクトグラムを試作し、伝え合う。これまでに第1学年で学習した色彩の感情効果などを想起し、生かすために支援が必要である。友達同士で伝え合う活動を繰り返し、形や色彩の効果を共有しながら学ぶ。

#### 生み出す 生命を守る思いを形と色彩で表現する

生徒自身の生活環境にどのように防災意識を高める必要があるかを思考する。たとえば、市役所の防災課の方を招き、降水による水害が想定されている校区について、ハザードマップを用いて自分の家や通学路の浸水予想を知ることからの思考である。大雨時にはどこの高台へ避難するべきか、浸水時に河川へ近づかない、汚水による足元の視界不良から側溝に気をつけること等を生徒自身が考え、どこにどのようなメッセージが必要かを提案することを通して、ピクトグラムによる表現の主題を明確にする（**図4**）。

図4　市役所の防災課の方の説明とハザードマップによる防災の検討

図6　キャプションに伝えるメッセージをかく

その上で、主題となるテーマやメッセージを伝えるピクトグラムを、**図5**のように色画用紙を使用して制作する。色画用紙の使用は、細部の単純化や、絵の具による塗りの技術へ偏重にならないための工夫の一つである。

#### 広げる・伝える 社会の中の自分を実感

形や色彩からどのようにして情報を伝えようとしているのかクラス全体で相互鑑賞を行う。

鑑賞時の工夫としては、キャプションには作者名、想定される災害等、ピクトグラムからの具体的なメッセージを書き（**図6**）、表から見えないように貼付して、形や色彩からのみ情報を読み取る仕掛け等である。

また、市役者や地域の方と一緒に鑑賞する手立てをとることも有効である。自分の問題を解決した表現が、地域社会で評価を受けることで、表現や学習活動をしている自分自身が社会の中に「いる」ことを実感するのである。

（清田哲男・宣　昌大）

工芸　題材「ぬくもりを届ける備前焼」（第3学年　計7時間）

| 出会い・発見 | 共有する | 生み出す | 広げる・伝える |
|---|---|---|---|
| 主体的な学びへの入り口 | 対話的な学びの過程 | かく・つくる・感じる・考える | メタ認知・協働性・非認知能力 |

**陶土や備前焼の特性と出会う**
陶土に様々な触れ方で楽しみながら、陶土の質感や触感、匂いなどの性質、郷土の工芸・備前焼の特性と出会う

**備前焼の技法を知る**
成形の方法や火襷などの効果と使用者との思いの関係を考える

**高齢者の思いをイメージする**
高齢者が、日々の食生活で備前焼の食器の使用でどのように感じるかをグループで考える

**グループで作品検討**
グループ内で高齢者からの評価を踏まえ、使用者にとってよりよい作品の改善点を探る

**備前焼の食器を制作する**
高齢者の食生活をよりよいものにするための食器とはどのようなものかを考えて、陶土の特性を踏まえながら備前焼を制作する

**備前焼の食器を再度制作する**
高齢者からの評価や言葉を受け、改めて使用者にとってよりよい食器とは何か、陶土でできることを踏まえ、再度備前焼を制作する

**使用した高齢者からの評価を受ける**
高齢者から作品を食器として使用しての評価を受け、自分と使用者の思いの違いを感じる

**高齢者からの再評価を受ける**
イメージだけではなく、言葉などで人と接することで思いが伝わることを学ぶ

**社会における自己表現の理解**
他者の思いや価値観に触れることで、社会の中での自分の表現や価値の生成につなげる

**評価規準**

**知識・技能**
- 陶土の特性や備前焼の技法を理解し、使用者の気持ちをイメージしながら食器を制作している

**思考力・判断力・表現力等**
- 異なる立場の他者の思いを客観的な視点から検討し、食器の成形を検討している

- 多様な立場の人々の思いを叶えるために作品をよりよいものにしようと努力している

**学びに向かう力・人間性等**
- 意見が異なる友達と、協議をしながら、制作の方針をよりよい方向へ調整しようとする
- 備前焼の持つ風合いを仲間や使用者と共に楽しもうとする

○授業の概要と目標

授業では、生徒とは異なる立場である高齢者の方々の思いに沿った備前焼の食器一式をグループで制作し、実際に使用した高齢者施設の利用者から、形成的評価を受けることで、自分の思いと社会とのかかわりについて考える。高齢者が使用している様子と形成的評価を語る場面の動画を2回鑑賞する。1回目は、「高齢者のイメージ」だけで制作した食器一式の使用と評価、2回目は、1回目に受けた評価から、高齢者の一方的なイメージだけでは、使用者の気持ちを踏まえて制作できないことなどを踏まえ、作品のよりよい改善点をグループで検討し、再度制作した作品の使用と評価である。

2回の表現活動とリフレクションによって、生徒自身が抱く他者へのイメージと実際の他者の思いとの、共通点や相違点を考える契機を設けることで、日常生活での多様な他者への理解のために、自分がすべきことを思考することが目標である。

○授業の意義

食器の制作をするにあたり、自分だけが使いやすい形を追求するのでなく、他者の食事がよりよくなることを願い「使用者の立場」を考えること

図7　クラスメイトが制作した作品を持つ様子

図8 生徒作品（左：1回目 右：2回目）

図9 お互いの作品を検討する様子

が重要である。

　ここでの他者とは、家族や友達のような身近な他者よりも範囲を広げ、普段かかわることのない高齢者や生活弱者を想定している。彼らへの配慮を考えることは、社会の中で生きる一人の人間としての姿勢を醸成する一助になると考えている。

　また、生徒は工夫や検討を重ねるが、高齢者の2回目の評価でも、解決しきれなかった点への自覚も重要である。本題材のテーマである「ぬくもりを届ける」ことが結果として叶わなくても、その達成に向けて、他者のために試行錯誤を重ねることの尊さに気づくのである。

○授業の流れ

　出会い・発見　**素材との出会い**

　五感を通した陶土との触れ合いの中で、粘土の色、温度、質感、などの特徴を探り、特徴や楽しさを見出す活動である。小学校の時の備前焼の授業を振り返ることからも、焼成の具合など互いに発見したことを共有し、制作時の留意点に気づけるように促す。

　共有する　**グループでの検討**

　1回目の制作では、グループの中で、高齢者の方にとって「よりよい食事」とは何かを話し合ったり、「グループ内で誰がどんな食器をつくるのか」を考えたりする。

　2回目の制作では、高齢者から評価を踏まえ、1回目の検討や、制作で不十分であった点をリフレクションする。他者へのイメージではなく、他者の価値も考え、よりよい食器への改善点と改善方法を具体的に検討する。

　生み出す　**他者の思いを考えながら**

　食器一式の制作にあたり、高齢者にとって「よりよい食事」となるような作品にすることと、「グループ」でつくることが条件である。

　1回目の制作の段階では、立場が異なる他者である高齢者の方がどんな思いを持って作品を使用するのかを、想像したに過ぎないが（**図8右**）、高齢者からの評価により、2回目の制作では、手の形、備前焼の持ち方や、食器としての機能性を意識できるようになる（図8左）。

　広げる・伝える　**他者への思いを広げる**

　動画の中で食事の様子や表情から、完成した作品を高齢者が、どのように使用し、どのように感じられたかを考える。

　特に、2回目は、改善した作品が1回目の評価からどう変化したかをクラス全体で考える。生徒は、自作品にはまだ改善しきれていない部分もあるが、自分たちの力で考えた改善点への評価に喜びを持ち、他者の思いに沿うには相手の意見に耳を傾ける必要性を実感する。

　また、工芸では素材の風合いを生かした美しさに加え、触り心地や持った時の心の豊かさを含め、使用者への思いやイメージを大切にしなければならない。今後の日常生活において、他者の思いに寄り添うことは、どんなことかを模索する姿勢を培うのである。

（清田哲男・松浦　藍）

# 第7章 B鑑賞

## 学習のポイント

**1** 美術科における鑑賞学習の意義を理解すること。

**2** 学習指導要領における「B鑑賞」の目標や内容から、鑑賞の対象や学習活動を把握すること。

**3** 鑑賞の題材例から、授業の組み立て方を知ること。

## 第1節 「鑑賞」学習の意義

　鑑賞とは、芸術作品や人工物などのよさや美しさを味わい理解することである。鑑賞の「鑑」は、手本や規範に照らし合わせて価値を吟味する「鑑（かがみ）」のことであり、「鏡」と同源の意味を持つ。「鑑定」や「鑑別」などの言葉にも用いられるように、「鑑」は芸術作品などのよさや美しさを個々の価値判断によって味わい、品定めするという意味も含んでいる。同音語の「観賞」は植物や自然など美しいものを見ていつくしむことであり、「観照」は対象の本質を冷静な心で捉えようとすることである。

　美術鑑賞といえば、名画名作に代表される芸術作品を対象とすることが一般的であるが、鑑賞学習においては、芸術作品に限定することはない。むしろ「自然の造形」や「身の回りにある自然物や人工物」など、生徒を取り巻く環境すべてがその対象になると捉えるべきである。

　美術鑑賞学習の目的は、生徒が美術作品や生活の中の美術の働き、美術文化などについての見方や感じ方を深化させていくことである。作品の歴史的位置づけや文化的価値、社会・環境とのつながりなどの作品にまつわる知識を得ることが作品を深く鑑賞する際の手掛かりになることもあるが、それらだけが鑑賞学習の目的ではない。教師が一方的に作品の解説を行い、知識に基づいて作品を理解する授業では主体的な鑑賞活動は起こりえない。

　鑑賞活動について、新関（2008）は「作品を『見る』ことによって生じる印象や感動を起点にして、深い読み取りに至る一連の積極的な行為」と定義しており、「表現と不可分な創造的行為」であると述べている。また、「鑑賞によって得られる『真・善・美』などの価値に気づくことで、感性を磨き、審美力を高める行為は、道徳的価値をたかめることにつながる」とも述べており、「生徒自らが対象を積極的に観る行為なくしては、本質的な鑑賞の始まりにはなりえない」と指摘している。美を発見する実体験を積み重ね、自分の中の美意識や価

値観を形成していく学習の過程を大切にしたい。

　教師は、このような鑑賞学習の意義を理解した上で、生徒の実態や興味・関心に適応した具体的な鑑賞の題材を示すことが求められる。

### 第2節　学習指導要領での「B鑑賞」の位置づけ

　中学校美術科における領域は、昭和44年版中学校学習指導要領では、「A絵画、B彫塑、Cデザイン、D工作・工芸、E鑑賞」の5領域で示されていた。「表現」と「鑑賞」の2つが位置づけられるようになったのは、昭和52年版学習指導要領からであり、技術や技能の習得よりも情操を培うことが重視されるようになり、絵画、彫塑、デザイン、工芸は、領域「表現」としてまとめられた。しかしながら、実態としては「表現」に偏重した美術科の授業が展開されることが多く、「鑑賞」の領域が美術科の授業において扱われることは依然として少ない状況にあった。この状況を受けて、平成10年版学習指導要領では鑑賞の取扱いに関して授業時間の確保が明示され、鑑賞教育の充実や表現と鑑賞の一体化が意識されるようになった。また地域の美術館との連携などによる鑑賞学習の普及に伴い、美術教育における鑑賞学習の重要性が認識されるようになった。平成20年版学習指導要領では、作品などに対する思いや考えを説明したり批評し合ったりするなどの言語活動の充実や、我が国の美術文化についての学習がより重視されるようになった。近年では、鑑賞学習指導の理論研究や実践研究なども拡充されつつある。

　平成29年告示の新学習指導要領では、「生活や社会の中の美術や美術文化と豊かに関わる」ことができる生徒の育成を念頭に置き、育成すべき資質・能力を具体的に示すことを意識している。「B鑑賞」についても、これまでは「鑑賞に関する次の事項を指導する」とされていたが、新学習指導要領では「鑑賞の活動を通して、次のとおり鑑賞に関する資質・能力を育成する」とされており、身に付けるべき資質・能力について明確に示されている。また「B鑑賞」の内容については、「美術作品など」に関する事項と、「美術の働きや美術文化」に関する事項の二つに分けて示されるようになった。

### 第3節　「B鑑賞」の目標及び内容

　平成29年告示の学習指導要領において「鑑賞」の目標及び内容は、各学年において次のように述べられている。

#### 第2　各学年の目標及び内容

〔第1学年〕2　内容　B鑑賞
(1) 鑑賞の活動を通して、次のとおり鑑賞に関する資質・能力を育成する。
　ア　美術作品などの見方や感じ方を広げる活動を通して、鑑賞に関する次の事項を身に付けることができるよう指導する。
　　(ア) 造形的なよさや美しさを感じ取り、作者の心情や表現の意図と工夫などについて考えるなどして、見方や感じ方を広げること。
　　(イ) 目的や機能との調和のとれた美しさなどを感じ取り、作者の心情や表現の意図と工夫などについて考えるなどして、見方や感じ方を広げること。
　イ　生活の中の美術の働きや美術文化についての見方や感じ方を広げる活動を通して、鑑賞に関する次の事項を身に付けることができるよう指導する。
　　(ア) 身の回りにある自然物や人工物の形や色彩、材料などの造形的な美しさなどを感じ取り、生活を美しく豊かにする美術の働きについて考えるなどして、見方や感じ方を広げること。
　　(イ) 身近な地域や日本及び諸外国の文化遺産などのよさや美しさなどを感じ取り、美術文化について考えるなどして、見方や感じ方を広げること。

〔第2学年及び第3学年〕2 内容　B 鑑賞
(1) 鑑賞の活動を通して、次のとおり鑑賞に関する資質・能力を育成する。
　ア　美術作品などの見方や感じ方を深める活動を通して、鑑賞に関する次の事項を身に付けることができるよう指導する。
　　(ア) 造形的なよさや美しさを感じ取り、作者の心情や表現の意図と創造的な工夫などについて考えるなどして、美意識を高め、見方や感じ方を深めること。
　　(イ) 目的や機能との調和のとれた洗練された美しさなどを感じ取り、作者の心情や表現の意図と創造的な工夫などについて考えるなどして、美意識を高め、見方や感じ方を深めること。
　イ　生活や社会の中の美術の働きや美術文化についての見方や感じ方を深める活動を通して、鑑賞に関する次の事項を身に付けることができるよう指導する。
　　(ア) 身近な環境の中に見られる造形的な美しさなどを感じ取り、安らぎや自然との共生などの視点から生活や社会を美しく豊かにする美術の働きについて考えるなどして、見方や感じ方を深めること。
　　(イ) 日本の美術作品や受け継がれてきた表現の特質などから、伝統や文化のよさや美しさを感じ取り愛情を深めるとともに、諸外国の美術や文化との相違点や共通点に気付き、美術を通した国際理解や美術文化の継承と創造について考えるなどして、見方や感じ方を深めること。

## 第3　指導計画の作成と内容の取扱い
**1　指導計画の作成に当たっては、次の事項に配慮するものとする。**
(5) 第2の内容の「B鑑賞」の指導については、各学年とも、各事項において育成を目指す資質・能力の定着が図られるよう、適切かつ十分な授業時数を確保すること。

**2　第2の内容の取扱いについては、次の事項に配慮するものとする。**
(6) 各学年の「B鑑賞」の題材については、国内外の児童生徒の作品、我が国を含むアジアの文化遺産についても取り上げるとともに、美術館や博物館等と連携を図ったり、それらの施設や文化財などを積極的に活用したりするようにすること。

**4　学校における鑑賞のための環境づくりをするに当たっては、次の事項に配慮するものとする。**
(1) 生徒が造形的な視点を豊かにもつことができるよう、生徒や学校の実態に応じて、学校図書館等における鑑賞用図書、映像資料等の活用を図ること。
(2) 生徒が鑑賞に親しむことができるよう、校内の適切な場所に鑑賞作品などを展示するとともに、学校や地域の実態に応じて、校外においても生徒作品などの展示の機会を設けるなどすること。

　なお、鑑賞の目標及び各学年の内容、指導事項の配慮をまとめると次のようになる。

〈鑑賞の対象〉
① 自然の造形
② 美術作品
③ 身の回りにある自然物や人工物
④ 身近な地域や日本及び諸外国の文化遺産（特に我が国を含むアジアの文化遺産）
⑤ 伝統や美術文化
⑥ 国内外の児童生徒の作品

〈鑑賞の活動〉
① 感じ取る、考える、味わう
② 見方や感じ方を深める
③ 理解する
④ 相違点や共通点に気付く
⑤ 自分の価値意識を持って批評し合う
⑥ 言葉で考えを整理する、説明し合う

〈活用例〉
① 美術館や博物館等の施設や文化財など

② 学校図書館等における鑑賞用図書や映像資料など

## 第4節 「鑑賞」学習の題材設定

　鑑賞学習の題材を設定する際には、上記の〈鑑賞の対象〉が参考となる。鑑賞の題材として最も多く扱われているものは、「②美術作品」であり、教科書や資料集などにも、西洋や日本における代表的な美術作品が多く掲載されている。第2学年及び第3学年における「3 内容の取扱い」の（3）には、「『B鑑賞』の イの（イ）の指導に当たっては、日本の美術の概括的な変遷などを捉えることを通して、各時代における作品の特質、人々の感じ方や考え方、願いなどを感じ取ることができるよう配慮すること」と示されている。題材設定においては、日本の美術作品を取り上げることで諸外国の美術や文化との相違点や共通点に気づいたり、美術を通した国際理解や美術文化の継承と創造について考えたりする視点を包含したい。

　また、「④身近な地域や日本及び諸外国の文化遺産」や「⑥国内外の児童生徒の作品」を鑑賞の題材として設定することによって、国や文化の違いによる表現の多様性や、人間の成長・発達による表現の変容などについて理解を深めることができる。美術を通した国際理解や美術文化の継承と創造について考えることはグローバル化が進む現代を生きていく上で重要であり、「⑤伝統や美術文化」のよさや美しさを感じ取り、見方や感じ方を深めることをねらいとした題材を鑑賞学習に取り入れていくことが求められる。国や時代によって異なる文化や美意識について学習することの意義は大きい。対象としては、伝統的な建造物や工芸品、屏風、掛け軸などが挙げられる。美術館や博物館等の施設や文化財などを活用し、本物やレプリカなどの複製作品を鑑賞する授業展開も考えられるであろう。

　芸術は人の力によってのみ生み出されるものではない。「①自然の造形」には、四季の変化や風景、自然現象などが含まれる。朝夕の空の色の変化や紅葉なども自然が生み出す造形として捉えることができる。自然の造形にみられる無限の色や形の変化に気づくことから、表現や鑑賞の活動へと広がっていくこともある。「③身の回りにある自然物や人工物」の造形的な美しさを感じ取ったり、自分たちの生活とのかかわりについて考えたりする学習を通して、その見方や感じ方を深めていくことも重要である。

## 第5節 「鑑賞」学習の方法

　鑑賞学習の方法には、対話による鑑賞やアートゲームを活用した鑑賞などがある。鑑賞学習の方法を考える際には、「生徒が授業でどのような鑑賞活動をするのか」という学習者の立場や視点から考えるとよい。

　考えたり、話したり、聞いたりする力を伸ばし、鑑賞することの楽しさを他者と共有していく方法として、「対話による鑑賞」がある。指導者がファシリテーターを務め、対話によって鑑賞者の気づきや考えを引き出しながら見方や感じ方を深めていく方法である。「自分の価値意識を持って批評し合う」ためには、作品との出会いの場面において、静かにじっくりと作品をみることが大切である。そのためにも指導者は、「何が描かれているか」「この絵では何が起こっているか」「何を見てそう考えるか」などの発問を投げかけ、生徒の意見を引き出したり中立的に言い換えたりしながら、話し合う部分を焦点化していく役割を担う。指導者や他の生徒との対話を通して「言葉で考えを整理する、説明し合う」ことは、自分の見方や感じ方を深めていく上で重要な活動である。また、対話による鑑賞では、1点の作品を深く鑑賞するため、取り上げる作品の選定においては、指導者が明確な意図をもって検討することが求められる。「相違点や共通点に気付く」ことをねらいとした鑑賞活動には、「比較による鑑賞」の方法が効果的である。たとえば、浮世絵とゴッホの作品を並

べて展示し、比較しながら鑑賞することによって、作品の全体や細部をよく鑑賞するようになり、相違点や共通点などに気づくことができるようになる。

また、「ゲーム的な活動」を通して鑑賞活動に対する関心や意欲を高めていく方法としてアートゲームの活用が挙げられる。アートゲームに用いられる代表的な学習教材にはアートカードがある。アートカードはA6サイズのものが一般的で、ゲームを通して多くの作品と出会うことができる。教科書の補助教材や美術館オリジナルのアートカードなどがある。色や形などの造形要素から共通点などを見つけていく「マッチング（絵合わせ）ゲーム」や、読み札を使った「かるたゲーム」などがあり、ゲーム的な鑑賞活動を通して思考力や判断力、分析力、コミュニケーション能力などを養うことができる。

以上のような鑑賞の方法が考えられるが、対象の作品の大きさや質感を感じ取ることは難しいため、本物の作品を鑑賞する機会へとつなげていくことも望まれる。

## 第6節 「鑑賞」学習ルーブリック

1980年代以降、客観テストだけでは生徒の本物の学力を測ることはできないという批判が生じ、学習者の振る舞い（パフォーマンス）や作品を手がかりに、知識や技能の総合的な活用力を質的に評価する方法としてパフォーマンス評価が導入されるようになった。ただし、パフォーマンス評価においては、教師による主観的な評価に陥らないようにするために、ルーブリックの作成と活用が必要とされている。

ルーブリック（Rubric）とは、「成功の度合いを示す数値的な尺度（scale）と、それぞれの尺度に見られるパフォーマンスの特徴を示した記述語（descriptor）からなる評価基準表」（田中耕治 2003）のことである。多くの教師が鑑賞学習指導の際に目標と評価の設定に対して困難さを感じ

ている現状においては、学習者のパフォーマンスを評価する際の基準がルーブリックとして具体的に示されることは喜ばしいことであろう。一方で、ルーブリックの作成や活用が学習評価の指標としてのみ扱われてしまうことには注意が必要である。ルーブリックを作成し、それに基づいて評価を行うことだけがルーブリックの存在価値ではない。

鑑賞の授業を自覚的に構想・展開・評価し、その質を高めると共に、鑑賞学習のカリキュラム構造化を適切に行うための資料として捉え、生徒の実態や授業の内容に応じて適宜修正や改善を加えながら活用していくことが求められる。ルーブリックの活用によって、授業の目標や評価基準がより明確になり、鑑賞学習指導の充実が図られていくことが期待される。

（藤田雅也）

### 【参考文献】

- 神林恒道、新関伸也編著（2008）『日本美術101鑑賞ハンドブック』三元社
- 神林恒道、新関伸也編著（2008）『西洋美術101鑑賞ハンドブック』三元社
- 田中耕治編（2003）『教育評価の未来を拓く―目標に準拠した評価の現状・課題・展望』ミネルヴァ書房
- 新関伸也（2008）「第Ⅳ部 美術科教育」、大橋功、新関伸也、松岡宏明、藤本陽三、佐藤賢司、鈴木光男編著『美術教育概論（改訂版）』日本文教出版
- 新関伸也編著（2012）『学校における美術鑑賞のかたちと実践』滋賀大学教育学部新関伸也研究室
- 藤田雅也、松岡宏明、赤木里香子、泉谷淑夫、大橋功、萱のり子、新関伸也（2017）「鑑賞学習ルーブリックの作成とその活用に関する一考察」、『美術教育』301号、日本美術教育学会、pp.24-30
- 松岡宏明、赤木里香子、泉谷淑夫、大橋功、萱のり子、新関伸也、藤田雅也（2017）「中学校美術科における鑑賞学習指導についての全国調査報告」、『美術教育』301号、日本美術教育学会、pp.68-75
- 松岡宏明、赤木里香子、泉谷淑夫、大橋功、萱のり子、新関伸也、藤田雅也、佐藤賢司、村田透（2017）『鑑賞学習ルーブリック＆ガイド』日本美術教育学会研究チーム
- 文部科学省（平成29年）『中学校学習指導要領解説美術編』

## 第7節 「鑑賞」学習の実際

鑑賞　題材「なぜか不思議？シュルレアリスム」（第2学年　計1時間）

○授業の概要と目標

　本題材は、まず前半にシュルレアリスムの3人の作家ミロ、ダリ、エルンストの作品を比較しながら鑑賞する。比較による鑑賞の長所は、なんらかの違いや共通点を持つ作品が複数並ぶことで、鑑賞者が自然と作品相互を見比べるようになり、作品の全体及び細部をよく見るようになることである。そして、その結果として作品の主題や造形要素に目を向ける姿勢が身につき、見ているうちに様々な発見や疑問が生まれ、主体的に作品とかかわる雰囲気が生まれる。

　比較鑑賞の後に、改めてサルバドール・ダリの《記憶の固執》を鑑賞する。前半の比較鑑賞でシュルレアリスムの表現テーマを共有できているため、スムーズにダリの作品の主題や造形要素に目を向けさせることができる。

　また、本題材の特徴として授業の大部分を4人グループで学習に取り組ませている。教師が一方的に説明する時間を極力減らし、生徒が自ら発見し、感じ取り、考えられるように授業の展開や発問を工夫することで、生徒が主体的に様々なことを感じたり学んだりできることを目標としている。

○授業の意義

　シュルレアリスムの作家は色や形、画面構成で見る人が感じる印象を意図的に操作する傾向が強い。そこで本題材では、特に作者の表現意図と造形要素との関係に着目させ、表現の工夫を深く読み取らせることを目標としている。このような活動を積み重ねることで、自身が作品から受ける感情について、その根拠を作品の造形要素をもとに

図1　4人グループで比較鑑賞

図2　受ける印象と造形要素の関係を探る

図3　対話による鑑賞（ギャラリートーク）

図4　4人グループで交流する

考える力を養うことができる。

○授業の流れ

**出会い・発見** 作品との出会い

　シュルレアリスムの作品との出会いは、その独特の世界観から衝撃的な印象を受ける。本題材では、より具象的でありながら現実離れした作品をセレクトしているため、生徒はスムーズに作品の世界観に引き込まれていく。

**共有する** シュルレアリスムの特徴を共有する

　授業の前半では、3人のシュルレアリスムの作家の作品を比較しながら、それぞれの特徴と共通の特徴を見つける活動を4人グループで行う。見つけた特徴を学級全体で発表し合い、3人の作家の共通点から、シュルレアリスムの作家の表現テーマが「非現実な世界」であることを共通理解する。

**生み出す** 作品から受ける印象と造形要素の関係を探る

　後半の《記憶の固執》を鑑賞する活動では、まず作品の気になる部分や強く印象に残る部分に着目し、分析的に作品を見ていく。そして、自身が作品から受ける印象について、その根拠となる造形要素を探っていく。色や形、描かれているモチーフや画面構成が見るものに与える感情について分析的に捉える視点は、作品を鑑賞する上で極めて重要である。ダリの作品は比較的このような視点で鑑賞しやすく、中学生にとって無理なく作品から受ける印象と造形要素の関係を考えることができる。

**広げる・伝える** 作品の主題にせまる

　最後の振り返りでは、作者の表現意図や作品のよさを感じ取って自分の意見としてまとめる。その際には、自分なりの価値意識や根拠をもつことが何より重要である。特に本作品では、作者が現実にはあり得ないものを自然の風景に描くことによって様々なイメージが喚起されている。作品から受ける様々な感情や心情について根拠を示して説明することで、作品をより深く鑑賞することにつながる。

（新関伸也・堤　祥晃）

鑑賞　題材「風と雷の神様は何してる？」《風神雷神図屏風》（第1学年　計1時間）

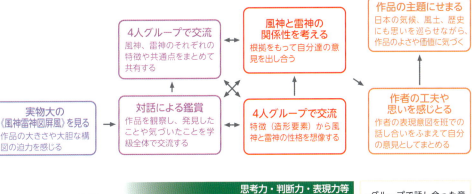

## ○授業の概要と目標

本題材は、俵屋宗達作の《風神雷神図屏風》を鑑賞する。この作品の魅力は、大胆な構図や迫力のある描線が挙げられる。そこで本題材ではより本物に近い実物大レプリカを使用した（図3）。

また、この鑑賞を通して、日本の気候、風土、歴史が生み出した独特の表現のよさや美しさを感じさせ、我が国の伝統や文化に対する関心を高める心情を育てることが目標である。

## ○授業の意義

本題材は「様々な視点から作品を分析する」「細部まで詳しく作品を観察する」「自分なりの価値意識をもって作品を見る」といった力を身につけさせることをねらいとしている。

## ○授業の流れ

### 出会い・発見　作品との出会い

実物大レプリカは作品の大きさや大胆な構図の迫力を感じることができる。また、屏風の立体的な奥行きや2枚1組の配置を体感することができ、生徒は自然と作品の世界観に引き込まれていく。

### 共有する　グループで共有する

前半の対話による鑑賞では、作品を細部まで詳しく観察し、発見したことや気づいたことを学級全体で交流する。その後の4人グループの活動では、様々な発見をもとに風神、雷神のそれぞれの特徴や共通点をまとめて共有する（図4）。

### 生み出す　自分なりの価値意識を持って

自分の意見や思いを伝えたり人の意見を聞いたりする話し合い活動をすることで、より深く作品を鑑賞することができる。

### 広げる・伝える　作品の主題にせまる

最後の振り返りでは、作者の表現意図を班での話し合いをふまえて自分の意見としてまとめる。その際には、色や形などの造形要素だけでなく、日本の気候、風土、歴史にも思いを巡らすよう促す。

（新関伸也・堤　祥晃）

# 第8章 美術科学習資料

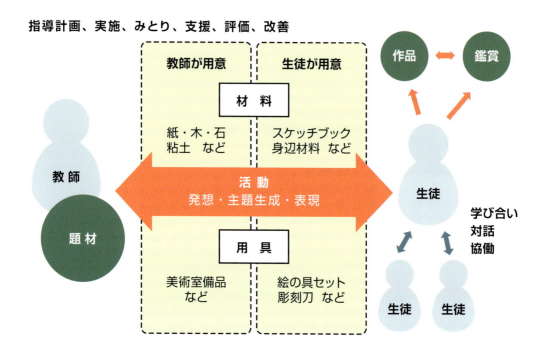

## 第1節 美術室の役割

中学生の「思いつく」「考える」「つくる」「発表する」「みる」などの造形活動・鑑賞活動を支える場所が美術室である。授業において、生徒たちは題材に対して発想・構想し、それらを創意工夫して表したり、鑑賞したりと、思考・判断・表現などの活動を行う。そこで題材と生徒をつなぎ、働きかける美術室にあるものが素材や用具である。ここでは、美術室に集まる生徒と先生がどのような準備をしているのかを考える。

※素材や用具については 本誌「第Ⅴ部」（p.222～）に詳しく記載されている。これらのモノはいずれも美術室で用意しておきたいものである。本節では重複するものについては基本的に省略しているので、「資料」のページも併せて参照してほしい。

## 第2節 材料・用具の準備

### 生徒が所有するもの

多くの場合、中学生は入学前や入学後すぐに以

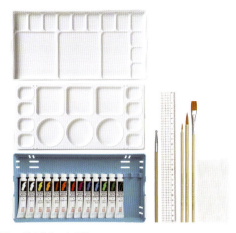

図1　絵の具セットの例

図2　新聞紙は机の防汚にも造形素材としても使える

下のものを一人ひとりが準備・所有している。

●**絵の具セット（図1）**——ポスターカラーやアクリルガッシュなどの不透明水彩絵の具が多く採用されている
●**スケッチブック（クロッキー帳、発想ノートなど）**——市販されているものと異なり、画用紙以外にもケント紙や方眼紙、クラフト紙、トレーシングペーパーなど様々な紙の種類を一冊にまとめているものがある
●**ファイル**
●**製図セット**——技術科や数学科の準備物として購入していることが多い
●**彫刻刀**
●**書道セット　など**——彫刻刀や書道セットは小学校で購入していることが多い

### 美術室で用意しておきたいもの

　美術室の室数や大きさ、準備室の有無など、学校によって環境は異なるが、以下に挙げるものは学習環境としてそろえておきたいものである。子供たちの「やってみたい！」を支援できる学習環境を準備したい。

●**常備しておきたい共通消耗品**
・チョーク、ホワイトボードマーカー
・各種ペン、マーカー（マーキングペン）
・新聞紙（図2）
・身辺材料（紙箱や包装紙、枝やプラ素材など）
・ラップ
・消しゴム、練りゴム
・各種テープ（セロテープ、布テープ、マスキングテープなど）
・付箋　など
●**常備しておきたい共通備品**
・直定規（長いものも）
・各種定規（三角定規、雲形定規など）
・分度器
・テンプレート——円や四角、星形など、様々な形、大きさの図形が容易に描けるもの
・コンパス
・電動鉛筆削り
・手動鉛筆削り——色鉛筆など柔らかい芯は電動では折れてしまうこともある
・クリップ
・マグネット
・クランプ
・篆刻刀（印刀）
・電動研磨機——彫刻刀を短時間で容易に研ぐことができる
・電動ドライバー
・湯沸器（電気ケトルなど）——お湯は溶剤を温めたり、ナイロン筆のくせをとることにもつかえる。
・桶、バケツ、バット（図3）のような水を溜められるものなど
●**主に絵画やデザインなど平面に表す活動で用意したいもの**
・用紙保管棚（用紙整理棚）——日焼けや曲がりを防ぐ保管場所を用意したい

図3 バットは小物備品を分けて配布することや、マーブリング（墨流し）の容器としても用いることができる

図4 特に刃物は切れ味などの機能管理と共に、貸出前後の備品数の確認をしっかりと行うこと

- 絵画乾燥棚――出席番号順に提出場所を設けるなどすると、作品の管理が容易である
- 大きな皿、梅皿――ペーパーパレットを採用している学校では、深さのあるものを特に用意しておきたい
- 刷毛
- 各種筆
- スパッタリング用金網
- スパッタリング用ブラシ（歯ブラシ）
- 霧吹き
- ドライヤー
- 絵の具セットに入っていない色の絵の具（金属色なども）
- 雑巾
- 雑巾を干すためのハンガーなど
- 歯ブラシ、スポンジ、メラミンスポンジなど水場用品
- 刃物管理用ケース（**図4**）　など

●**主に彫刻や工芸など立体に表す活動で用意したいもの**

- 粘土乾燥棚（**図5**）――積み重ねができるコンテナでも代用可能
- 粘土ヘラ
- 針金
- 釘
- 木づち
- ケレンハンマー
- 平たがね
- 保護メガネ

図5 粘土などの立体造形物の乾燥・保管には高さのある保管棚が必要

- 防塵マスク
- 木工やすり
- 紙やすり、耐水ペーパー　など

●**資料提示や作品鑑賞で用意したいもの**

- プロジェクタ、モニター
- PC、タブレットPC など
- プロジェクター（**図6**）やモニターと、PC やタブレットPC をつなぐための機器やコードなど
- デジタルカメラ
- DVD プレイヤー
- スクリーン（白い壁面や布などでも代用可）
- 遮光カーテン――光を扱う題材や、プロジェクタの使用時に必要である

図6 プロジェクターを用いれば、大きな画面での資料提示や、生徒が多人数に発表する場も設定できる

図7 アートカードは、美術館が販売や貸出をしているものや、教材として販売されているもの、個人で撮影作成したものなどがある

・暗幕
・スピーカー
・展示用の壁面、棚
・アートカード（図7） など

## 第3節 ICT機器利用の注意

iPadなどのタブレットPCでは、色彩の判別ができるものや、簡単に映像を加工できるものなど、美術の活動で使えるアプリケーションもある。また、作品や活動の記録を生徒自身でも行うことができ、それらを見返すことや、構図を工夫すること、プレゼンテーションで用いることなど、様々な活動が可能になる。このようにICT機器は制作・鑑賞や資料集めなどで活用できる便利な道具だが、安易に用いると生徒たちの思考力を奪うおそれもある。使用上の注意やマナー、どのような目的でつかうのかをよく確認してから用いるようにすること。

## 第4節 新しい教材・用具・材料

現場の活動、授業を支えるものに教材会社が開発した新しい教材・用具・材料もある。教材の展示会や体験会も数多く開かれているので、これらの機会も活用して教材研究に励んでほしい。

## 第5節 学習環境の充実

生徒や地域、学校の環境、学習内容にあわせた材料・用具の準備が必要になってくる。たとえば、「焼き物（陶芸）」に関する用具では、・ろくろ・たたき板・牛べら・かきべら・つげべら・切り糸・たたら板・のし棒・つげごて・木ぐし・切り針・なめし皮・切り弓・成形用かんな・タオルといったものや、場合によっては電動ろくろを導入する学校もあるだろう。

これまで取り上げてきた用具は、各学校で全てそろえられることが理想だが、近隣校と協力しあって貸し出しあい、お互いの学習環境を補うこともできる。その際は、お互いの教科担当だけでなく、各校の管理職にも相談し、用具はきれいに整備・整理した状態で貸し出し・返却をすること。また、この貸し借りによる連携は、近隣校との共同教材研究にもつながり、生徒たちの作品や活動の交流もねらえる。自校の美術室で育くんだ力が、校外でも発揮される場面もある。

（中島　嵩）

# 第Ⅴ部 美術教育を学ぶための資料

# 幼稚園教育要領 —抜粋—

平成29年3月 文部科学省

※ここでは、第1章総則、第2と、第2章「ねらい及び内容」から領域「表現」を抜粋して示します。

## 第1章 総則

### 第2 幼稚園教育において育みたい資質・能力及び「幼児期の終わりまでに育ってほしい姿」

1 幼稚園においては、生きる力の基礎を育むため、この章の第1に示す幼稚園教育の基本を踏まえ、次に掲げる資質・能力を一体的に育むよう努めるものとする。

(1) 豊かな体験を通じて、感じたり、気付いたり、分かったり、できるようになったりする「知識及び技能の基礎」

(2) 気付いたことや、できるようになったことなどを使い、考えたり、試したり、工夫したり、表現したりする「思考力、判断力、表現力等の基礎」

(3) 心情、意欲、態度が育つ中で、よりよい生活を営もうとする「学びに向かう力、人間性等」

2 1に示す資質・能力は、第2章に示すねらい及び内容に基づく活動全体によって育むものである。

3 次に示す「幼児期の終わりまでに育ってほしい姿」は、第2章に示すねらい及び内容に基づく活動全体を通して資質・能力が育まれている幼児の幼稚園修了時の具体的な姿であり、教師が指導を行う際に考慮するものである。

**(1) 健康な心と体**

幼稚園生活の中で、充実感をもって自分のやりたいことに向かって心と体を十分に働かせ、見通しをもって行動し、自ら健康で安全な生活をつくり出すようになる。

**(2) 自立心**

身近な環境に主体的に関わり様々な活動を楽しむ中で、しなければならないことを自覚し、自分の力で行うために考えたり、工夫したりしながら、諦めずにやり遂げることで達成感を味わい、自信をもって行動するようになる。

**(3) 協同性**

友達と関わる中で、互いの思いや考えなどを共有し、共通の目的の実現に向けて、考えたり、工夫したり、協力したりし、充実感をもってやり遂げるようになる。

**(4) 道徳性・規範意識の芽生え**

友達と様々な体験を重ねる中で、してよいことや悪いことが分かり、自分の行動を振り返ったり、友達の気持ちに共感したりし、相手の立場に立って行動するようになる。また、きまりを守る必要性が分かり、自分の気持ちを調整し、友達と折り合いを付けながら、きまりをつくったり、守ったりするようになる。

**(5) 社会生活との関わり**

家族を大切にしようとする気持ちをもつとともに、地域の身近な人と触れ合う中で、人との様々な関わり方に気付き、相手の気持ちを考えて関わり、自分が役に立つ喜びを感じ、地域に親しみをもつようになる。また、幼稚園内外の様々な環境に関わる中で、遊びや生活に必要な情報を取り入れ、情報に基づき判断したり、情報を伝え合ったり、活用したりするなど、情報を役立てながら活動するようになるとともに、公共の施設を大切に利用するなどして、社会とのつながりなどを意識するようになる。

**(6) 思考力の芽生え**

身近な事象に積極的に関わる中で、物の性

質や仕組みなどを感じ取ったり、気付いたりし、考えたり、予想したり、工夫したりするなど、多様な関わりを楽しむようになる。また、友達の様々な考えに触れる中で、自分と異なる考えがあることに気付き、自ら判断したり、考え直したりするなど、新しい考えを生み出す喜びを味わいながら、自分の考えをよりよいものにするようになる。

(7) 自然との関わり・生命尊重

自然に触れて感動する体験を通して、自然の変化などを感じ取り、好奇心や探究心をもって考え言葉などで表現しながら、身近な事象への関心が高まるとともに、自然への愛情や畏敬の念をもつようになる。また、身近な動植物に心を動かされる中で、生命の不思議さや尊さに気付き、身近な動植物への接し方を考え、命あるものとしていたわり、大切にする気持ちをもって関わるようになる。

(8) 数量や図形、標識や文字などへの関心・感覚

遊びや生活の中で、数量や図形、標識や文字などに親しむ体験を重ねたり、標識や文字の役割に気付いたりし、自らの必要感に基づきこれらを活用し、興味や関心、感覚をもつようになる。

(9) 言葉による伝え合い

先生や友達と心を通わせる中で、絵本や物語などに親しみながら、豊かな言葉や表現を身に付け、経験したことや考えたことなどを言葉で伝えたり、相手の話を注意して聞いたりし、言葉による伝え合いを楽しむようになる。

(10) 豊かな感性と表現

心を動かす出来事などに触れ感性を働かせる中で、様々な素材の特徴や表現の仕方などに気付き、感じたことや考えたことを自分で表現したり、友達同士で表現する過程を楽しんだりし、表現する喜びを味わい、意欲をもつようになる。

## 第2章　ねらい及び内容

この章に示すねらいは、幼稚園教育において育みたい資質・能力を幼児の生活する姿から捉えたものであり、内容は、ねらいを達成するために指導する事項である。各領域は、これらを幼児の発達の側面から、心身の健康に関する領域「健康」、人との関わりに関する領域「人間関係」、身近な環境との関わりに関する領域「環境」、言葉の獲得に関する領域「言葉」及び感性と表現に関する領域「表現」としてまとめ、示したものである。内容の取扱いは、幼児の発達を踏まえた指導を行うに当たって留意すべき事項である。

各領域に示すねらいは、幼稚園における生活の全体を通じ、幼児が様々な体験を積み重ねる中で相互に関連をもちながら次第に達成に向かうものであること、内容は、幼児が環境に関わって展開する具体的な活動を通して総合的に指導されるものであることに留意しなければならない。

また、「幼児期の終わりまでに育ってほしい姿」が、ねらい及び内容に基づく活動全体を通して資質・能力が育まれている幼児の幼稚園修了時の具体的な姿であることを踏まえ、指導を行う際に考慮するものとする。

なお、特に必要な場合には、各領域に示すねらいの趣旨に基づいて適切な、具体的な内容を工夫し、それを加えても差し支えないが、その場合には、それが第1章の第1に示す幼稚園教育の基本を逸脱しないよう慎重に配慮する必要がある。

### 表現

感じたことや考えたことを自分なりに表現することを通して、豊かな感性や表現する力を養い、創造性を豊かにする。

1　ねらい

（1）いろいろなものの美しさなどに対する豊かな感性をもつ。

（2）感じたことや考えたことを自分なりに表現して楽しむ。

（3）生活の中でイメージを豊かにし、様々な表

現を楽しむ。

## 2　内容

（1）生活の中で様々な音、形、色、手触り、動きなどに気付いたり、感じたりするなどして楽しむ。

（2）生活の中で美しいものや心を動かす出来事に触れ、イメージを豊かにする。

（3）様々な出来事の中で、感動したことを伝え合う楽しさを味わう。

（4）感じたこと、考えたことなどを音や動きなどで表現したり、自由にかいたり、つくったりなどする。

（5）いろいろな素材に親しみ、工夫して遊ぶ。

（6）音楽に親しみ、歌を歌ったり、簡単なリズム楽器を使ったりなどする楽しさを味わう。

（7）かいたり、つくったりすることを楽しみ、遊びに使ったり、飾ったりなどする。

（8）自分のイメージを動きや言葉などで表現したり、演じて遊んだりするなどの楽しさを味わう。

## 3　内容の取扱い

上記の取扱いに当たっては、次の事項に留意する必要がある。

（1）豊かな感性は、身近な環境と十分に関わる中で美しいもの、優れたもの、心を動かす出来事などに出会い、そこから得た感動を他の幼児や教師と共有し、様々に表現することなどを通して養われるようにすること。その際、風の音や雨の音、身近にある草や花の形や色など自然の中にある音、形、色などに気付くようにすること。

（2）幼児の自己表現は素朴な形で行われることが多いので、教師はそのような表現を受容し、幼児自身の表現しようとする意欲を受け止めて、幼児が生活の中で幼児らしい様々な表現を楽しむことができるようにすること。

（3）生活経験や発達に応じ、自ら様々な表現を楽しみ、表現する意欲を十分に発揮させることができるように、遊具や用具などを整えたり、様々な素材や表現の仕方に親しんだり、他の幼児の表現に触れられるよう配慮したりし、表現する過程を大切にして自己表現を楽しめるように工夫すること。

> # 保育所保育指針 —抜粋—
>
> 平成29年3月　厚生労働省
>
> ※ここでは,第2章「保育の内容」から領域「表現」を中心に抜粋して示します。

## 第2章 保育の内容

### 1　乳児保育に関するねらい及び内容

#### (1) 基本的事項

ア　乳児期の発達については、視覚、聴覚などの感覚や、座る、はう、歩くなどの運動機能が著しく発達し、特定の大人との応答的な関わりを通じて、情緒的な絆が形成されるといった特徴がある。これらの発達の特徴を踏まえて、乳児保育は、愛情豊かに、応答的に行われることが特に必要である。

イ　本項においては、この時期の発達の特徴を踏まえ、乳児保育の「ねらい」及び「内容」については、身体的発達に関する視点「健やかに伸び伸びと育つ」、社会的発達に関する視点「身近な人と気持ちが通じ合う」及び精神的発達に関する視点「身近なものと関わり感性が育つ」としてまとめ、示している。

#### (2) ねらい及び内容

**ウ　身近なものと関わり感性が育つ**

身近な環境に興味や好奇心をもって関わり、感じたことや考えたことを表現する力の基盤を培う。

(ア) ねらい

① 身の回りのものに親しみ、様々なものに興味や関心をもつ。
② 見る、触れる、探索するなど、身近な環境に自分から関わろうとする。
③ 身体の諸感覚による認識が豊かになり、表情や手足、体の動き等で表現する。

(イ) 内容

① 身近な生活用具、玩具や絵本などが用意された中で、身の回りのものに対する興味や好奇心をもつ。
② 生活や遊びの中で様々なものに触れ、音、形、色、手触りなどに気付き、感覚の働きを豊かにする。
③ 保育士等と一緒に様々な色彩や形のものや絵本などを見る。
④ 玩具や身の回りのものを、つまむ、つかむ、たたく、引っ張るなど、手や指を使って遊ぶ。
⑤ 保育士等のあやし遊びに機嫌よく応じたり、歌やリズムに合わせて手足や体を動かして楽しんだりする。

(ウ) 内容の取扱い

上記の取扱いに当たっては、次の事項に留意する必要がある。

① 玩具などは、音質、形、色、大きさなど子どもの発達状態に応じて適切なものを選び、その時々の子どもの興味や関心を踏まえるなど、遊びを通して感覚の発達が促されるものとなるように工夫すること。なお、安全な環境の下で、子どもが探索意欲を満たして自由に遊べるよう、身の回りのものについては、常に十分な点検を行うこと。

② 乳児期においては、表情、発声、体の動きなどで、感情を表現することが多いことから、これらの表現しようとする意欲を積極的に受け止めて、子どもが様々な活動を楽しむことを通して表現が豊かになるようにすること。

#### (3)　保育の実施に関わる配慮事項

ア　乳児は疾病への抵抗力が弱く、心身の機能の未熟さに伴う疾病の発生が多いことから、

一人一人の発育及び発達状態や健康状態についての適切な判断に基づく保健的な対応を行うこと。
イ 一人一人の子どもの生育歴の違いに留意しつつ、欲求を適切に満たし、特定の保育士が応答的に関わるように努めること。
ウ 乳児保育に関わる職員間の連携や嘱託医との連携を図り、第3章に示す事項を踏まえ、適切に対応すること。栄養士及び看護師等が配置されている場合は、その専門性を生かした対応を図ること。
エ 保護者との信頼関係を築きながら保育を進めるとともに、保護者からの相談に応じ、保護者への支援に努めていくこと。
オ 担当の保育士が替わる場合には、子どものそれまでの生育歴や発達過程に留意し、職員間で協力して対応すること。

**2 1歳以上3歳未満児の保育に関わるねらい及び内容**
**(1) 基本的事項**
ア この時期においては、歩き始めから、歩く、走る、跳ぶなどへと、基本的な運動機能が次第に発達し、排泄の自立のための身体的機能も整うようになる。つまむ、めくるなどの指先の機能も発達し、食事、衣類の着脱なども、保育士等の援助の下で自分で行うようになる。発声も明瞭になり、語彙も増加し、自分の意思や欲求を言葉で表出できるようになる。このように自分でできることが増えてくる時期であることから、保育士等は、子どもの生活の安定を図りながら、自分でしようとする気持ちを尊重し、温かく見守るとともに、愛情豊かに、応答的に関わることが必要である。
イ 本項においては、この時期の発達の特徴を踏まえ、保育の「ねらい」及び「内容」について、心身の健康に関する領域「健康」、人との関わりに関する領域「人間関係」、身近な環境との関わりに関する領域「環境」、言葉の獲得に関する領域「言葉」及び感性と表現に関する領域「表現」としてまとめ、示している。
ウ 本項の各領域において示す保育の内容は、第1章の2に示された養護における「生命の保持」及び「情緒の安定」に関わる保育の内容と、一体となって展開されるものであることに留意が必要である。

**(2) ねらい及び内容**
**オ 表現**
感じたことや考えたことを自分なりに表現することを通して、豊かな感性や表現する力を養い、創造性を豊かにする。

(ア) ねらい
① 身体の諸感覚の経験を豊かにし、様々な感覚を味わう。
② 感じたことや考えたことなどを自分なりに表現しようとする。
③ 生活や遊びの様々な体験を通して、イメージや感性が豊かになる。

(イ) 内容
① 水、砂、土、紙、粘土など様々な素材に触れて楽しむ。
② 音楽、リズムやそれに合わせた体の動きを楽しむ。
③ 生活の中で様々な音、形、色、手触り、動き、味、香りなどに気付いたり、感じたりして楽しむ。
④ 歌を歌ったり、簡単な手遊びや全身を使う遊びを楽しんだりする。
⑤ 保育士等からの話や、生活や遊びの中での出来事を通して、イメージを豊かにする。
⑥ 生活や遊びの中で、興味のあることや経験したことなどを自分なりに表現する。

(ウ) 内容の取扱い
上記の取扱いに当たっては、次の事項に留意する必要がある。
① 子どもの表現は、遊びや生活の様々な場面で

表出されているものであることから、それらを積極的に受け止め、様々な表現の仕方や感性を豊かにする経験となるようにすること。
② 子どもが試行錯誤しながら様々な表現を楽しむことや、自分の力でやり遂げる充実感などに気付くよう、温かく見守るとともに、適切に援助を行うようにすること。
③ 様々な感情の表現等を通じて、子どもが自分の感情や気持ちに気付くようになる時期であることに鑑み、受容的な関わりの中で自信をもって表現をすることや、諦めずに続けた後の達成感等を感じられるような経験が蓄積されるようにすること。
④ 身近な自然や身の回りの事物に関わる中で、発見や心が動く経験が得られるよう、諸感覚を働かせることを楽しむ遊びや素材を用意するなど保育の環境を整えること。

(3) 保育の実施に関わる配慮事項
ア 特に感染症にかかりやすい時期であるので、体の状態、機嫌、食欲などの日常の状態の観察を十分に行うとともに、適切な判断に基づく保健的な対応を心がけること。
イ 探索活動が十分できるように、事故防止に努めながら活動しやすい環境を整え、全身を使う遊びなど様々な遊びを取り入れること。
ウ 自我が形成され、子どもが自分の感情や気持ちに気付くようになる重要な時期であることに鑑み、情緒の安定を図りながら、子どもの自発的な活動を尊重するとともに促していくこと。
エ 担当の保育士が替わる場合には、子どものそれまでの経験や発達過程に留意し、職員間で協力して対応すること。

3 3歳以上児の保育に関するねらい及び内容
(1) 基本的事項
ア この時期においては、運動機能の発達により、基本的な動作が一通りできるようになるとともに、基本的な生活習慣もほぼ自立できるようになる。理解する語彙数が急激に増加し、知的興味や関心も高まってくる。仲間と遊び、仲間の中の一人という自覚が生じ、集団的な遊びや協同的な活動も見られるようになる。これらの発達の特徴を踏まえて、この時期の保育においては、個の成長と集団としての活動の充実が図られるようにしなければならない。
イ 本項においては、この時期の発達の特徴を踏まえ、保育の「ねらい」及び「内容」について、心身の健康に関する領域「健康」、人との関わりに関する領域「人間関係」、身近な環境との関わりに関する領域「環境」、言葉の獲得に関する領域「言葉」及び感性と表現に関する領域「表現」としてまとめ、示している。

(2) ねらい及び内容
オ 表現

感じたことや考えたことを自分なりに表現することを通して、豊かな感性や表現する力を養い、創造性を豊かにする。

(ア) ねらい
① いろいろなものの美しさなどに対する豊かな感性をもつ。
② 感じたことや考えたことを自分なりに表現して楽しむ。
③ 生活の中でイメージを豊かにし、様々な表現を楽しむ。

(イ) 内容
① 生活の中で様々な音、形、色、手触り、動きなどに気付いたり、感じたりするなどして楽しむ。
② 生活の中で美しいものや心を動かす出来事に触れ、イメージを豊かにする。
③ 様々な出来事の中で、感動したことを伝え合う楽しさを味わう。
④ 感じたこと、考えたことなどを音や動きなどで表現したり、自由にかいたり、つくった

りなどする。
⑤ いろいろな素材に親しみ、工夫して遊ぶ。
⑥ 音楽に親しみ、歌を歌ったり、簡単なリズム楽器を使ったりなどする楽しさを味わう。
⑦ かいたり、つくったりすることを楽しみ、遊びに使ったり、飾ったりなどする。
⑧ 自分のイメージを動きや言葉などで表現したり、演じて遊んだりするなどの楽しさを味わう。

（ウ） 内容の取扱い

上記の取扱いに当たっては、次の事項に留意する必要がある。

① 豊かな感性は、身近な環境と十分に関わる中で美しいもの、優れたもの、心を動かす出来事などに出会い、そこから得た感動を他の子どもや保育士等と共有し、様々に表現することなどを通して養われるようにすること。その際、風の音や雨の音、身近にある草や花の形や色など自然の中にある音、形、色などに気付くようにすること。

② 子どもの自己表現は素朴な形で行われることが多いので、保育士等はそのような表現を受容し、子ども自身の表現しようとする意欲を受け止めて、子どもが生活の中で子どもらしい様々な表現を楽しむことができるようにすること。

③ 生活経験や発達に応じ、自ら様々な表現を楽しみ、表現する意欲を十分に発揮させることができるように、遊具や用具などを整えたり、様々な素材や表現の仕方に親しんだり、他の子どもの表現に触れられるよう配慮したりし、表現する過程を大切にして自己表現を楽しめるように工夫すること。

(3) 保育の実施に関わる配慮事項

ア 第1章の4の（2）に示す「幼児期の終わりまでに育ってほしい姿」が、ねらい及び内容に基づく活動全体を通して資質・能力が育まれている子どもの小学校就学時の具体的な姿であることを踏まえ、指導を行う際には適宜考慮すること。

イ 子どもの発達や成長の援助をねらいとした活動の時間については、意識的に保育の計画等において位置付けて、実施することが重要であること。なお、そのような活動の時間については、保護者の就労状況等に応じて子どもが保育所で過ごす時間がそれぞれ異なることに留意して設定すること。

ウ 特に必要な場合には、各領域に示すねらいの趣旨に基づいて、具体的な内容を工夫し、それを加えても差し支えないが、その場合には、それが第1章の1に示す保育所保育に関する基本原則を逸脱しないよう慎重に配慮する必要があること。

4 保育の実施に関して留意すべき事項

(1) 保育全般に関わる配慮事項

ア 子どもの心身の発達及び活動の実態などの個人差を踏まえるとともに、一人一人の子どもの気持ちを受け止め、援助すること。

イ 子どもの健康は、生理的・身体的な育ちとともに、自主性や社会性、豊かな感性の育ちとがあいまってもたらされることに留意すること。

ウ 子どもが自ら周囲に働きかけ、試行錯誤しつつ自分の力で行う活動を見守りながら、適切に援助すること。

エ 子どもの入所時の保育に当たっては、できるだけ個別的に対応し、子どもが安定感を得て、次第に保育所の生活になじんでいくようにするとともに、既に入所している子どもに不安や動揺を与えないようにすること。

オ 子どもの国籍や文化の違いを認め、互いに尊重する心を育てるようにすること。

カ 子どもの性差や個人差にも留意しつつ、性別などによる固定的な意識を植え付けることがないようにすること。

(2) 小学校との連携

ア 保育所においては、保育所保育が、小学校以降の生活や学習の基盤の育成につながることに配慮し、幼児期にふさわしい生活を通

じて、創造的な思考や主体的な生活態度などの基礎を培うようにすること。

イ 保育所保育において育まれた資質・能力を踏まえ、小学校教育が円滑に行われるよう、小学校教師との意見交換や合同の研究の機会などを設け、第1章の4の(2)に示す「幼児期の終わりまでに育って欲しい姿」を共有するなど連携を図り、保育所保育と小学校教育との円滑な接続を図るよう努めること。

ウ 子どもに関する情報共有に関して、保育所に入所している子どもの就学に際し、市町村の支援の下に、子どもの育ちを支えるための資料が保育所から小学校へ送付されるようにすること。

(3) 家庭及び地域社会との連携

子どもの生活の連続性を踏まえ、家庭及び地域社会と連携して保育が展開されるよう配慮すること。その際、家庭や地域の機関及び団体の協力を得て、地域の自然、高齢者や異年齢の子ども等を含む人材、行事、施設等の地域の資源を積極的に活用し、豊かな生活体験をはじめ保育内容の充実が図られるよう配慮すること。

> # 幼保連携型認定こども園教育・保育要領 ―抜粋―
> 平成29年3月　内閣府・文部科学省・厚生労働省
> ※ここでは、第2章「ねらい及び内容ならびに配慮事項」から領域「表現」を中心に抜粋して示します。

## 第2章 ねらい及び内容並びに配慮事項

### 第1　乳児期の園児の保育に関するねらい及び内容

**基本的事項**

1　乳児期の発達については、視覚、聴覚などの感覚や、座る、はう、歩くなどの運動機能が著しく発達し、特定の大人との応答的な関わりを通じて、情緒的な絆が形成されるといった特徴がある。これらの発達の特徴を踏まえて、乳児期の園児の保育は、愛情豊かに、応答的に行われることが特に必要である。

2　本項においては、この時期の発達の特徴を踏まえ、乳児期の園児の保育のねらい及び内容については、身体的発達に関する視点「健やかに伸び伸びと育つ」、社会的発達に関する視点「身近な人と気持ちが通じ合う」及び精神的発達に関する視点「身近なものと関わり感性が育つ」としてまとめ、示している。

**ねらい及び内容**

**身近なものと関わり感性が育つ**

身近な環境に興味や好奇心をもって関わり、感じたことや考えたことを表現する力の基盤を培う。

**1　ねらい**
（1）身の回りのものに親しみ、様々なものに興味や関心をもつ。
（2）見る、触れる、探索するなど、身近な環境に自分から関わろうとする。
（3）身体の諸感覚による認識が豊かになり、表情や手足、体の動き等で表現する。

**2　内容**
（1）身近な生活用具、玩具や絵本などが用意された中で、身の回りのものに対する興味や好奇心をもつ。
（2）生活や遊びの中で様々なものに触れ、音、形、色、手触りなどに気付き、感覚の働きを豊かにする。
（3）保育教諭等と一緒に様々な色彩や形のものや絵本などを見る。
（4）玩具や身の回りのものを、つまむ、つかむ、たたく、引っ張るなど、手や指を使って遊ぶ。
（5）保育教諭等のあやし遊びに機嫌よく応じたり、歌やリズムに合わせて手足や体を動かして楽しんだりする。

**3　内容の取扱い**

上記の取扱いに当たっては、次の事項に留意する必要がある。

（1）玩具などは、音質、形、色、大きさなど園児の発達状態に応じて適切なものを選び、その時々の園児の興味や関心を踏まえるなど、遊びを通して感覚の発達が促されるものとなるように工夫すること。なお、安全な環境の下で、園児が探索意欲を満たして自由に遊べるよう、身の回りのものについては常に十分な点検を行うこと。
（2）乳児期においては、表情、発声、体の動きなどで、感情を表現することが多いことから、これらの表現しようとする意欲を積極的に受け止めて、園児が様々な活動を楽しむことを通して表現が豊かになるようにすること。

### 第2　満1歳以上満3歳未満の園児の保育に関するねらい及び内容

**基本的事項**

1 この時期においては、歩き始めから、歩く、走る、跳ぶなどへと、基本的な運動機能が次第に発達し、排泄の自立のための身体的機能も整うようになる。つまむ、めくるなどの指先の機能も発達し、食事、衣類の着脱なども、保育教諭等の援助の下で自分で行うようになる。発声も明瞭になり、語彙も増加し、自分の意思や欲求を言葉で表出できるようになる。このように自分でできることが増えてくる時期であることから、保育教諭等は、園児の生活の安定を図りながら、自分でしようとする気持ちを尊重し、温かく見守るとともに、愛情豊かに、応答的に関わることが必要である。

2 本項においては、この時期の発達の特徴を踏まえ、保育のねらい及び内容について、心身の健康に関する領域「健康」、人との関わりに関する領域「人間関係」、身近な環境との関わりに関する領域「環境」、言葉の獲得に関する領域「言葉」及び感性と表現に関する領域「表現」としてまとめ、示している。

**ねらい及び内容**

**表現**

感じたことや考えたことを自分なりに表現することを通して、豊かな感性や表現する力を養い、創造性を豊かにする。

**1 ねらい**

（1）身体の諸感覚の経験を豊かにし、様々な感覚を味わう。
（2）感じたことや考えたことなどを自分なりに表現しようとする。
（3）生活や遊びの様々な体験を通して、イメージや感性が豊かになる。

**2 内容**

（1）水、砂、土、紙、粘土など様々な素材に触れて楽しむ。
（2）音楽、リズムやそれに合わせた体の動きを楽しむ。
（3）生活の中で様々な音、形、色、手触り、動き、味、香りなどに気付いたり、感じたりして楽しむ。
（4）歌を歌ったり、簡単な手遊びや全身を使う遊びを楽しんだりする。
（5）保育教諭等からの話や、生活や遊びの中での出来事を通して、イメージを豊かにする。
（6）生活や遊びの中で、興味のあることや経験したことなどを自分なりに表現する。

**3 内容の取扱い**

上記の取扱いに当たっては、次の事項に留意する必要がある。

（1）園児の表現は、遊びや生活の様々な場面で表出されているものであることから、それらを積極的に受け止め、様々な表現の仕方や感性を豊かにする経験となるようにすること。
（2）園児が試行錯誤しながら様々な表現を楽しむことや、自分の力でやり遂げる充実感などに気付くよう、温かく見守るとともに、適切に援助を行うようにすること。
（3）様々な感情の表現等を通じて、園児が自分の感情や気持ちに気付くようになる時期であることに鑑み、受容的な関わりの中で自信をもって表現をすることや、諦めずに続けた後の達成感等を感じられるような経験が蓄積されるようにすること。
（4）身近な自然や身の回りの事物に関わる中で、発見や心が動く経験が得られるよう、諸感覚を働かせることを楽しむ遊びや素材を用意するなど保育の環境を整えること。

**第3 満3歳以上の園児の教育及び保育に関するねらい及び内容**

**基本的事項**

1 この時期においては、運動機能の発達により、基本的な動作が一通りできるようになるとともに、基本的な生活習慣もほぼ自立できるようになる。理解する語彙数が急激に増加し、

知的興味や関心も高まってくる。仲間と遊び、仲間の中の一人という自覚が生じ、集団的な遊びや協同的な活動も見られるようになる。これらの発達の特徴を踏まえて、この時期の教育及び保育においては、個の成長と集団としての活動の充実が図られるようにしなければならない。
2 本項においては、この時期の発達の特徴を踏まえ、教育及び保育のねらい及び内容について、心身の健康に関する領域「健康」、人との関わりに関する領域「人間関係」、身近な環境との関わりに関する領域「環境」、言葉の獲得に関する領域「言葉」及び感性と表現に関する領域「表現」としてまとめ、示している。

### ねらい及び内容
#### 表現
感じたことや考えたことを自分なりに表現することを通して、豊かな感性や表現する力を養い、創造性を豊かにする。

1 ねらい
（1）いろいろなものの美しさなどに対する豊かな感性をもつ。
（2）感じたことや考えたことを自分なりに表現して楽しむ。
（3）生活の中でイメージを豊かにし、様々な表現を楽しむ。

2 内容
（1）生活の中で様々な音、形、色、手触り、動きなどに気付いたり、感じたりするなどして楽しむ。
（2）生活の中で美しいものや心を動かす出来事に触れ、イメージを豊かにする。
（3）様々な出来事の中で、感動したことを伝え合う楽しさを味わう。
（4）感じたこと、考えたことなどを音や動きなどで表現したり、自由にかいたり、つくったりなどする。
（5）いろいろな素材に親しみ、工夫して遊ぶ。
（6）音楽に親しみ、歌を歌ったり、簡単なリズム楽器を使ったりなどする楽しさを味わう。
（7）かいたり、つくったりすることを楽しみ、遊びに使ったり、飾ったりなどする。
（8）自分のイメージを動きや言葉などで表現したり、演じて遊んだりするなどの楽しさを味わう。

3 内容の取扱い
上記の取扱いに当たっては、次の事項に留意する必要がある。
（1）豊かな感性は、身近な環境と十分に関わる中で美しいもの、優れたもの、心を動かす出来事などに出会い、そこから得た感動を他の園児や保育教諭等と共有し、様々に表現することなどを通して養われるようにすること。その際、風の音や雨の音、身近にある草や花の形や色など自然の中にある音、形、色などに気付くようにすること。
（2）幼児期の自己表現は素朴な形で行われることが多いので、保育教諭等はそのような表現を受容し、園児自身の表現しようとする意欲を受け止めて、園児が生活の中で園児らしい様々な表現を楽しむことができるようにすること。
（3）生活経験や発達に応じ、自ら様々な表現を楽しみ、表現する意欲を十分に発揮させることができるように、遊具や用具などを整えたり、様々な素材や表現の仕方に親しんだり、他の園児の表現に触れられるよう配慮したりし、表現する過程を大切にして自己表現を楽しめるように工夫すること。

### 第4 教育及び保育の実施に関する配慮事項
1 満3歳未満の園児の保育の実施については、以下の事項に配慮するものとする。
（1）乳児は疾病への抵抗力が弱く、心身の機能の未熟さに伴う疾病の発生が多いことから、一人一人の発育及び発達状態や健康状態についての適切な判断に基づく保健的な対応

を行うこと。また、一人一人の園児の生育歴の違いに留意しつつ、欲求を適切に満たし、特定の保育教諭等が応答的に関わるように努めること。更に、乳児期の園児の保育に関わる職員間の連携や学校医との連携を図り、第3章に示す事項を踏まえ、適切に対応すること。栄養士及び看護師等が配置されている場合は、その専門性を生かした対応を図ること。乳児期の園児の保育においては特に、保護者との信頼関係を築きながら保育を進めるとともに、保護者からの相談に応じ支援に努めていくこと。なお、担当の保育教諭等が替わる場合には、園児のそれまでの生育歴や発達の過程に留意し、職員間で協力して対応すること。

（2）満1歳以上満3歳未満の園児は、特に感染症にかかりやすい時期であるので、体の状態、機嫌、食欲などの日常の状態の観察を十分に行うとともに、適切な判断に基づく保健的な対応を心掛けること。また、探索活動が十分できるように、事故防止に努めながら活動しやすい環境を整え、全身を使う遊びなど様々な遊びを取り入れること。更に、自我が形成され、園児が自分の感情や気持ちに気付くようになる重要な時期であることに鑑み、情緒の安定を図りながら、園児の自発的な活動を尊重するとともに促していくこと。なお、担当の保育教諭等が替わる場合には、園児のそれまでの経験や発達の過程に留意し、職員間で協力して対応すること。

2　**幼保連携型認定こども園における教育及び保育の全般において以下の事項に配慮するものとする。**

（1）園児の心身の発達及び活動の実態などの個人差を踏まえるとともに、一人一人の園児の気持ちを受け止め、援助すること。

（2）園児の健康は、生理的・身体的な育ちとともに、自主性や社会性、豊かな感性の育ちとがあいまってもたらされることに留意すること。

（3）園児が自ら周囲に働き掛け、試行錯誤しつつ自分の力で行う活動を見守りながら、適切に援助すること。

（4）園児の入園時の教育及び保育に当たっては、できるだけ個別的に対応し、園児が安定感を得て、次第に幼保連携型認定こども園の生活になじんでいくようにするとともに、既に入園している園児に不安や動揺を与えないようにすること。

（5）園児の国籍や文化の違いを認め、互いに尊重する心を育てるようにすること。

（6）園児の性差や個人差にも留意しつつ、性別などによる固定的な意識を植え付けることがないようにすること。

# 小学校・中学校・高等学校　学習指導要領—抜粋—

小学校学習指導要領（平成29年度告示）　　第2章　各教科　第7節　図画工作
中学校中学校学習指導要領（平成29年度告示）　第2章　各教科　第6節　美術
高等学校学習指導要領（平成30年度告示）　　第2章　各教科　第7節　芸術
　　　　　　　　　　　　　　　　　　　　　第2款　各科目　第4　美術Ⅰ・第5　美術Ⅱ・第6　美術Ⅲ

　平成29年度に告示された小・中学校の図画工作、美術の学習指導要領、平成30年度に告示された高等学校の美術の学習指導要領は①知識及び技能、②思考力、判断力、表現力等、③学びに向かう力、人間性等の3つの柱で整理されている。また、〔共通事項〕をはじめとした培う力や学びの意義、資質・能力などを、小学校から高等学校までそれぞれの成長に合わせて整理されている。

　本資料ではこれらのことを踏まえ、小、中、等学校の図画工作、美術の学習指導要領を以下のように整理して掲載することで、比較確認できるようにした。

1　目標　と　各学年の目標　　①知識及び技能、②思考力、判断力、表現力等、③学びに向かう力、人間性等の3つの柱のそれぞれに、成長ごとの学びの目標を比較しながら理解できるよう整理した。
2　内容　　A表現、B鑑賞、〔共通事項〕それぞれの内容について、学年を追うごとの変化が理解できるよう整理した。
3　指導計画の作成と内容の取扱い　　小学校、中学校、高等学校の変化が理解できるよう整理した。

## 1　目標　と　各学年の目標

各学習指導要領の「第1　目標」（学年全体で示した白抜き文字）及び、「第2　各学年の目標及び内容」に示されている「1　目標」を整理して掲載している。

| | | 知識・技能 | 思考力・判断力・表現力等 | 学びに向かう力 人間性等 |
|---|---|---|---|---|
| 小学校学習指導要領　第2章　各教科　第7節　図画工作 | | 表現及び鑑賞の活動を通して、造形的な見方・考え方を働かせ、生活や社会の中の形や色などと豊かに関わる資質・能力を次のとおり育成することを目指す。 | | |
| | 第1及び第2学年 | （1）対象や事象を捉える造形的な視点について自分の感覚や行為を通して理解するとともに、材料や用具を使い、表し方などを工夫して、創造的につくったり表したりすることができるようにする。 | （2）造形的なよさや美しさ、表したいこと、表し方などについて考え、創造的に発想や構想をしたり、作品などに対する自分の見方や感じ方を深めたりすることができるようにする。 | （3）つくりだす喜びを味わうとともに、感性を育み、楽しく豊かな生活を創造しようとする態度を養い、豊かな情操を培う。 |
| | 第1及び第2学年 | （1）対象や事象を捉える造形的な視点について自分の感覚や行為を通して気付くとともに、手や体全体の感覚などを働かせ材料や用具を使い、表し方などを工夫して、創造的につくったり表したりすることができるようにする。 | （2）造形的な面白さや楽しさ、表したいこと、表し方などについて考え、楽しく発想や構想をしたり、身の回りの作品などから自分の見方や感じ方を広げたりすることができるようにする。 | （3）楽しく表現したり鑑賞したりする活動に取り組み、つくりだす喜びを味わうとともに、形や色などに親しみ楽しい生活を創造しようとする態度を養う。 |
| | 第3及び第4学年 | （1）対象や事象を捉える造形的な視点について自分の感覚や行為を通して分かるとともに、手や体全体を十分に働かせ材料や用具を使い、表し方などを工夫して、創造的につくったり表したりすることができるようにする。 | （2）造形的なよさや面白さ、表したいこと、表し方などについて考え、豊かに発想や構想をしたり、身近にある作品などから自分の見方や感じ方を広げたりすることができるようにする。 | （3）進んで表現したり鑑賞したりする活動に取り組み、つくりだす喜びを味わうとともに、形や色などに関わり楽しく豊かな生活を創造しようとする態度を養う。 |
| | 第5及び第6学年 | （1）対象や事象を捉える造形的な視点について自分の感覚や行為を通して理解するとともに、材料や用具を活用し、表し方などを工夫して、創造的につくったり表したりすることができるようにする。 | （2）造形的なよさや美しさ、表したいこと、表し方などについて考え、創造的に発想や構想をしたり、親しみのある作品などから自分の見方や感じ方を深めたりすることができるようにする。 | （3）主体的に表現したり鑑賞したりする活動に取り組み、つくりだす喜びを味わうとともに、形や色などに関わり楽しく豊かな生活を創造しようとする態度を養う。 |

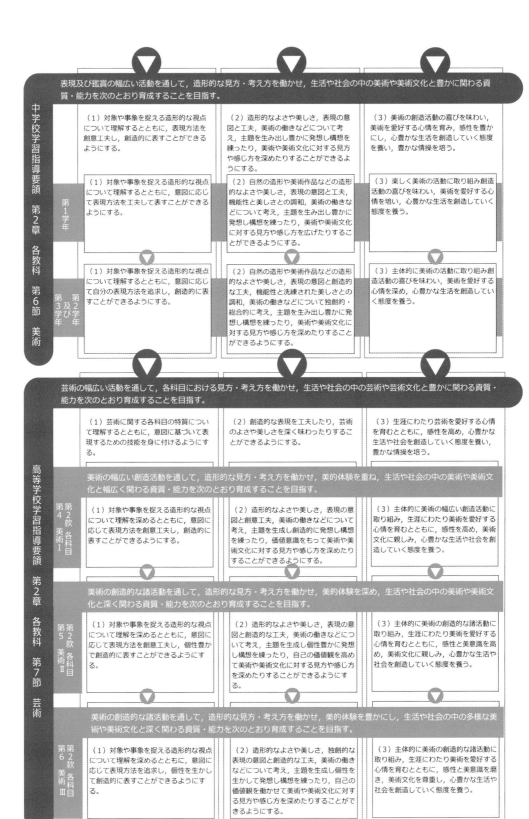

## 2 各学年の内容

各学習指導要領の「第2 各学年の目標及び内容」に示されている「2 内容」を「A 表現」、「B 鑑賞」、「〔共通事項〕」ごとに整理して掲載している。

**小学校学習指導要領 第2章 各教科 第7節 図画工作**

### A 表現

#### （1）発想や構想に関する事項
- ア 造形遊びをする活動
- イ 絵や立体，工作に表す活動

（1）表現の活動を通して，発想や構想に関する次の事項を身に付けることができるよう指導する。

**第1及び第2学年**
- ア 造形遊びをする活動を通して，身近な自然物や人工の材料の形や色などを基に造形的な活動を思い付くことや，感覚や気持ちを生かしながら，どのように活動するかについて考えること。
- イ 絵や立体，工作に表す活動を通して，感じたこと，想像したことから，表したいことを見付けることや，好きな形や色を選んだり，いろいろな形や色を考えたりしながら，どのように表すかについて考えること。

**第3及び第4学年**
- ア 造形遊びをする活動を通して，身近な材料や場所などを基に造形的な活動を思い付くことや，新しい形や色などを思い付きながら，どのように活動するかについて考えること。
- イ 絵や立体，工作に表す活動を通して，感じたこと，想像したこと，見たことから，表したいことを見付けることや，表したいことや用途などを考え，形や色，材料などを生かしながら，どのように表すかについて考えること。

**第5及び第6学年**
- ア 造形遊びをする活動を通して，材料や場所，空間などの特徴を基に造形的な活動を思い付くことや，構成したり周囲の様子を考え合わせたりしながら，どのように活動するかについて考えること。
- イ 絵や立体，工作に表す活動を通して，感じたこと，想像したこと，見たこと，伝え合いたいことから，表したいことを見付けることや，形や色，材料の特徴，構成の美しさなどの感じ，用途などを考えながら，どのように主題を表すかについて考えること。

#### （2）技能に関する事項
- ア 造形遊びをする活動
- イ 絵や立体，工作に表す活動

（2）表現の活動を通して，技能に関する次の事項を身に付けることができるよう指導する。

**第1及び第2学年**
- ア 造形遊びをする活動を通して，身近で扱いやすい材料や用具に十分に慣れるとともに，並べたり，つないだり，積んだりするなど手や体全体の感覚などを働かせ，活動を工夫してつくること。
- イ 絵や立体，工作に表す活動を通して，身近で扱いやすい材料や用具に十分に慣れるとともに，手や体全体の感覚などを働かせ，表したいことを基に表し方を工夫して表すこと。

**第3及び第4学年**
- ア 造形遊びをする活動を通して，材料や用具を適切に扱うとともに，前学年までの材料や用具についての経験を生かし，組み合わせたり，切ってつないだり，形を変えたりするなどして，手や体全体を十分に働かせ，活動を工夫してつくること。
- イ 絵や立体，工作に表す活動を通して，材料や用具を適切に扱うとともに，前学年までの材料や用具についての経験を十分に働かせ，表したいことに合わせて表し方を工夫して表すこと。

**第5及び第6学年**
- ア 造形遊びをする活動を通して，活動に応じて材料や用具を活用するとともに，前学年までの材料や用具についての経験や技能を総合的に生かしたり，方法などを組み合わせたりするなどして，活動を工夫してつくること。
- イ 絵や立体，工作に表す活動を通して，表現方法に応じて材料や用具を活用するとともに，前学年までの材料や用具などについての経験や技能を総合的に生かしたり，表現に適した方法などを組み合わせたりするなどして，表したいことに合わせて表し方を工夫して表すこと。

**中学校学習指導要領 第2章 各教科 第6節 美術**

### A 表現

#### （1）発想や構想に関する事項
- ア 絵や彫刻などに表現する活動
- イ デザインや工芸などに表現する活動

（1）表現の活動を通して，次のとおり発想や構想に関する資質・能力を育成する。

**第1学年**
- ア 感じ取ったことや考えたことなどを基に，絵や彫刻などに表現する活動を通して，発想や構想に関する次の事項を身に付けることができるよう指導する。
  - （ア）対象や事象を見つめ感じ取った形や色彩の特徴や美しさ，想像したことなどを基に主題を生み出し，全体と部分との関係などを考え，創造的な構成を工夫し，心豊かに表現する構想を練ること。
- イ 伝える，使うなどの目的や機能を考え，デザインや工芸などに表現する活動を通して，発想や構想に関する次の事項を身に付けることができるよう指導する。
  - （ア）構成や装飾の目的や条件などを基に，対象の特徴や用いる場面などから主題を生み出し，美的感覚を働かせて調和のとれた美しさなどを考え，表現の構想を練ること。
  - （イ）伝える目的や条件などを基に，伝える相手や内容などから主題を生み出し，分かりやすさと美しさなどとの調和を考え，表現の構想を練ること。
  - （ウ）使う目的や条件などを基に，使用する者の気持ち，材料などから主題を生み出し，使いやすさや機能と美しさなどとの調和を考え，表現の構想を練ること。

#### （2）技能に関する事項

（2）表現の活動を通して，次のとおり技能に関する資質・能力を育成する。

**第1学年**

発想や構想をしたことなどを基に，表現する活動を通して，技能に関する次の事項を身に付けることができるよう指導する。
- （ア）材料や用具の生かし方などを身に付け，意図に応じて工夫して表すこと。
- （イ）材料や用具の特性などから制作の順序などを考えながら，見通しをもって表すこと。

## 中学校学習指導要領 第2章 各教科 第6節 美術

### 第2学年及び第3学年

ア 感じ取ったことや考えたことなどを基に，絵や彫刻などに表現する活動を通して，発想や構想に関する次の事項を身に付けることができるよう指導する。
　(ア) 対象や事象を深く見つめ感じ取ったことや考えたこと，夢，想像や感情などの心の世界などを基に主題を生み出し，単純化や省略，強調，材料の組合せなどを考え，創造的な構成を工夫し，心豊かに表現する構想を練ること。

イ 伝える，使うなどの目的や機能を考え，デザインや工芸などに表現する活動を通して，発想や構想に関する次の事項を身に付けることができるよう指導する。
　(ア) 構成や装飾の目的や条件などを基に，用いる場面や環境，社会との関わりなどから主題を生み出し，美的感覚を働かせて調和のとれた洗練された美しさなどを総合的に考え，表現の構想を練ること。
　(イ) 伝える目的や条件などを基に，伝える相手や内容，社会との関わりなどから主題を生み出し，伝達の効果と美しさなどとの調和を総合的に考え，表現の構想を練ること。
　(ウ) 使う目的や条件などを基に，使用する者の立場，社会との関わり，機知やユーモアなどから主題を生み出し，使いやすさや機能と美しさなどとの調和を総合的に考え，表現の構想を練ること。

ア 発想や構想をしたことなどを基に，表現する活動を通して，技能に関する次の事項を身に付けることができるよう指導する。
　(ア) 材料や用具の特性を生かし，意図に応じて自分の表現方法を追求して創造的に表すこと。
　(イ) 材料や用具，表現方法の特性などから制作の順序などを総合的に考えながら，見通しをもって表すこと。

---

表現に関する資質・能力を次のとおり育成する。

**（1）絵画・彫刻**　ア 発想や構想に関する事項／イ 技能に関する事項
**（2）デザイン**　ア 発想や構想に関する事項／イ 技能に関する事項
**（3）映像メディア表現**　ア 発想や構想に関する事項／イ 技能に関する事項

## 高等学校学習指導要領 第2章 各教科 第7節 芸術

### 第2款 各科目 美術Ⅰ

**（1）絵画・彫刻**　絵画・彫刻に関する次の事項を身に付けることができるよう指導する。

ア 感じ取ったことや考えたことなどを基にした発想や構想
　(ア) 自然や自己，生活などを見つめ感じ取ったことや考えたこと，夢や想像などから主題を生成すること。
　(イ) 表現形式の特性を生かし，形体や色彩，構成などについて考え，創造的な表現の構想を練ること。

イ 発想や構想をしたことを基に，創造的に表す技能
　(ア) 意図に応じて材料や用具の特性を生かすこと。
　(イ) 表現方法を創意工夫し，主題を追求して創造的に表すこと。

**（2）デザイン**　デザインに関する次の事項を身に付けることができるよう指導する。

ア 目的や機能などを考えた発想や構想
　(ア) 目的や条件，美しさなどを考え，主題を生成すること。
　(イ) デザインの機能や効果，表現形式の特性について考え，創造的な表現の構想を練ること。

イ 発想や構想をしたことを基に，創造的に表す技能
　(ア) 意図に応じて材料や用具の特性を生かすこと。
　(イ) 表現方法を創意工夫し，目的や計画を基に創造的に表すこと。

**（3）映像メディア表現**　映像メディア表現に関する次の事項を身に付けることができるよう指導する。

ア 映像メディアの特性を踏まえた発想や構想
　(ア) 感じ取ったことや考えたこと，目的や機能などを基に，映像メディアの特性を生かして主題を生成すること。
　(イ) 色光や視点，動きなどの映像表現の視覚的な要素の働きについて考え，創造的な表現の構想を練ること。

イ 発想や構想をしたことを基に，創造的に表す技能
　(ア) 意図に応じて映像メディア機器等の用具の特性を生かすこと。
　(イ) 表現方法を創意工夫し，表現の意図を効果的に表すこと。

### 第2款 各科目 美術Ⅱ

ア 感じ取ったことや考えたことなどを基にした発想や構想
　(ア) 自然や自己，社会などを深く見つめ感じ取ったことや考えたことなどから主題を生成すること。
　(イ) 主題に応じて表現形式について考え，個性豊かで創造的な表現の構想を練ること。

イ 発想や構想をしたことを基に，創造的に表す技能
　(ア) 主題に合った表現方法を創意工夫し，個性豊かで創造的に表すこと。

ア 目的や機能などを考えた発想や構想
　(ア) 目的や条件などを基に，人と社会をつなぐデザインの働きについて考え，主題を生成すること。
　(イ) 社会におけるデザインの機能や効果，表現形式の特性などについて考え，個性豊かで創造的な表現の構想を練ること。

イ 発想や構想をしたことを基に，創造的に表す技能
　(ア) 主題に合った表現方法を創意工夫し，個性豊かで創造的に表すこと。

ア 映像メディアの特性を踏まえた発想や構想
　(ア) 自然や自己，人と社会とのつながりなどを深く見つめ，映像メディアの特性を生かして主題を生成すること。
　(イ) 映像表現の視覚的な要素などの効果的な生かし方について考え，個性豊かで創造的な表現の構想を練ること。

イ 発想や構想をしたことを基に，創造的に表す技能
　(ア) 主題に合った表現方法を創意工夫し，個性豊かで創造的に表すこと。

### 第2款 各科目 美術Ⅲ

ア 感じ取ったことや考えたことなどを基にした発想や構想
　(ア) 自然や自己，社会などを深く見つめ感じ取ったことや考えたことなどから独創的な主題を生成し，主題に応じた表現の可能性について考え，個性を生かして創造的な表現の構想を練ること。

イ 発想や構想をしたことを基に，創造的に表す技能
　(ア) 主題に合った表現方法を追求し，個性を生かして創造的に表すこと。

ア 目的や機能などを考えた発想や構想
　(ア) 目的や条件などを基に，デザインの社会的な役割について考察して独創的な主題を生成し，主題に応じた表現効果を考え，個性を生かして創造的な表現の構想を練ること。

イ 発想や構想をしたことを基に，創造的に表す技能
　(ア) 主題に合った表現方法を追求し，個性を生かして創造的に表すこと。

ア 映像メディアの特性を踏まえた発想や構想
　(ア) 映像メディアの特性を生かして独創的な主題を生成し，主題に応じた表現の可能性や効果について考え，個性を生かして創造的な表現の構想を練ること。

イ 発想や構想をしたことを基に，創造的に表す技能
　(ア) 主題に合った表現方法を追求し，個性を生かして創造的に表すこと。

## B 鑑賞

### 小学校学習指導要領 第2章 各教科 第7節 図画工作

**第1学年及び第2学年**
ア 身の回りの作品などを鑑賞する活動を通して，自分たちの作品や身近な材料などの造形的な面白さや楽しさ，表したいこと，表し方などについて，感じ取ったり考えたりし，自分の見方や感じ方を広げること。

**第3学年及び第4学年**
ア 身近にある作品などを鑑賞する活動を通して，自分たちの作品や身近な美術作品，製作の過程などの造形的なよさや面白さ，表したいこと，いろいろな表し方などについて，感じ取ったり考えたりし，自分の見方や感じ方を広げること。

**第5学年及び第6学年**
ア 親しみのある作品などを鑑賞する活動を通して，自分たちの作品，我が国や諸外国の親しみのある美術作品，生活の中の造形などの造形的なよさや美しさ，表現の意図や特徴，表し方の変化などについて，感じ取ったり考えたりし，自分の見方や感じ方を深めること。

### 中学校学習指導要領 第2章 各教科 第6節 美術

| 美術作品などの見方や感じ方を広め，深める活動 | 生活や社会の中の美術の働きや美術文化についての見方や感じ方を広め，深める活動 |
|---|---|

(1) 鑑賞の活動を通して，次のとおり鑑賞に関する資質・能力を育成する。

**第1学年**
ア 美術作品などの見方や感じ方を広げる活動を通して，鑑賞に関する次の事項を身に付けることができるよう指導する。
(ア) 造形的なよさや美しさを感じ取り，作者の心情や表現の意図と工夫などについて考えるなどして，見方や感じ方を広げること。
(イ) 目的や機能との調和のとれた美しさなどを感じ取り，作者の心情や表現の意図と工夫などについて考えるなどして，見方や感じ方を広げること。

イ 生活の中の美術の働きや美術文化についての見方や感じ方を広げる活動を通して，鑑賞に関する次の事項を身に付けることができるよう指導する。
(ア) 身の回りにある自然物や人工物の形や色彩，材料などの造形的な美しさなどを感じ取り，生活を美しく豊かにする美術の働きについて考えるなどして，見方や感じ方を広げること。
(イ) 身近な地域や日本及び諸外国の文化遺産などのよさや美しさなどを感じ取り，美術文化について考えるなどして，見方や感じ方を広げること。

**第2学年及び第3学年**
ア 美術作品などの見方や感じ方を深める活動を通して，鑑賞に関する次の事項を身に付けることができるよう指導する。
(ア) 造形的なよさや美しさを感じ取り，作者の心情や表現の意図と創造的な工夫などについて考えるなどして，美意識を高め，見方や感じ方を深めること。
(イ) 目的や機能との調和のとれた洗練された美しさなどを感じ取り，作者の心情や表現の意図と創造的な工夫などについて考えるなどして，美意識を高め，見方や感じ方を深めること。

イ 生活や社会の中の美術の働きや美術文化についての見方や感じ方を深める活動を通して，鑑賞に関する次の事項を身に付けることができるよう指導する。
(ア) 身近な環境の中に見られる造形的な美しさなどを感じ取り，安らぎや自然との共生などの視点から生活や社会を心豊かにする美術の働きについて考えるなどして，見方や感じ方を深めること。
(イ) 日本の美術作品や受け継がれてきた表現の特質などから，伝統や文化のよさや美しさを感じ取り愛情を深めるとともに，諸外国の美術や文化との相違点や共通点に気付き，美術を通した国際理解や美術文化の継承と創造について考えるなどして，見方や感じ方を深めること。

### 高等学校学習指導要領 第2章 各教科 第7節 芸術

鑑賞に関する資質・能力を次のとおり育成する。

| 美術作品などの見方や感じ方を深める鑑賞 | 生活や社会の中の美術の働きや美術文化についての見方や感じ方を深める鑑賞 |
|---|---|

(1) 鑑賞に関する次の事項を身に付けることができるよう指導する。

**第2款 各科目 美術I**
ア 美術作品などの見方や感じ方を深める鑑賞
(ア) 造形的なよさや美しさを感じ取り，作者の心情や意図と創造的な表現の工夫などについて考え，見方や感じ方を深めること。
(イ) 目的や機能との調和のとれた洗練された美しさなどを感じ取り，作者の心情や意図と創造的な表現の工夫などについて考え，見方や感じ方を深めること。
(ウ) 映像メディア表現の特質や表現効果などを感じ取り，作者の心情や意図と創造的な表現の工夫などについて考え，見方や感じ方を深めること。

イ 生活や社会の中の美術の働きや美術文化についての見方や感じ方を深める鑑賞
(ア) 環境の中に見られる造形的なよさや美しさを感じ取り，自然と美術の関わり，生活や社会を心豊かにする美術の働きについて考え，見方や感じ方を深めること。
(イ) 日本及び諸外国の美術作品や文化遺産などから美意識や創造性などを感じ取り，日本の美術の歴史や表現の特質，それぞれの国の美術文化について考え，見方や感じ方を深めること。

**第2款 各科目 美術II**
ア 美術作品などの見方や感じ方を深める鑑賞
(ア) 造形的なよさや美しさを感じ取り，発想や構想の独自性と表現の工夫などについて多様な視点から考え，見方や感じ方を深めること。
(イ) 目的や機能との調和のとれた洗練された美しさなどを感じ取り，発想や構想の独自性と表現の工夫などについて多様な視点から考え，見方や感じ方を深めること。

イ 生活や社会の中の美術の働きや美術文化についての見方や感じ方を深める鑑賞
(ア) 環境の中に見られる造形的なよさや美しさを感じ取り，心豊かな生き方の創造に関わる美術の働きについて考え，見方や感じ方を深めること。
(イ) 日本及び諸外国の美術作品や文化遺産などから表現の独自性などを感じ取り，時代，民族，風土，宗教などによる表現の相違点と共通点などから美術文化について考え，見方や感じ方を深めること。

**第2款 各科目 美術III**
ア 美術作品などの見方や感じ方を深める鑑賞
(ア) 造形的なよさや美しさ，目的や機能との調和のとれた洗練された美しさなどを感じ取り，作者の主張，作品と時代や社会との関わりなどについて考え，見方や感じ方を深めること。

イ 生活や社会の中の美術の働きや美術文化についての見方や感じ方を深める鑑賞
(ア) 日本及び諸外国の美術作品や文化遺産などから伝統や文化の価値を感じ取り，国際理解に果たす美術の役割や美術文化の継承，発展，創造することの意義について考え，見方や感じ方を深めること。

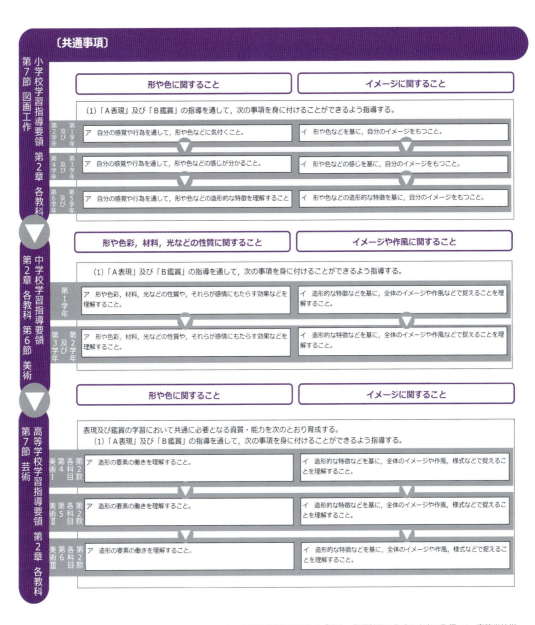

| 小学校学習指導要領 第2章 各教科<br>第7節 図画工作 | 中学校学習指導要領<br>第2章 各教科 第6節 美術 | 高等学校学習指導要領 第2章 各教科<br>第7節 芸術 第4 美術Ⅰ |
|---|---|---|
| (2) 第2の各学年の内容の「A表現」及び「B鑑賞」の指導については相互の関連を図るようにすること。ただし、「B鑑賞」の指導については、指導の効果を高めるため必要がある場合には、児童や学校の実態に応じて、独立して行うようにすること。 | (2) 第2の各学年の内容の「A表現」及び「B鑑賞」の指導については相互に関連を図り、特に発想や構想に関する資質・能力と鑑賞に関する資質・能力とを総合的に働かせて学習が深められるようにすること。 | (2) 生徒の特性、学校や地域の実態を考慮し、内容の「A表現」の(1)については絵画と彫刻のいずれかを選択したり一体的に扱ったりすることができる。また、(2)及び(3)についてはいずれかを選択して扱うことができる。<br>　その際、感じ取ったことや考えたことなどを基にした表現と、目的や機能などを考えた表現の学習が調和的に行えるようにする。 |
| (3) 第2の各学年の内容の〔共通事項〕は、表現及び鑑賞の学習において共通に必要となる資質・能力であり、「A表現」及び「B鑑賞」の指導と併せて、十分な指導が行われるよう工夫すること。 | (3) 第2の各学年の内容の〔共通事項〕は、表現及び鑑賞の学習において共通に必要となる資質・能力であり、「A表現」及び「B鑑賞」の指導と併せて、十分な指導が行われるよう工夫すること。 | (4) 内容の〔共通事項〕は、表現及び鑑賞の学習において共通に必要となる資質・能力であり、「A表現」及び「B鑑賞」の指導と併せて、十分な指導を行い、各事項の実質的な理解を通して、生徒が造形を豊かに捉える多様な視点がもてるように配慮するものとする。 |
| (4) 第2の各学年の内容の「A表現」については、造形遊びをする活動では、(1)のア及び(2)のアを、絵や立体、工作に表す活動では、(1)のイ及び(2)のイを関連付けて指導すること。その際、(1)のイ及び(2)のイの指導に配当する授業時数については、工作に表すことの内容に配当する授業時数が、絵や立体に表すことの内容に配当する授業時数とおよそ等しくなるように計画すること。 | (4) 第2の各学年の内容の「A表現」については、(1)のア及びイと、(2)は原則として関連付けて行い、(1)のア及びイそれぞれにおいて描く活動とつくる活動のいずれも経験させるようにすること。その際、第2学年及び第3学年の各学年においては、(1)のア及びイそれぞれにおいて、描く活動とつくる活動のいずれかを選択して扱うことができることとし、2学年間を通して描く活動とつくる活動が調和的に行えるようにすること。 | ※小、中学校の内容に合わせるため、(3)と(4)を入れ替えて掲載している。 |
| (5) 第2の各学年の内容の「A表現」の指導については、適宜共同してつくりだす活動を取り上げるようにすること。 | | |
| (6) 第2の各学年の内容の「B鑑賞」においては、自分たちの作品や美術作品などの特質を踏まえて指導すること。 | (5) 第2の内容の「B鑑賞」の指導については、各学年とも、各事項において育成を目指す資質・能力の定着が図られるよう、適切かつ十分な授業時数を確保すること。 | (3) 内容の「B鑑賞」の指導については、各事項において育成を目指す資質・能力の定着が図られるよう、適切かつ十分な授業時数を配当するものとする。 |
| (7) 低学年においては、第1章総則の第2の4の(1)を踏まえ、他教科等との関連を積極的に図り、指導の効果を高めるようにするとともに、幼稚園教育要領等に示す幼児期の終わりまでに育ってほしい姿との関連を考慮すること。特に、小学校入学当初においては、生活科を中心とした合科的・関連的な指導や、弾力的な時間割の設定を行うなどの工夫をすること。 | | ※小、中学校の内容に合わせるため、(3)と(4)を入れ替えて掲載している。 |
| (8) 障害のある児童などについては、学習活動を行う場合に生じる困難さに応じた指導内容や指導方法の工夫を計画的、組織的に行うこと。 | (6) 障害のある生徒などについては、学習活動を行う場合に生じる困難さに応じた指導内容や指導方法の工夫を計画的、組織的に行うこと。 | |
| (9) 第1章総則の第1の2の(2)に示す道徳教育の目標に基づき、道徳科などとの関連を考慮しながら、第3章特別の教科道徳の第2に示す内容について、図画工作科の特質に応じて適切な指導をすること。 | (7) 第1章総則の第1の2の(2)に示す道徳教育の目標に基づき、道徳科などとの関連を考慮しながら、第3章特別の教科道徳の第2に示す内容について、美術科の特質に応じて適切な指導をすること。 | |

2　第2の内容の取扱いについては、次の事項に配慮するものとする

| | | |
|---|---|---|
| (1) 児童が個性を生かして活動することができるようにするため、学習活動や表現方法などに幅をもたせるようにすること。 | (1)〔共通事項〕の指導に当たっては、生徒が造形を豊かに捉える多様な視点がもてるように、以下の内容について配慮すること。<br>　ア〔共通事項〕のアの指導に当たっては、造形の要素などに着目して、次の事項を実感的に理解できるようにすること。<br>　(ｱ) 色彩の色味や明るさ、鮮やかさを捉えること。<br>　(ｲ) 材料の性質や質感を捉えること。<br>　(ｳ) 形や色彩、材料、光などから感じる優しさや楽しさ、寂しさなどを捉えること。<br>　(ｴ) 形や色彩などの組合せによる構成の美しさを捉えること。<br>　(ｵ) 余白や空間の効果、立体感や遠近感、量感や動勢などを捉えること。<br>　イ〔共通事項〕のイの指導に当たっては、全体のイメージや作風などに着目して、次の事項を実感的に理解できるようにすること。<br>　(ｱ) 造形的な特徴などを基に、見立てたり、心情などと関連付けたりして全体のイメージで捉えること。<br>　(ｲ) 造形的な特徴などを基に、作風や様式などの文化的な視点で捉えること。 | |
| (2) 各学年の「A表現」及び「B鑑賞」の指導を通して、児童が〔共通事項〕のアとイとの関わりに気付くようにすること。 | | |
| (3)〔共通事項〕のアの指導に当たっては、次の事項に配慮し、必要に応じて、その後の学年で繰り返し取り上げること。<br>　ア　第1学年及び第2学年においては、いろいろな形や色、触った感じなどを捉えること。<br>　イ　第3学年及び第4学年においては、形の感じ、色の感じ、それらの組合せによる感じ、色の明るさなどを捉えること。<br>　ウ　第5学年及び第6学年においては、動き、奥行き、バランス、色の鮮やかさなどを捉えること。 | | |
| (4) 各学年の「A表現」の指導に当たっては、活動の全過程を通して児童が実現したい思いを大切にしながら活動できるようにし、自分のよさや可能性を見いだし、楽しく豊かな生活を創造しようとする態度を養うようにすること。 | (2) 各学年の「A表現」の指導に当たっては、主題を生み出すことから表現の確認及び完成に至る全過程を通して、生徒が夢と目標をもち、自分のよさを発見し喜びをもって自己実現を果たしていく態度の形成を図るようにすること。 | (6) 内容の「A表現」の指導に当たっては、主題の生成から表現の確認及び完成に至る全過程を通して、自分のよさを発見し喜びを味わい、自己実現を果たしていく態度の形成を図るよう配慮するものとする。<br><br>※小、中学校の内容に合わせるため、(5)と(6)を入れ替えて掲載している。 |

| 小学校学習指導要領 第2章 各教科<br>第7節 図画工作 | 中学校学習指導要領<br>第2章 各教科 第6節 美術 | 高等学校学習指導要領 第2章 各教科<br>第7節 芸術 第4 美術Ⅰ |
|---|---|---|
| | (3) 各学年の「A表現」の指導に当たっては，生徒の学習経験や資質・能力，発達の特性等の実態を踏まえ，生徒が自分の表現意図に合う表現形式や技法，材料などを選択し創意工夫して表現できるように，次の事項に配慮すること。<br>ア 見る力や感じ取る力，考える力，描く力などを育成するために，スケッチの学習を効果的に取り入れるようにすること。<br>イ 美術の表現の可能性を広げるために，写真・ビデオ・コンピュータ等の映像メディアの積極的な活用を図るようにすること。<br>ウ 日本及び諸外国の作品の独特な表現形式，漫画やイラストレーション，図などの多様な表現方法を活用できるようにすること。<br>エ 表現の材料や題材などについては，地域の身近なものや伝統的なものも取り上げるようにすること。 | (5) 内容の「A表現」の指導に当たっては，スケッチやデッサンなどにより観察力，思考力，描写力などが十分に高まるよう配慮するものとする。<br>※小，中学校の内容に合わせるため，(5)と(6)を入れ替えて掲載している。 |
| (5) 各活動において，互いのよさや個性などを認め尊重し合うようにすること。 | (4) 各活動において，互いのよさや個性などを認め尊重し合うようにすること。 | |
| (6) 材料や用具については，次のとおり取り扱うこととし，必要に応じて，当該学年より前の学年において初歩的な形で取り上げたり，その後の学年で繰り返し取り上げたりすること。<br>ア 第1学年及び第2学年においては，土，粘土，木，紙，クレヨン，パス，はさみ，のり，簡単な小刀類など身近で扱いやすいものを用いること。<br>イ 第3学年及び第4学年においては，木切れ，板材，釘，水彩絵の具，小刀，使いやすいのこぎり，金づちなどを用いること。<br>ウ 第5学年及び第6学年においては，針金，糸のこぎりなどを用いること。 | (5) 互いの個性を生かし合い協力して創造する喜びを味わわせるため，適切な機会を選び共同で行う創造活動を経験させること。 | |
| (7) 各学年の「A表現」の(1)のイ及び(2)のイについては，児童や学校の実態に応じて，児童が工夫して楽しめる程度の版に表す経験や焼成する経験ができるようにすること。 | | |
| (8) 各学年の「B鑑賞」の指導に当たっては，児童や学校の実態に応じて，地域の美術館などを利用したり，連携を図ったりすること。 | (6) 各学年の「B鑑賞」の題材については，国内外の児童生徒の作品，我が国を含むアジアの文化遺産についても取り上げるとともに，美術館や博物館等と連携を図ったり，それらの施設や文化財などを積極的に活用したりするようにすること。 | (7) 内容の「B鑑賞」の指導に当たっては，日本の美術も重視して扱うとともに，アジアの美術などについても扱うようにする。 |
| (9) 各学年の「A表現」及び「B鑑賞」の指導に当たっては，思考力，判断力，表現力等を育成する観点から，〔共通事項〕に示す事項を視点として，感じたことや思ったこと，考えたことなどを，話したり聞いたり話し合ったりする，言葉で整理するなどの言語活動を充実すること。 | | (8) 内容の「A表現」及び「B鑑賞」の指導に当たっては，芸術科美術の特質に応じて，発想や構想に関する資質・能力や鑑賞に関する資質・能力を育成する観点から，〔共通事項〕に示す事項を視点に，アイデアスケッチなどで構想を練ったり，言葉などで考えを整理したりすることや，作品について批評し合う活動などを取り入れるようにする。 |
| (10) コンピュータ，カメラなどの情報機器を利用することについては，表現や鑑賞の活動で使う用具の一つとして扱うとともに，必要性を十分に検討して利用すること。 | | |
| (11) 創造することの価値に気付き，自分たちの作品や美術作品などに表されている創造性を大切にする態度を養うようにすること。また，こうした態度を養うことが，美術文化の継承，発展，創造を支えていることについて理解する素地となるよう配慮すること。 | (7) 創造することの価値を捉え，自己や他者の作品などに表されている創造性を尊重する態度の形成を図るとともに，必要に応じて，美術に関する知的財産権や肖像権などについて触れるようにすること。また，こうした態度の形成が，美術文化の継承，発展，創造を支えていることへの理解につながるよう配慮すること。 | (9) 創造することの価値を捉え，自己や他者の作品などに表されている創造性を尊重する態度の形成を図るとともに，必要に応じて，美術に関する知的財産権や肖像権などについて触れるようにする。また，こうした態度の形成が，美術文化の継承，発展，創造を支えていることへの理解につながるよう配慮するものとする。 |
| 3 造形活動で使用する材料や用具，活動場所については，安全な扱い方について指導する，事前に点検するなどして，事故防止に留意するものとする。 | 3 事故防止のため，特に，刃物類，塗料，器具などの使い方の指導と保管，活動場所における安全指導などを徹底するものとする。 | (10) 事故防止のため，特に，刃物類，塗料，器具などの使い方の指導と保管，活動場所における安全指導などを徹底するものとする。 |
| 4 校内の適切な場所に作品を展示するなどし，平素の学校生活においてそれを鑑賞できるよう配慮するものとする。また，学校や地域の実態に応じて，校外に児童の作品を展示する機会を設けるものとする。 | 4 学校における鑑賞のための環境づくりをするに当たっては，次の事項に配慮するものとする。<br>(1) 生徒が造形的な視点を豊かにもつことができるよう，生徒や学校の実態に応じて，学校図書館等における鑑賞用図書，映像資料等の活用を図ること。<br>(2) 生徒が鑑賞に親しむことができるよう，校内の適切な場所に鑑賞作品などを展示するとともに，学校や地域の実態に応じて，校外においても生徒作品などの展示の機会を設けるなどすること。 | |

# 材料（素材）・用工具

## 紙

日本工業規格（JIS）では、紙とは「植物繊維そのほかの繊維を膠着させて製造したもの」と定義されている。膠着とは「膠（にかわ）でつけたように、ねばりつくこと」（広辞苑）という意味である。

古代エジプトで用いられたパピルス（papyrus）は、多年草であるパピルスの茎の木髄質をテープ状にしたものを貼り合わせてつくられたものであり、紙（paper）の語源となった。これらは、前述の紙の定義にある植物繊維ではなく、茎の木髄質そのものを使っているため、紙とは本質的に異なるものであるが、紙が発明されるまで書写材料として大きな役割を果たした。

紙の発明は、長く中国後漢期の蔡倫によるものとされてきたが、前漢期の遺跡から古紙が出土し、前漢初期に開発されたことがわかっている。

### 紙の種類

紙には様々な種類があり、その分類も複雑である。ここでは幼児造形活動、図画工作、美術の学習において使用することの多いものを中心に整理する。

#### 和紙と洋紙（原料による分類）

原料による分類法の一つに「和紙」と「洋紙」に分ける分類がある。

和紙は楮（コウゾ）・三椏（ミツマタ）・雁皮（ガンピ）などの靭皮繊維[木の表面を覆う皮の繊維]を、洋紙は木材パルプ[針葉樹や広葉樹の木質部を細かく砕き、繊維をバラバラにしたもの]をそれぞれ主原料とする。

#### 様々な和紙

和紙の原料である靭皮繊維の長さは木材パルプのそれに比べて長い。一般的に繊維が長いほど紙の強度は増す。そして、繊維と繊維の間に隙間ができやすく、紙内部の密度が低くなることから、吸水性が高い。

また、古来の手漉きによるものはその産地や原料により細かく分類され、それぞれに独特の味わいを有する。

○原料から名付けられたもの
　麻紙・斐紙（雁皮紙）・藁紙など
○産地名から名付けられたもの
　美濃和紙・越前和紙・黒谷和紙・伊勢和紙
　琉球紙（芭蕉紙）など
○形状から名付けられたもの
　半紙・巻紙など
○用途から名付けられたもの
　懐紙・奉書紙・障子紙・傘紙・鼻紙・花紙など

機械漉きの和紙には、靭皮繊維のほか、古紙、木材パルプ、ぼろ、マニラ麻などの繊維をも原料とするものもある。ちり紙などの家庭用薄用紙のほか、障子紙、書道用半紙、仙花紙など様々な用途に使われている。

#### 紙と板紙（重さによる分類）

洋紙は厚さによって「紙」と「板紙」（厚紙とよばれることが多い）に分類される。紙の厚さは単位面積当たりの重さで表される。紙1平方メートル当たりの重さを示す単位（g/㎡）を坪量（つぼりょう）といい、慣用として坪量約200gより重いものを板紙とする。ほかにも一定枚数の紙の重さで表す「連量」という表示方法もある。

教室で使用することが多い画用紙のカタログにはたとえば♯150・♯170・♯200などの表記が見られるが、これらは坪量や連量をもとにしたものであり、紙の厚さを知る目安となる。

### 教材としての紙

画用紙

適当に粗い表面を持ち色ののりがよい。値段も安価でサイズ厚さ等も選択できる。学習では様々な利用法がある。

色画用紙
　多くの色を手に入れることが可能であり、紙の地色を生かした表現が可能である。特に版表現に効果的。

両面色画用紙
　両面が色違いのものや方眼が印刷されたものもあり、主に立体表現や工作に使うことが多い。

色紙
　形、大きさ、厚さなど様々なものがある。材質も和紙や表面をメタリック加工したもの、セロハンなど様々なものがある。正方形のものは折り紙として使われることも多い。

クレープ紙
　表面に皺（しわ）を持つ絹織物である縮緬（ちりめん）（crape）に似ているところから名前がついた。

お花紙
　着色された薄紙。花飾りをつくるとき使うことが多いためこの名称が使われる。色ちり紙。

ケント紙
　画用紙より平滑な表面で、線描やポスターカラーを用いた表現に向く。工作用として使われることも多い。

アート紙
　カレンダーなどの印刷に使用される。絵画表現では平滑で筆あとの効果が生かせる。フィンガーペイントなどを大きな画面で体験できる。

クラフト紙
　包装などに用いられる丈夫な紙、ロールの用紙も比較的簡単に入手できるので、茶色の地色を生かして共同作品なども可能である。白色やクリーム色のものもある。

模造紙
　安価で共同製作の用紙としてよく利用される。

不織布
　繊維を織らずに接着剤や繊維自身の接着力でシート状にしたもの。白色のものや色付きのものがある。

ボール紙
　白ボール、黄ボールなどがある。厚手の紙で、丈夫さもある。独特の表面の感じを生かした表現ができる。

段ボール
　厚みがあり、独特の材質感があるので特徴を生かした絵画や立体表現・工作の材料となる。箱材としてよく用いられるのでリサイクルして用いることもできる。厚さ5ミリ程度のシングルが一般的であるが、2枚貼り合わせたダブルもある。色付きのものや、両面に違う色を組み合わせたものもある。片面が波状になった（片面段ボール・片段ボール・波段ボール）やカラー片面段ボールなども市販されている。

### 紙の寸法

　紙の寸法は、原紙をいくつに分けたかによって表され、画用紙などの四つ切、八つ切といった表記がそれにあたる。紙の原紙寸法には次の5種類がある。

| 種類 | 寸法（mm） |
|---|---|
| A列本判 | 625 × 880 |
| B列本判 | 765 × 1085 |
| 四六判 | 788 × 1091 |
| 菊判 | 636 × 939 |
| ハトロン判 | 900 × 1200 |

　市販されている画用紙や色画用紙にも、四六判をもとにしたものやB列本判をもとにしたものなどがあり、同じ四つ切でもその寸法に差がある。また、写真の印画紙の規格はこれとは異なり、600 × 900（mm）を原紙（全判）とする。

　さらに書籍や事務用品など、製品としての紙や板紙の仕上がりの寸法の規格にはA列・B列がある。

|  | A列 | B列 |
|---|---|---|
| 0 | 841 × 1189 | 1030 × 1456 |
| 1 | 594 × 841 | 728 × 1030 |
| 2 | 420 × 594 | 515 × 728 |
| 3 | 297 × 420 | 364 × 515 |
| 4 | 210 × 297 | 257 × 364 |
| 5 | 148 × 210 | 182 × 257 |
| 6 | 105 × 148 | 128 × 182 |
| 7 | 74 × 105 | 91 × 128 |
| 8 | 52 × 74 | 64 × 91 |
| 9 | 37 × 52 | 45 × 64 |
| 10 | 26 × 37 | 32 × 45 |

（単位 mm）

　これらの規格はA4、B5など、ノートや印刷用紙の寸法を表すものとしてよく知られているが、

スケッチブックや色紙の寸法もこの規格で表記されることが多い。

# 木（木材）

木は、その用途によって、板材や角材、丸棒などの木材に加工され、様々な造形活動で用いられる子供たちにとっても身近な素材の一つである。また、木の枝や根っこ、流木など、自然材として使われることも多い。

## 教材としての木（木材）

児童・生徒が木（木材）との様々なかかわりを通して、その特性を味わいながら学習をすすめるためには、その素材が扱いやすいものでなければならない。ここでは、学習で使われることの多い木材についていくつか例示する。

### 木（木材）の種類

桂（カツラ）

カツラ科の広葉樹、比較的柔らかく、加工がしやすい。各種家具に使われるほか、碁や将棋盤にも使われる。

朴（ホオ）

モクレン科の広葉樹、細工しやすく、版木、建築・器具・木炭に用いる。

檜（ヒノキ）

ヒノキ科の針葉樹、日本特産種、水に強く光沢がある。狂いが少ない。加工性がよい。

アガチス

ナンヨウスギ科の針葉樹、柔らかく割れにくい。加工しやすく、家具や鉛筆などに使われる。

バルサ

パンヤ科の広葉樹、メキシコ南部からペルーに自生、生長がきわめてはやい。非常に軽く、航空機材料のほか、救命具。浮輪などに使われる。柔らかく加工しやすい。

ファルタカ

マメ科の広葉樹、桐の代用材として、木箱などに使われることが多い。軟らかくて軽い。

強度的には弱いが、加工しやすい。

### そのほかの木材

ベニヤ板（合板）

ラワン材などの丸太をかつらむきしてシート状にした薄い単板（ベニヤ）を繊維方向が直角に交わるように複数枚貼り合わせたもので、ラワンベニヤ、ラワン合板とよばれることもある。

芯材にラワン材を使い、表面にシナ（シナノキ）の単板を貼ったシナベニヤはその表面の美しさを生かして、製図板や版木としても使われる。

2.5mm程度から30mm程度までおよそ10種類ほどの厚さのものがある。

なお、コンパネと呼ばれ、ベニヤ板とよく似た構造の合板を建材店やホームセンターで目にすることがあるが、これはコンクリートパネル（コンクリート型枠合板）として、建設時にコンクリートを流し込む枠をつくるためのもので、耐水性を重視したメラミン樹脂接着剤なども使用されているため切削しにくく、活動には向かない。

そのほかに、何枚かの無垢の板材や角材をつなぎ合わせた集成材、その集成材の表面に薄い単板を貼ったランバーコア合板や、小さな木材片を板状に成形接着した削片板（パーティクルボード）などがある。

## 材料（素材）の準備と保管

学習においては、板材や角材のとともに、木片（木切れ）や木の枝などの自然材を材料（素材）として使うことが多い。これらは次に述べるほかの様々な材料（素材）とともに普段から心がけて集め、適切に保管することが必要である。

たとえば「材料銀行」などと名付けられたコーナーが図工・美術室や準備室などの一角に設置されているのを見ることがある。これらの取組には保護者や地域の人々の協力が不可欠であるが、子供たちにも材料の収集や整理に積極的に参加させたい。そのことで、「材料銀行」が意識化され、単なる倉庫ではなく、「ここには、材料銀行にあったあの材料を使ってみよう。」「いろいろな材料を見ているといいアイデアがうかんでくる。」といったように、発想や構想の貴重なベースとなる。また、その時は使わないものでも残しておくと何

かに使える、という環境への意識にもつながるであろう。

## 粘土

### 土粘土

可塑性が高く、伸びもよい。水分を加えると繰り返し使うことができる。保管する場合は、小分けしてポリ袋に入れ、空気に触れないように密閉する。硬くなった場合は、使用する数日前に濡れタオルに包んでポリ袋に入れておくと柔らかくなる。制作途中の作品も、硬くなり過ぎた場合は同様の方法で柔らかくすることができる。

### ブロンズ粘土

土粘土の一種である。濃い色のものが多く、乾燥後に磨くとブロンズ（青銅）を思わせる質感になる。

### 紙粘土

紙やパルプに糊分を加えたもの。乾燥後は絵の具で着色することができる。芯材を使っての表現にも割れにくく適している。

### 軽量紙粘土

紙粘土の成分のほか、有機微小中空球体を含むため、軽量で柔らかい。手につきにくいこともあり、幼児、児童にも扱いやすい。絵の具を混ぜて練るとパステル調の色合いの紙粘土となる。

軽量紙粘土でつくった「お弁当」

### 液体粘土（リキッド粘土）

紙粘土の成分に水を加えたもの。絵の具を混ぜて着色したり、乾燥後に着色したりすることもできる。布に浸したり、塗ったりしたものを乾燥させて固めることも可能である。

液体粘土

### 油粘土

鉱物の粉（カオリン等）に油分を加えたもの。自然乾燥で硬くなりにくく、繰り返し使うことができる。

### 小麦粉粘土

小麦粉（米粉でも可）に、水、塩（防腐剤として）、油分（手触りがなめらかになる）を加えてつくる。

【配合例】

小麦粉300g、水100cc、食塩小さじ1、サラダ油少々

着色する場合は食紅を使用する。密閉すると冷蔵庫で1週間程度の保存が可能。材料が全て食材のため万が一、口に入れても安全ではあるが、粘土状になったものは喉に詰まることもあり、十分気をつける必要がある。

## 様々な材料（素材）

次に挙げるものは造形活動において使われることの多い材料（素材）である。いつでも使えるように普段から収集し、適切に保管したいものである。

○木の枝・根っこ・木の実・木の皮・流木・植物のつる・わら・おがくず
○貝がら・石・土・砂・粘土
○竹・竹ひご・コルク・割り箸・竹箸
○包装紙・段ボール紙・セロハン・ラップ・アルミ箔
○箱（紙製・木製・プラスチックなど）
○缶・びん・紙筒
○ペットボトル・卵パック（樹脂製・紙製）
　プリンやゼリーなどのカップ類・フィルムケース・牛乳パック

○発泡スチロール・スチレン板・スチロールトレイ・スポンジ
○エアークッション・スチロールなどの緩衝材
○ストロー・ナイロン（ビニル）袋・かさ袋
○紙皿・紙コップ
○布・ひも類・ロープ・リボン・毛糸・モール・テープ・わた
○ビーズ・おはじき・ビー玉・ボタン・スパンコール
○輪ゴム・糸ゴム・布ゴム
○針金（鉄・銅・アルミなど）

　これらの材料は、その種類ごとに分別して保管することが望ましい。

　せっかくの貴重な素材も、使われずに長い間埃をかぶった状態におかれると、活用される機会を失いかねない。たとえば、中の物が見える透明の収納ケースなどを利用するなど、保管の工夫をしたいものである。

　また、一度使ったものでも、活動が終わった後に戻すことが可能な場合もある。その時には、次に使う人が気持よく使えるような配慮が大切である。

## 描画材料

### 固形の描画材料（棒状）

　造形表現・図画工作・美術の学習で使われる固形描画材料である。基本的には、顔料（色の素）に蝋、粘土、油、結合（粘着）剤等を加え、固めて棒状にしたものである。その配合によって大まかに次のように分類される。硬さや支持体（紙等）への定着力に差がある。

### クレヨン

　顔料を蝋等で固めたもの、パスよりも蝋分が多いため、すべりがよく線描きに適している。色はパスに比べて混ざりにくい。ガラスや、ペットボトルにも描くことができる。

画用紙＋クレヨン

ペットボトル＋クレヨン

### パス（オイルパステル）

　クレヨンに油分を加えたもの、クレヨンより柔らかく、伸びが良い。色も混ぜやすく面描きに適している。

画用紙＋パス

ペットボトル＋パス

### コンテ

　顔料に粘土、結合（粘着）剤等を混ぜて固めたもので、クレヨンやパスに比べて、蝋分や油分が少ないため、支持体（紙等）へ定着しにくい。作品を保存する場合は、定着液を吹き付けておくとよい。消しゴムで消すことも可能である。（第3部第2章参照）金網に擦り付けて粉を散らせるスパッタリングにも適している。

画用紙＋コンテ

画用紙＋コンテ（スパッタリング）

### そのほかの描画材料

### 鉛筆

　顔料としての黒鉛（炭素からなる物質で鉛は含まれない）を粘土と混ぜて固めた芯を、軸（通常木製）で巻いたもの。JIS規格には芯の硬度によって6Bから9Hまで17段階で表記されている。Bは黒さ（Black）、Hは硬さ（Hard）を表し、

HBとHの間にF（Firmしっかりした）があり、中間の性質を持つ。

### 色鉛筆

顔料を溶媒で固めた芯を軸（通常木製）で巻いたもの。

軸で巻かない全芯色鉛筆もある。

### 水溶性色鉛筆

顔料を水溶性の溶媒で固めた芯を、通常木製の軸で巻いたもの。

画用紙＋水溶性色鉛筆＋水

### フェルトペン

マーキングペン、サインペン、マーカー等ともよばれるもの。フェルトや合成繊維、合成樹脂のペン先から毛細管現象で油性や水性のインクをしみ出させる。

## 絵の具

### 水彩絵の具（半透明水彩）

学校教育等で使われる水彩絵の具は半透明水彩が最も一般的である。加える水の割合で透明調にも不透明調にもなる。マット水彩とも呼ばれる。

水彩絵の具（半透明水彩）の重色

### 水彩絵の具（不透明水彩）ガッシュ

水彩絵の具（不透明水彩）の重色

### 水彩絵の具（透明水彩）

水彩絵の具（透明水彩）の重色

### 粉絵の具

水に溶かして使う。指で描いたり（フィンガーペインティング）、手のひらにつけてスタンピングしたりするのにも適している。

### ポスターカラー

水溶性の不透明絵の具で、高彩度の発色が特徴である。広い面を塗ってもムラになりにくく、下地も色を隠すこともできる。

### アクリル絵の具

水溶性でありながら、乾くと耐水性となる。そのため、使った後の筆やパレットは、絵の具が乾かないうちに洗う必要がある。不透明のものと透明のものがある。

### 工作用アクリル絵の具

不透明のアクリル絵の具で、木、金属、ペットボトル等、様々な素材に使用することができる。

### マーブリング用絵の具（墨流し）

マーブリングは、水面に浮かべた絵の具を紙や布にうつしとる技法である。水溶性の絵の具（インク）に油分を加えた絵の具を使う。

マーブリング作品例

### 版画用絵の具

水溶性のものが一般的である。（油性・中性もある）のり分を含む。

## 筆

ぼかしや濃淡を入れる日本画の技法に用いられる筆で、本来は直接筆に絵の具をつけて使うものではない。学校教育では、一般的な絵筆として使うことが多い。絵の具の含みもよく、細い線から太い線まで表現できるため、子供にも扱いやすい。

丸筆

平筆

アクリル絵の具用丸筆

アクリル絵の具用平筆

造形（絵）筆

## パレット・筆洗

パレット　　共同絵の具用溶き皿

筆洗

**【筆の洗い方】**

① 絵の具のついた筆を洗う。（洗い水の槽）
② 絵の具用タオルで軽く水分を吸収する。
③ 洗った筆をすすぐ。（すすぎ水の槽）
④ 絵の具用タオルで軽く水分を吸収する。
⑤ 筆にきれいな水を含ませる（付け水の槽）

　これを繰り返す。そのためには、少なくとも3つ以上の槽に分かれているものがよい。

# 版画（木版画）

## 版木

　木版画の学習で使われる版木はシナベニア（シナの合板）が一般的である。入手もしやすく、柔らかいため、彫りやすい。そのほか、ホウ、カツラ、サクラ、シナ材が使われる。

## 彫刻刀

丸刀（大丸）
丸刀（中丸）
丸刀（小丸）

三角刀
平刀
切り出し刀

## 版画作業板

版画作業板

### 版画用刷毛・ローラー

摺り込み刷毛

ゴムローラー

### バレン

バレン

## 接着

### 接着・接着剤について

ものづくりにおいて、切る、折る（曲げる）、削るなどとともに、欠かすことができないのが「はる」「つける」という行為である。ここでは、学習の中で、子供たちがたびたび経験する「はる」「つける」ということについて、そのしくみと指導のポイントについて整理する。

物と物をつけることを接合といい、接着剤による接合を接着という。日本工業規格（JIS）では、接着とは「接着剤を媒介とし、化学的もしくは物理的な力、またはその両者によって2つの面が結合した状態」で、接着剤は「物体の間に介在することによって、物体を結合することができる物質」と定義されている。

たとえば、2枚の紙の間に糊（でんぷんのり）を塗り、指先や手のひらで強く押さえつけた後、一定時間置くと、糊が固まり、紙同士がくっつく。これを先の定義にあてはめると、2枚の紙の間の糊は、塗られ、圧力を加えられることにより両方の紙に「接する」ことになる。この状態で、糊が固まることにより「剥がれなくなる…着く」ということになる。

糊（でんぷんのり）や木工用接着剤（酢酸ビニル系）は含んでいる水が蒸発することにより固まり、有機溶剤を含んだものはそれが蒸発（希散）することにより固まる。これらの変化を「固化」と呼び、先の定義の中の物理的な力にあたる。

一方、たとえば二液性の接着剤や瞬間接着剤のように化学反応［化学的な力］により固まることを「硬化」と呼ぶ。エポキシ樹脂系・ウレタン樹脂系・フェーノール樹脂系・シアノ系の接着剤などがこれにあたる。

それとは別に、学習で使われることの多い「熱溶融（型）接着剤」（ホットメルト・ホットボンドなど）は、もともと固化した状態の接着剤を、使用する前に加熱することで溶融し液状にしたものを塗布し、冷却されることで再び固化する。膠（にかわ）も同じ仕組みである。

接着剤を選ぶ時のポイントとなるのが、先に述べた「接する」ということである。材料の表面に接着剤が塗られたときに、それがよく馴染むかどうか（接着においては「濡れる」という言葉で表現されることが多い）が接着のカギを握る。「よく濡れる」とは、接着剤が材料の表面に広く平らに広がることをいい、その状態で固化（硬化）することで強い接着となる。反対に「濡れ」が不十分な場合は、蓮（ハス）の葉の上の水滴のように接着剤が一点でしか接しない状態で、固化（硬化）しても剥がれやすい。ペットボトル同士を木工用の接着剤で接着しようとすれば固化するが、すぐ剥がれてしまうのはこのためである。

### のりと接着剤

学習において、接着剤を「糊（のり）」と「接

着剤」とに分けて表記することがある。この分類は、前者がでんぷんなどの天然の素材を原料としているのに対して、後者は合成樹脂を原料とする合成接着剤であることによると思われる。しかし、この分類には別の意図もあるのではないかと考える。それは、子供がはじめて出会う接着剤は多くの場合「のり」である。そしてその正しい使い方を身につけることは図画工作科の学習をすすめるうえでとても大切であるとの考えからではないだろうか。

　最近では、スティック状の固形糊やテープ状の糊なども市販されているが、これらは基本的には事務用と考えるべきであろう。のりの使い方の指導の主なポイントは次のようなものである。

・糊は適量分を、適当な大きさの紙の上に出しておく。
・糊をつけるものの下に下紙を敷いておく。
・糊は、中指の指先でよく伸ばしながらつける。
・貼るところを別の指や手の腹でていねいに押さえる。
・用意した濡れタオルで指をふく。

・必要に応じてクリップや洗濯バサミ、輪ゴムなどを使って固定する。

### 接着剤の種類

#### のり（でんぷんのり）

　主に紙類・布などの接着に使用。
　「水のり」と呼ばれる透明の糊は、もともとは天然素材であるアラビアゴムの樹液を原料としていたが、現在はポリビニルアルコール（PVA・PVAL）を原料としたものがほとんどである。

#### 木工用接着剤 [ 木工用ボンド ]（酢酸ビニル樹脂系エマルジョン接着剤）

＊エマルジョン接着剤とは合成樹脂の細かい粒が水に浮遊分散しているもの。水でうすめることもできる。

　紙・厚紙・木材などに使用可。発泡スチロールについては、発泡スチロールと紙や木の接着は可能である。しかし、先に述べたようにこれらの接着剤は水の蒸発により固化する。発泡スチロール同士では空気や水の通り道がふさがれるため固化しにくい。ペットボトルや牛乳パックは不可。

#### 工作用接着剤（万能接着剤）

　図画工作科や美術の学習用に市販されている接着剤。主にアクリル樹脂系エマルジョン接着剤で扱いやすい。

#### 溶剤型接着剤（セルロース系）

　紙・木・竹・ガラス・金属・陶磁器など図画工作科で使う材料のほとんどのものに使用できる。透明のものが多い。発泡スチロールは溶けてしまうため使用はひかえた方がよい。ペットボトルや牛乳パックには不可。ポリプロピレン・ポリエチレン・ナイロンなども不可。

#### 溶剤型接着剤（ゴム系）

　紙・木・竹・ガラス・金属・陶磁器など図画工作科で使うほとんどのものに使用できる。淡黄色のものと透明のものがある。特に、ゴムや皮革の接着にも適する。セルロース系のものより発泡スチロールをより一層溶かしてしまうため使用不可。ペットボトルや牛乳パックにも不可。ポリプロピレン・ポリエチレン・ナイロンなども不可であるがプラスチック用として可能な製品も市販されている。

#### 化学反応型接着剤

　ペットボトル、発泡スチロール、牛乳パック用として市販されている。ほかの接着剤での接着が難しいものも接着できる。これらの接着剤の中には、完全に硬化せず、適度な流動性と硬さを保つようにつくられており、粘着による接着といえるものもある。

#### 熱溶融（型）接着剤

　スティック状の接着剤を加熱して溶融させ、塗

布する。それが冷却され、再び固まることで接着する。空きビンにビーズといった接着面の狭いものでも接着できる。力のかかる部分の接着には向かないが、瞬時に接着できるため、子供たちの活動を停滞させない。

熱溶融（型）接着剤

### 「接着」の指導について

　先にも述べたように、「はる」「つける」という行為はものづくりには欠かせないものである。しかし様々な素材の組み合わせでどのような接着剤を選ぶかは非常に複雑である。

　学習では、のりと木工用接着剤・工作用接着剤を基本にするのがよいだろう。これらは、水溶性（水でうすめられる）のため安全であり、手についてもすぐに洗い落とせる。また、比較的安価である。

　その上で、必要に応じて溶剤型接着剤、化学反応型接着剤を併用する。その際には換気にも十分な注意が必要である。さらに熱溶融（型）接着剤があると活動の幅も広がる。接着機そのものも以前より入手しやすくなったため、ぜひ用意したい。使用する際は電源コードをひっかけてしまわないよう、場づくりの工夫と安全指導が必要である。必要以上に強力な接着剤（瞬間接着剤など）も使わない方がよい。ポリプロピレン・ポリエチレン・ナイロンなどは接着の難しい材質である。これらは、粘着テープなどによる粘着や、ビニールテープなどによる結束など、ほかの結合方法がよいだろう。反対に、紙工作などにおいて、子供たちが安易にセロハンテープを多用する場面を目にすることがあるが、それぞれの接合（接着）方法のよさを生かすよう指導することが必要である。

## 切る（削る）

**様々なはさみ**

工作用はさみ（紙工作用）

リサイクルばさみ（アルミ缶・ペットボトルなど）

裁ちばさみ（布裁断用）

**金工用はさみ**

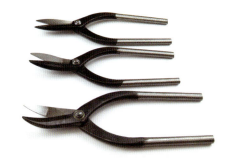

金切り鋏　直刃（上）、柳刃（中）、えぐり刃（下）

### はさみの仕組み

　はさみは「2枚の刃で挟むようにして物を切る道具」（広辞苑）である。原則的には2枚の刃は

一点で交わる。そのために、刃には「そり」とよばれるカーブがつけてある。そのかみ合わせ部分で紙や布を切断する。切る時にはその一点のかみ合わせ部分に力が加わるように、親指とほかの指との力の配分を調節するのであるが、右利きと左利きではそれが逆になる。はさみに右利き用と左利き用があるのはそのためである。

### 指導のポイント

・柄の形状や大きさにもよるが、基本的には3本の指で持つ。
・はさみを持つ手の腕は、はさみが常に体とほぼ垂直の関係を保つように、脇につけて安定させる。

・切りはじめは刃の付け根に近いところを使う。
・刃先まで使うと切り口が乱れるため使わない。

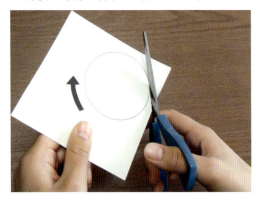

・円などを切るときは、紙を回しながら切る。刃先は常にほぼ正面を向くのが望ましい。
・紙工作用のはさみで、アルミ缶や針金など、硬い素材を切ると歯を傷つけることになるため素材にあったはさみを用意する。
・粘着テープをはさみで切ると、粘着剤が歯裏について切れ味が悪くなる。粘着テープは専用のテープカッターで切ることが望ましい。
・はさみなどの刃物類については、刃先を人に向けないなどその安全な取扱いについての指導も必要である。

### 簡単な小刀類

切り出し小刀

替刃式の切り出しナイフ

肥後守（ひごのかみ）

小刀を持つ方の手は、しっかりにぎって小刀をささえるとともに、腕を脇につけて安定させる。そして材料を持つ手の親指を刃の背にあて、ほかの指でにぎった材料を手前に引くようにして削る。慣れてくると小刀を「刳る（すくうように動かす）」ことができるようになる。

学習指導要領では小学校の低学年からの簡単な小刀類の使用が示されている。はじめて小刀を使う学習では、削りやすいやわらかい木からはじめるのがよいだろう。[前述、教材としての木（木材）参照]そして木を削るその感触や、削ることによって生まれる形の面白さなどを感じつつ、小刀の使い方に少しずつ慣れ、道具を使うことの楽しさを十分に味わうようにしたいものである。

なお、「刳る」という動作を伴うため、上記の小刀を使いたい。特に薄物用のカッターの刃を長く出しての活動は非常に危険である。

事務用（薄物用）カッター

ラチェット（爪車）式で刃を固定するため、厚紙などを切ると、歯が滑って出すぎてしまうことがある。工作用には向かない。

工作用カッター

　ねじで刃を固定するため、作業中に刃が出すぎてしまうことはない。折れ線1～2目盛分の刃を出して使用する。

デザイン用カッター

　刃先が鋭角で細かい作業に向く。

プラスチック・アクリル板用カッター

　引っ掻くことで溝をつくって切る。

段ボール用カッター

円切り用カッター

　カッターを使うときには、机などに傷をつけないために必ずカッターマットと使う。

　直線に切る時はカッターナイフ用定規（刃が触れる面に薄い金属板が貼り付けてあるものや金属製のもの）や裁ち板を使うことが望ましい。薄い樹脂製の定規や竹製のものさしは、それらを傷つけてしまうだけでなく、けがにもつながる。

## のこぎり

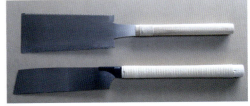

上　両刃のこぎり　　下　片刃のこぎり（替刃式）

　児童・生徒が使い方を学習するのには両刃のこぎりが適している。両刃のこぎりには「横びき刃」と「縦びき刃」がついている。片刃のこぎりにはそのどちらかがついている。

### 横びき刃

　横びき刃は、木目に垂直に切る（横びき）時に使う。木材の繊維を切りながら進むため、それぞれの刃が小刀の形をしている。

### 縦びき刃

　縦びき刃は、木目にそって切る（縦びき）時に使う。木材を削りながら切り進むため、それぞれの刃が小さな鑿（のみ）の形をしている。

　日本ののこぎりは基本的に引く時に切れ、西洋のそれは押す時に切れる。

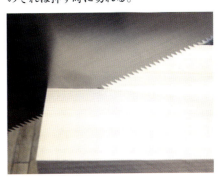

切りはじめは、木材にのこぎりを軽くあて、押し出して切り込みを入れる。その時、木材をささえる方の手の親指の先でのこぎりの位置を決めるとよい。

下記ののこぎりは、どちらも曲線を切る時や穴をくりぬいたりする時に使う。

上 糸のこぎり　下 回しびきのこぎり

のこぎりの使い方のポイントは、切る木材をしっかりと固定することである。特に丸い棒や枝などは固定が難しい。下記のような自作の補助台を用意するのも一つの方法である。

これは、切口が4cm×8cmほどの木材で枠をつくり、切れ込みを入れ、滑り止めに80番程度の布やすりを貼ったものである。

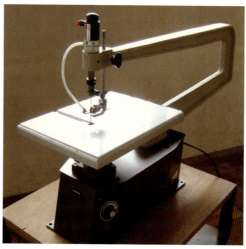

電動糸のこ盤（電動糸のこぎり）

安全に使うためには、台にしっかり固定すること、刃を上下の金具でしっかり止めること。刃のとがった先が下を向くようにつける（その場合でも下の金具に近いところは逆になるものがある）。切っている板が跳ね上がらないようにストッパーで押さえる。

### そのほか

**かなづち（げんのう）**

両口げんのうは、釘を打つ面（口）の片方にふくらみがある。最後にこの面で打ち仕上げる。

上　両口げんのう　中　丸かなづち　下　箱屋づち

### 用工具の整備と安全指導について
#### ①用工具の整備と保管
（1）用工具類は、それぞれの工具ごとに保管箱に整備して入れ、名称・使用法・個数・注意事項を記入した標識をつける。
（2）刃物類（小刀・カッターナイフなど）は工具箱に一括して保管する。
（3）個人用の箱を持たせ、必要な材料や用具そろえておくと便利である。

#### ②事故防止に関する事項
子供たちが使う材料・用具、活動場所などについて事故が起きないよう十分配慮すること。特に、指導者は、材料・用具について十分知識をもっておくことが大切である。

【材料】
材料の形質によって手を切ったり、刺さったりするなどの危険性と、材料を集めたり学校へ持ってきたりする時の安全について指導しておくこと。特に、地域の身近にある材料などを集める場合、危険性の高い場所へは立ち入らないことや、材料の大きさや量など持ち運びの危なくない程度にとどめるなどの指導をしておくこと。

【用具】
鋭い刃のある用具や電動式の用具などについては、安全に配慮した正しい使い方を指導しておくこと。また、用具が破損していないか、台座などに固定されているか事前にメンテナンスを行っておくこと。

【接着剤・塗料】
必要以上に強力な接着剤（瞬間接着剤など）や危険性のあるシンナー系の塗料などは使わないようにすること。

【活動場所】
教室の外で活動する場合には、事前に下見し、危険個所がある場合は事故が起きないよう十分配慮すること。

（藤本陽三）

### 【参考（引用）文献】
- 文部科学省（2018）『小学校学習指導要領解説図画工作編』日本文教出版
- 大橋功、新関伸也、松岡宏明、藤本陽三、佐藤賢司、鈴木光男編著（2009）『美術教育概論（改訂版）』日本文教出版
- 紙の博物館編（2007）『紙のなんでも小事典』講談社
- 紙のはなし編集委員会編（2000）『紙のはなし 1』技報堂出版
- セメダイン（株）編（2008）『よくわかる接着技術』日本実業出版
- 鈴石弘之・内野　務・中村隆介著（2007）『学校で用いる文具・道具の使い方早わかり』小学館
- 村山忠親著（2008）『原色木材大辞典 170 種』誠文堂新光社

# 索引

## 英数字

- 5 領域 ... 51,90,91,92
- DBAE ... 33
- ICT ... 199
- L.H.O.O.Q ... 18
- PDCA サイクル ... 39
- STEAM スティーム教育 ... 98
- VTS（ビジュアル・シンキング・ストラテジー） ... 141

## ア行

- アートゲーム ... 192
- アイスナー ... 33,161
- アカデミズム ... 19
- アクティブ・ラーニング ... 38,39
- 浅利篤 ... 67
- 新しい絵の会 ... 31,51
- 新しい学力観 ... 41
- アニミズム ... 60
- 油粘土 ... 81
- 阿部七五三吉 ... 29,30
- アリエス ... 48
- アルシューラ ... 67
- 生きる力 ... 32,33,35,36,41
- 意匠 ... 141,144,145
- 板良敷敏 ... 32
- 一版多色版 ... 125
- 井手則雄 ... 31
- 意図 ... 112,134,135,144,145
- 色鉛筆 ... 82
- 岩﨑由紀夫 ... 32
- ヴィオラ ... 12,31
- ウォーク・ビュー ... 142
- 慧可断臂 ... 20
- エミール ... 23
- 絵や彫刻など ... 172
- 鉛筆画時代 ... 28
- 応答的で情報的な環境 ... 44
- オートマチズム ... 65
- 岡倉覚三 ... 29
- お話・空想による表現 ... 71
- オブジェ ... 17
- 折り染め ... 83
- 音楽リズム ... 91
- 恩物 ... 49

## カ行

- ガードナー ... 15,32
- カービング ... 128
- 絵画作品主義 ... 32
- 絵画製作 ... 91
- 外向 ... 15
- 塊材 ... 130
- 外診的触知性 ... 130
- 外的能力 ... 11,13
- 画学 ... 28
- 拡散的思考 ... 15
- 学習過程 ... 43,44
- 学習指導案 ... 106,108,156,157
- 学習指導要領試案 ... 34
- 学制 ... 28
- 学力観 ... 27
- 学力三層説（廣岡亮三） ... 100
- 学力の要素 ... 100
- 可塑性 ... 129,130
- 課題解決学習 ... 137
- 課題探究の多重構造 ... 165
- カタルシス ... 11
- 勝見勝 ... 31
- 金子一夫 ... 30,56
- 紙 ... 80
- 紙版画 ... 125
- 紙粘土 ... 81
- カリキュラム ... 41,154
- カリキュラム・マネジメント ... 39,84
- カリキュラム・マネジメント能力 ... 164
- 川上寛 ... 28,29
- 観阿弥 ... 23
- 感覚型 ... 15
- 感覚教育 ... 53
- 環境 ... 51,90,92
- 観察による表現 ... 71
- 観察表現 ... 174
- 鑑賞 ... 72,73,74,94,188
- 感情移入 ... 19
- 感情型 ... 15
- 鑑賞教育 ... 20,32
- 鑑賞の能力 ... 39
- 関心・意欲・態度 ... 39
- 感性 ... 53,55,80,93,94
- 感性と表現に関する領域 ... 91,94
- カンディンスキー ... 63
- カント ... 21
- 記憶の固執 ... 193
- 幾何学大意 ... 28
- 疑似写実的 ... 13
- 北川民次 ... 30,51
- 基底線 ... 58,61
- 技能 ... 41
- 機能性 ... 141,144
- 機能を考えた表現 ... 72
- 技法 ... 105,135,136,142
- 客観的 ... 14
- 客観的タイプ ... 25,26
- 教育学 ... 23,41
- 教育課程審議会 ... 31
- 教科カリキュラム ... 34
- 教育心理学 ... 23,41
- 教育的図画 ... 29,30

- 共感性 ... 143
- 共感的な関係 ... 143
- 共通感覚論 ... 32
- 共通事項 ... 33,38,39,153,173
- 協同性 ... 43
- 協働的で対話的な学びの過程 ... 39
- 興味・関心・意欲 ... 41
- 切り取り紙版画 ... 125
- ギルフォード ... 15,53
- 空間遊び ... 69
- クールジャパン ... 20
- 久保貞次郎 ... 12,30,51
- 熊本高工 ... 31
- 倉橋惣三 ... 50,51
- クランク ... 105,135,136,138
- クレー ... 64
- クレヨン ... 50,82
- グロピウス ... 31
- 罫画大意 ... 28
- 経験カリキュラム ... 34,36
- 経験主義 ... 34
- 経験による表現 ... 71
- 芸術心理学 ... 13
- 芸術による教育 ... 13,31
- 形成的評価 ... 78,110
- 系統カリキュラム ... 36
- 系統主義 ... 34,41,42
- ケロッグ ... 60
- 健康 ... 51,90,92
- 構成遊び ... 69,70
- 個人内評価 ... 77
- 個性的表現 ... 14,15,26
- ゴッホ ... 63
- 言葉 ... 51,90,92
- 子供観 ... 22,27
- 子供の発見 ... 63
- 子どもの美術 ... 31
- 子供理解 ... 12,14,22,25
- 小麦粉粘土 ... 81
- コラグラフ ... 83
- ゴンブリッチ ... 148

## サ行

- 西画指南 ... 29
- 再現的 ... 14
- 西光寺亨 ... 98
- 材料遊び ... 69
- 佐伯胖 ... 43
- 作品主義 ... 14,114
- サリー ... 13
- シェア ... 44
- 視覚型 ... 14,25,26
- 視覚的 ... 14
- 思考型 ... 15
- 思考力・判断力・表現力等

| | | |
|---|---|---|
| ……………………33,36,95,150 | 心象表現 ……………71,129,134,135 | 創造主義美術教育運動 ………………12 |
| 自己決定的 ………………………………42 | 深層心理学 ……………………………12,13 | 創造性 ………………11,12,13,15,42 |
| 自己実現 …………………………15,42,43 | 身体表現 …………………………………127 | 創造的学習 ………………………………44 |
| 自己実現に向かう人格 ………………42 | 診断的評価 ………………………………78 | 創造的思考 ………………………………15 |
| 自己実現の過程 …………………………40 | 新定画帖 ……………………………29,30 | 創造的な技能 ……………………………38 |
| 自己評価維持モデル …………………142 | 新日本美術運動 …………………………29 | 創造美育協会 ………………12,30,51 |
| 自己表現 ……………………11,12,13,14 | 審美的教育 ………………………………13 | 想像表現 …………………………………174 |
| 自己表出 ……………………………75,76 | 水彩絵の具 ………………………………82 | 創造力 ……………………………………12 |
| 自己理解 …………………………………143 | 図画 ………………………………………28 | 相対評価 …………………………………77 |
| 資質・能力の三つの柱 ………35,38 | 図画教育 …………………………………28 | 素材性 ……………………………………130 |
| 指示表出 ……………………………75,76 | 図画教育調査会 …………………………29 | ——タ行—— |
| 自然主義 …………………………………12 | 図画取調掛 ………………………………29 | 大学南校 …………………………………29 |
| 児童画 ……………………………………13,14 | スクラッチ ………………………………83 | 題材開発 …………………………………164 |
| 指導観 …………………………109,111,128 | 図工展 ……………………………142,143 | 題材観 …………………………………109,111 |
| 児童観 ………………………………109,111 | 図式期 ……………………………58,75,76 | 対処的態度 …………………………42,44 |
| 児童期の研究 ……………………………13 | スタンピング ………………………83,124 | 台付紙版画 ………………………………125 |
| 指導計画 ……………………………156,173 | スチレン版画 ……………………………125 | 対話的・協働的な学び ………………40 |
| 指導計画の作成上の配慮事項 …154 | ステンシル ………………………………83 | 対話的な学び ……………………………43 |
| 指導項目 …………………………………107 | スパッタリング …………………………83 | 対話的な学びの過程 ……………37,44 |
| 指導事項 | スロイド・システム …………………30 | 高橋由一 …………………………………28 |
| ………104,107,108,109,111,114 | 世阿弥 ……………………………………23 | 竹ペン ……………………………………82 |
| 児童自由画展 ……………………………29 | 生活単元学習 ……………………………31 | 多元的知能理論 …………………………15 |
| 児童中心主義 …………………………12,13 | 生活版画 …………………………………30 | 多視点構図 ………………………………62 |
| 時分の花 ……………………………23,24,25 | 精神運動的領域 ……………………41,42 | 多田信作 …………………………………31 |
| 霜田静志 ……………………………12,67 | 精神的健康性 ……………………………40 | ダリ …………………………………63,193 |
| 社会主義リアリズム …………………31 | 精神的に健康な人格 …………………12 | 俵屋宗達 …………………………………195 |
| 写実性 ……………………………………14 | 精神分析学 ……………………………12,13 | 単元 …………………………………108,110 |
| ジャポニスム ……………………………20 | 成長動機 …………………………………44 | 弾力的な扱い ……………………………134 |
| 自由遊び ……………………………68,69 | 青年期 ……………………………………14 | 知覚 …………………………………15,26 |
| 自由画 ……………………………………29 | 青年期の危機 ……………………………13 | 知識 ………………………………………41 |
| 自由画教育 ………………………19,29,30 | 生命感情 …………………………………21 | 知識・技能 ………………………………150 |
| 自由画教育運動 ………………50,51,63 | 雪舟 ………………………………………20 | 知識及び技能 …………………………33,36 |
| 収束的思考 ………………………………15 | 絶対評価 …………………………………77 | チゼック ……………………12,13,31,63 |
| 集中構図 …………………………58,61,62 | 設定遊び ……………………………68,69 | 知的好奇心 ………………………………143 |
| 主観・客観混在タイプ ………………25 | 前写実期 …………………………………58 | チャレンジ ………………………………44 |
| 主観的タイプ ……………………………25 | 前図式期 ……………………………58,60,75,76 | 中学校美術科教科書 …………………165 |
| 授業改善 …………………………………39 | 総括的評価 ………………………………78 | 中間型 ……………………………14,25 |
| 主題生成 …………………………………26 | 造形遊び ……………………20,26,27,32,68, | 超・創造主義 ……………………………32 |
| 主体的な学び ……………………………42 | 69,72,76 | 彫塑 …………………………128,129,131 |
| 主体的な学びの過程 ……………38,39 | 造形活動 ……………………………26,27 | 直感型 ……………………………………15 |
| シュタイナー ……………………………32 | 造形感覚 …………………………………134 | 直感的判断 ………………………………16 |
| 受容的・共感的環境 …………………44 | 造形教育センター ………………31,51 | つくりだす喜び ……99,100,102,104, |
| シュルレアリスム ……………………193 | 造形主義 ……………………………30,31 | 122,126,133,138 |
| 情意的領域 …………………………41,42 | 造形性 ……………………………………11 | 辻田嘉邦 ……………………101,114,115 |
| 情動の側面 ………………………………143 | 造形的な遊び ………………32,114,128 | 土粘土 ……………………………………81 |
| 承認欲求 …………………………………44 | 造形的な特徴 ………………104,111,112 | 積み上げ遠近法 …………………………62 |
| 正面構図 …………………………………62 | 造形的な見方・考え方 …100,102,107 | デューイ …………………………………50 |
| 触知性 ……………………………………130 | 造形表現 26,53,68,69,70,71,76,91 | デカルコマニー …………………………83 |
| 触覚型 ……………………………14,15,25 | 総合的な学習 ……………………………36 | 適応 …………………………………134,135 |
| 白浜徴 ……………………………………29 | 総合的な学習の時間 ……………32,33 | 適用表現 ……………………………71,72 |
| 自律的 ……………………………………42 | 相互鑑賞 ……………………121,142,145 | テクニカリズム …………………………65 |
| 人格形成 ……………………………15,143 | 操作遊び ……………………………69,70,72 | デザインの能力 …………………………134 |
| シンギュラリティ ……………………98 | 創造型の教科学習モデル ……………99 | テッサー …………………………………142 |
| 新教育運動 ……………………………12,13 | 創造主義 ………………12,13,14,30,31,32 | テプファー ………………………………64 |
| 心象性 ……………………………………129 | 創造主義的美術教育 …………………30 | |

237

| | | |
|---|---|---|
| デュシャン……17 | 非認知能力……40,41,43 | 民間美術教育運動……30,31 |
| テラコッタ粘土……129 | 評価……161 | 命名期……57,75 |
| 展開図描法……58,62 | 評価規準……109,110,111,112,113,118,120,126,132,138,144,160 | メタ認知……43,45 |
| 伝授・伝達型の教科学習モデル……99 | | 線材……130 |
| 動作化……123,126,127 | | 面材……130 |
| 頭足人……60 | 表現……51,74,90,92,94 | 毛筆画時代……28 |
| 鳥居昭美……56 | 表現的学習……45 | 木版画……125 |
| ドリッピング……83 | 表現的態度……42,44 | 模写……19 |
| | 表象……15,26 | 木工用接着剤……82 |
| ──ナ行── | フィードラー……18 | モナ・リザ……18 |
| 内向……15 | 風姿花伝……23 | 模倣遊び……69,70 |
| 内診的触知性……130,131 | 風神雷神図屏風……195 | モンテッソーリ……49,63 |
| 内的生命力……11 | フェノロサ……29 | |
| 中村雄二郎……32 | 深い学びの過程……37,39 | ──ヤ行── |
| なぐり描き……13,19 | 吹き流し……83 | 山本鼎……19,29,50 |
| なぐり描き期……57,75 | 普通教育……28,29 | ゆとり……36 |
| ナンシー・スミス……64 | 筆……82 | ユニバーサル・デザイン……141 |
| 西野範夫……26,114,117 | 葦ペン……82 | ユング……12,13,15,63 |
| 日本教育版画協会……30 | 普遍的価値……42 | 様式化……13 |
| 日本児童画研究会……67 | プラスチック色鉛筆……82 | 様式化前……13 |
| 人間関係……51,90,92 | ブルーナー……91 | 幼児期の終わりまでに育ってほしい姿……95 |
| 人間教育……12 | ブルーム……41 | 幼児教育……41 |
| 人間形成……12,14 | フレーベル……48,49,50,53,115 | 幼稚園教育要領……51,53,55,80,84,90,91,92,93 |
| 人間理解……15 | フロイト……12,13,30,63 | 用途……124,134,135,145 |
| 認識主義……30,31 | フロッタージュ……83 | 用途を考えた表現……72 |
| 認知心理学……32 | 文化的実践……43,140 | 幼保連携型認定こども園教育・保育要領……55,84,90,92,93 |
| 認知的側面……143 | ペスタロッチ……48,63 | |
| 認知的領域……41,42 | ヘックマン……40 | 抑圧からの解放……13 |
| 認知能力……40,41,44 | ヘッケル……52 | 欲求階層論……42 |
| 年間指導計画……106,107,108 | 保育所保育指針……55,84,90,91,92,93,94 | |
| 年間授業時数……155 | | ──ラ行── |
| 年次計画……106 | 保育要領……51 | ラファエロ……21 |
| 粘着テープ……82 | ホイジンガ……54 | リード……15,114,149 |
| 能力主義……41,42 | 邦画……29 | 立体性……129,130 |
| のり……81 | ポスト創造主義……15 | リュケ……13,58,61 |
| | 彫り進み版……125 | 領域「環境」……91 |
| ──ハ行── | | 領域「健康」……90 |
| バーン……29 | ──マ行── | 領域「言葉」……91 |
| バイテル……148 | マーキングペン……82 | 領域「人間関係」……90 |
| バウハウス……30,31 | マーブリング……83 | 領域「表現」……53,90,91,92,94,95 |
| はさみ……81 | 正木直彦……29 | 臨画……29 |
| パス……82 | マスロー……15,42 | 臨画教育……19 |
| パステル……82 | 松原郁二……11,31 | ルーブリック（Rubric）……192 |
| バチック……83 | 学びに向かう力、人間性等……33,36,39,150 | ルソー……23,48,63 |
| 発見のオブジェ……17 | | レディメイド……17 |
| 発想・構想……11,103,138 | マルロー……64 | レントゲン描法……58,61,62 |
| 発想や構想の能力……39 | 三浦佳世……143 | レンブラント……21 |
| 発達心理学……13,23 | ミケランジェロ……64 | ローウェンフェルド……13,14,15,56,61,80,149 |
| 発達段階……13,14 | 箕田源二郎……31 | |
| ハトウィック……67 | 見立てる……127 | ローラー遊び……83 |
| ピアジェ……13,91 | 三つの柱……36,40 | |
| 東山明……56 | 蜜ロウ粘土……81 | |
| ピカソ……62,63,64 | 宮武辰夫……67 | |
| 美術の学習過程の構造……44 | ミロ……20 | |
| 美的判断……16,20 | | |

## 美術教育概論（新訂版）

2018年（平成30年）10月10日　初版発行
2023年（令和 5 年） 2 月10日　4刷発行

| 監修・編著者 | 大橋　功 |
|---|---|
| 編　著　者 | 新関伸也／松岡宏明／藤本陽三／佐藤賢司／ |
| | 鈴木光男／清田哲男 |
| 発　行　者 | 佐々木秀樹 |
| 発　行　所 | 日本文教出版株式会社 |

https://www.nichibun-g.co.jp/

〒558-0041　大阪市住吉区南住吉 4-7-5　TEL：06-6692-1261

デザイン・編集　株式会社フレア
印　刷・製　本　株式会社木元省美堂

Ⓒ 2018　ISAO OHASHI　　Printed in Japan
ISBN978-4-536-60103-0

定価はカバーに表示してあります。本書の無断転載・複製を禁じます。
乱丁・落丁本は購入書店を明記の上、小社大阪本社業務部（TEL：06-6695-1771）あてに
お送りください。送料小社負担にてお取り替えいたします。